高职高专财经商贸类校企双元“十四五”规划教材

教育部现代学徒制试点院校系列教材

报关与报检实务

主　编◎戴丽萍　朱　惠

副主编◎何善华　李雯婷　林燕灵

中国铁道出版社有限公司

CHINA RAILWAY PUBLISHING HOUSE CO., LTD.

内 容 简 介

本书以报关与报检从业人员的角度，按照报关与报检各个环节操作的基本程序，从实际操作的过程出发，全面介绍了报关与报检的基本内容。全书共 10 章，分别是通关管理和企业管理、报关与对外贸易管制、一般进出口货物的报关程序、保税货物的报关程序、特殊形式下进出口货物的报关程序、进出口税费计征、进出口货物报关单填制、报检基础知识、出入境动植物及其产品报检、出入境运输工具和集装箱报检。

本书注重理论与实践的结合，内容简明、易懂，结构严谨，适合国际贸易实务专业、国际物流专业、关务管理专业的学生以及从事报关与报检的从业人员使用。

图书在版编目（CIP）数据

报关与报检实务 / 戴丽萍 , 朱惠主编 . — 北京 : 中国铁道出版社有限公司 , 2022.9

教育部现代学徒制试点院校系列教材　高职高专财经商贸类校企双元“十四五”规划教材

ISBN 978-7-113-29177-8

Ⅰ. ①报…　Ⅱ. ①戴… ②朱…　Ⅲ. ①进出口贸易 - 海关手续 - 中国 - 高等职业教育 - 教材　Ⅳ. ① F752.5

中国版本图书馆 CIP 数据核字 (2022) 第 095822 号

书　　名：报关与报检实务
作　　者：戴丽萍　朱　惠

策　　划：韩从付　　　　编辑部电话：（010）63549501
责任编辑：贾　星　贾淑媛
封面设计：刘　颖
责任校对：孙　玫
责任印制：樊启鹏

出版发行：中国铁道出版社有限公司（100054，北京市西城区右安门西街 8 号）
网　　址：http://www.tdpress.com/51eds/
印　　刷：北京联兴盛业印刷股份有限公司
版　　次：2022 年 9 月第 1 版　2022 年 9 月第 1 次印刷
开　　本：787 mm×1 092 mm　1/16　印张：12.5　字数：303 千
书　　号：ISBN 978-7-113-29177-8
定　　价：40.00 元

前言

报关不仅是一门实践性、政策性非常强的工作，涉及国际贸易、国家政策、法律法规、对外经济关系的各个方面，而且还随时处于发展变化的动态过程中。本书的编写正是基于报关业务的特点，紧密联系我国对外贸易和报关业务的现状，结合我国最新发布的报关业务法律、法规和操作规范，在系统阐述目前我国与报关活动有关的最新对外贸易和海关管理的系列制度、措施等报关专业知识的同时，具体、深入地分析了报关与报检的基本理论知识和业务操作技能。

本书汲取了报关与报检领域已有的学术成果，依据报关与报检理论及国家的进出口相关法律、法规的内容进行编写，保证了理论知识的前瞻性。在体系方面，各章通过“引导案例”引出本章的教学内容，引导学生带着问题去学习；每章后面配有综合练习题，帮助学生运用所学知识分析和解决问题。

本书是校企双元合作编写的教材，由广东机电职业技术学院（教育部现代学徒制试点院校）、广州铁路职业技术学院、广州粤兴报关有限公司共同编写。其中，广东机电职业技术学院戴丽萍、朱惠担任主编，广东机电职业技术学院何善华、广州铁路职业技术学院李雯婷和广州粤兴报关有限公司林燕灵担任副主编。具体分工如下：戴丽萍编写第一章至第五章，朱惠编写第九章和第十章，何善华编写第六章，李雯婷编写第八章，林燕灵编写第七章。本书的编写思路、编写大纲以及统稿工作由戴丽萍负责完成。

本书在编写过程中借鉴和参考了很多专家与学者的研究成果以及同行编写的相关教材，在此向相关作者表示衷心的感谢！

由于编者水平有限，加之编写时间仓促，书中难免有不足之处，敬请各位读者和同行批评指正。

编　者

2022 年 4 月

上篇　报关实务

上篇

报关实务

第一章 通关管理和企业管理

学习目标

- 掌握报关、报关单位等基本概念，熟悉报关的分类和内容。
- 了解海关的任务和权力、海关的管理体制与组织机构。
- 熟悉海关对报关单位的分类管理、报关单位的注册登记。
- 熟悉企业信用状况的认定标准，了解其管理原则和措施。
- 掌握重点进出口商品境内外供货商的企业资质管理。

引导案例

海关总署 国家市场监管总局推进“多证合一”改革

为进一步优化营商环境，海关总署、国家市场监管总局联合发布2021年第113号公告，决定自2022年1月1日起将“报关单位备案”（进出口货物收发货人备案、报关企业备案）全面纳入“多证合一”改革。公告指出，申请人办理市场监管部门市场主体登记时，需要同步办理报关单位备案的，应按照要求勾选报关单位备案，并补充填写相关备案信息。市场监管部门按照“多证合一”流程完成登记，并在市场监管总局层面完成与海关总署的数据共享，企业无须再向海关提交备案申请。

思考与讨论：

（1）为什么国家要对报关单位进行备案登记？

（2）报关人员在进出境货物物品的检验检疫和通关中起什么作用？

（3）作为国门卫士的海关具有哪些权力？海关对哪些货物会加强监督？

第一节 报关概述

一、报关的含义及其与通关的区别

（一）报关的含义

报关是指进出口货物的收发货人、进出境运输工具负责人、进出境物品的所有人或者他们的代理人向海关办理货物、物品、运输工具进出境手续及相关海关事务的过程。报关不等于通关，报检先于报关手续办理。

（二）报关与通关的区别

相同点：两者都是对运输工具、货物、物品的进出境而言的。

不同点：报关是从海关行政管理相对人的角度，仅指向海关办理进出境手续及相关手续；而通关不仅包括海关行政管理相对人向海关办理有关手续，还包括海关对进出境运输工具、货物、物品依法进行监督管理，核准其进出境的管理过程。

二、报关的分类

（一）按报关地点划分

（1）口岸报关：在货物实际进出境地海关办理报关手续。

（2）属地报关：在报关单位的企业注册地直属海关关区内办理报关手续。该模式包含“属地申报，口岸验放”和“属地申报，属地放行”两种通关模式。

2006年以来，海关实施了“属地申报，口岸验放”的通关模式，该模式适用于符合海关规定条件的守法水平较高的企业，在其货物进出口时，可自主选择向其属地海关（企业注册地直属海关关区内）任一海关单位报关，货物由实际进出境地海关办理货物验放手续。

2013年11月1日后，“属地申报，口岸验放”模式进一步拓展为“属地申报，属地放行”通关模式，该模式适用于收发货人为高级认证类企业，且报关企业为一般信用类及以上企业。企业进出口货物时可自主选择向属地海关申报，并在属地海关办理放行手续。自2014年5月1日起，经营单位修改为一般认证企业且申报单位为一般信用企业及以上企业的进出口货物，除布控查验货物外均可适用“属地申报，属地放行”通关模式。

（二）按报关批次划分

1. 逐票报关

逐票报关，指收发货人按照进出口货物每次进出口时的实际状态，根据规范要求，填制“中华人民共和国海关进/出口报关单”，逐票逐次向海关进行申报。这是一种常规的通关方式。

2. 集中报关

集中报关，指经海关备案，收发货人在同一口岸多批次进出口规定范围内的货物，先以“中华人民共和国海关进/出口货物集中申报清单”申报货物进出口，再以报关单集中办理海关手续。这是一种特殊的通关方式。

适用于集中报关的进出口货物有：图书、报纸、期刊类出版物等时效性较强的货物；危险品或者鲜活、易腐、易失效等不宜长期保存的货物；公路口岸进出境的保税货物。

（三）按报关单形式划分

（1）有纸报关：也称纸质报关，指进出口货物收发货人、受委托报关企业，按有关渠道填制纸质报关单，备齐附随单证，向海关当面递交纸质报关单的申报方式。

（2）无纸报关：又称电子报关，指收发货人、受委托报关企业，通过计算机系统，按规定向海关报送电子数据且备齐上传随附单证的申报方式。

（四）按委托关系划分

1. 自理报关

自理报关指进出口货物收发货人自行办理报关手续的行为。

2. 代理报关

代理报关指接受进出口货物收发货人的委托，代理其办理报关手续的行为。

根据代理报关法律行为责任承担者的不同，代理报关又分为直接代理报关和间接代理报关。直接代理报关是代理人以委托人的名义从事报关行为，产生的法律责任由委托人承担；间接代理报关是代理人以报关企业自己的名义从事报关行为，产生的法律责任由自己承担。

目前，我国报关企业大都采取直接代理形式代理报关，间接代理报关只适用于经营快件业务营运人等国际货物运输代理企业。

（五）按报关对象划分

按报关对象划分，可以分为运输工具报关、货物报关和物品报关。

（六）按报关目的划分

按报关目的划分，可以分为出境报关和进境报关。

三、报关单和电子委托报关协议的关联

为落实全国通关一体化改革相关配套措施，推进无纸化作业，目前海关已经推广应用电子代理委托系统。该系统利用中国电子口岸身份识别设备，实现代理报关委托业务的信息化管理和电子签名认证。收发货人与代理报关企业在系统中建立委托关系，申报前生成委托协议，取得委托协议编号。申报人通过该系统生成的格式化代理报关委托书 / 委托协议数据，作为电子随附单据在通关无纸化申报时一并向海关提交。

电子《代理委托书 / 委托报关协议》（以下简称《委托书 / 协议》）是中国报关协会组织研发和管理，并授权各地方报关协会协助管理和服务。在该系统中，委托方是进出口货物收发货人，被委托方是报关企业，管理方是中国报关协会。进出口货物收发货人可凭中国电子口岸 IC 卡登录本系统，签署电子《委托书 / 协议》系统使用协议后才能进行电子委托报关。报关企业须在该系统备案登记，通过中国报关协会及其授权的地方报关协会审核，方可接受委托报关。委托双方在本系统确认的电子《委托书 / 协议》由报关企业将其作为电子报关单随附单证发送海关通关系统。

那么报关单和电子委托报关协议是如何关联的？

（1）企业先完成签订委托协议，由系统生成委托协议编号。

（2）企业进行报关单无纸化申报时，需要出具委托协议的，在随附单证上传时填写委托协议编号。

（3）海关系统根据报关单中的委托协议编号，查询该委托协议的电子数据，进出口货物收发货人（委托方）、申报单位（被委托方）是否与报关单中的经营、申报单位一致。如一致，则视为通过。如果海关系统没有该委托协议编号或委托协议编号被重复使用，会被退单。

（4）海关审批报关单通过了，系统就会把报关单编号自动填在上传的委托协议上。企业在查询海关已经使用的委托协议时，可以在委托协议内容中的“被委托方”部分看到报关单号码。

四、报关的基本内容

（一）进出境运输工具报关的基本内容

根据我国海关法律规定，进出境运输工具到达或者驶离设立海关的地点（包括港口、车站、机场、国界孔道、国际邮件互换局 / 交换站及其他可办理海关业务的场所）时，运输工具负责人应如实申报，交验单证，并接受海关监管和检查。进出境申报时运输工具报关的主要内容如下：

1. 运输工具申报的基本内容

（1）运输工具进出境的时间、航次（车次）、停靠地点等。

（2）运输工具进出境时所载运货物情况，包括过境货物、转运货物、通运货物、溢短卸（装）货物的基本情况。

（3）运输工具服务人员名单及其自用物品、货币等情况。

（4）运输工具所载旅客情况。

（5）运输工具所载邮递物品、行李物品情况。

（6）其他需要向海关申报清楚的情况，如由于不可抗力原因，运输工具被迫在未设关地点停泊、降落或者抛掷、起卸货物、物品等情况。

（7）此外，运输工具报关时还需提交运输工具从事国际合法性运输必备的相关证明文件，如船舶国籍证书、吨税证书、海关监管簿、签证簿等，必要时还需出具保证书或缴纳保证金。

2. 运输工具舱单申报

我国海关将运输工具舱单的申报作为进出境运输工具报关的一个重要事项。

进出境运输工具舱单（简称舱单）是指反映进出境运输工具所载货物、物品及旅客信息的载体，包括原始舱单、预配舱单、装（乘）载舱单。原始舱单是指舱单传输人向海关传输的反映进境运输工具装载货物、物品或者乘载旅客信息的舱单。预配舱单是指反映出境运输工具预计装载货物、物品或者乘载旅客信息的舱单。装（乘）载舱单是指反映出境运输工具实际配载货物、物品或者载有旅客信息的舱单。舱单内容应当包括总提（运）单及其项下的分提（运）单信息。

进出境运输工具负责人（即舱单电子数据传输义务人）应当按照海关备案的范围在规定时限向海关传输舱单电子数据。

（二）进出境货物报关的基本内容

该部分具体内容在第三章、第四章、第五章中详细讲述。

（三）进出境物品报关的基本内容

进出境物品包括进出境行李物品、邮递物品和其他物品。对于通过随身携带或邮政渠道进出境的货物要按货物办理进出境报关手续。

海关对进出境物品监管的基本原则是自用、合理数量为基本原则。所谓自用、合理数量，对于行李物品而言，“自用”指的是进出境旅客本人自用、馈赠亲友而非为出售或出租，“合理数量”是指海关根据进出境旅客旅行目的和居留时间所规定的正常数量；对于邮递物品，则指的是海关对进出境邮递物品规定的征、免税限制。

1. 进出境行李物品的报关

和其他国家一样，我国海关也采用了“红绿通道”制度。带有绿色标志的通道又称“无申报通道”，适用于携运物品在数量和价值上均不超过免税限额，且无国家限制或禁止进出境物品的旅客；红色通道又称“申报通道”，适用于携运有上述绿色通道适用物品以外的其他物品的旅客。对于适用红色通道的旅客，必须填写“中华人民共和国海关进出境旅客行李物品申报单”（以下简称申报单），向海关作出书面申报，海关免予监管人员以及随同成人旅行的16周岁以下旅客除外。

持有中华人民共和国主管部门给予外交、礼遇签证的进出境旅客，通关时应主动向海关出示本人有效证件，海关予以免验礼遇。

2. 进出境邮递物品的报关

进出境邮递物品的申报方式由其特殊的邮递运输方式决定。我国是《万国邮政公约》的签约国，根据《万国邮政公约》的规定，进出境邮包必须由寄件人填写“报税单”（小包邮件填写绿色标签），列明所寄物品的名称、价值、数量，随同物品通过邮政企业向邮包寄达国家的海关申报。

3. 进出境其他物品的报关

（1）暂时免税进出境物品。个人携带进出境的暂时免税进出境物品，须由携带者向海关作出书面申报，经海关批准登记，方可免税携带进出境，应由本人复带出境或者复带进境。

（2）享有外交特权和豁免权的外国机构或者人员进出境物品。外国驻中国使馆和使馆人员进出境公务用品、自用物品应当以海关核准的直接需用数量为限。其中，公务用品是指使馆执行职务直接需要的进出境物品；自用物品是指使馆工作人员和与其共同生活的配偶或未成年子女在中国居留期间的生活必需品。

使馆和使馆人员首次进出境公用、自用物品前，应向主管海关办理备案手续，按规定以书面或者口头方式申报，填写“中华人民共和国海关外交公/自用物品进出境申报单”，并提交有关材料。

使馆和使馆人员因特殊需要携运中国政府禁止或者限制进出境物品进出境的，应事先获得中国政府有关主管部门的批准。

第二节　海关管理概述

一、我国海关的性质与任务

（一）海关的性质

1. 海关是国家行政机关

海关是国家的行政机关之一，是国务院的直属机构，是一国在沿海、边境或内陆口岸设立的执行进出境监督管理的国家行政机构。

2. 海关是国家进出境监督管理机关

海关实施监督管理的范围是进出关境及与之有关的活动，监督管理的对象是所有进出关境的运输工具、货物、物品。海关是报关工作的主管部门。

关境是各国海关通用的概念，指适用于同一海关法或实行同一关税制度的领域。国境是一国主权行使的区域。关境同国境一样，包括其领域内的领水、领陆和领空，是一个立体的概念。在一般情况下，关境的范围等于国境。对于关税同盟的签署国来说，如欧盟，其成员国之间货物进出国境不征收关税，只对来自和运往非同盟国的货物在进出共同关境时征收关税，因而对于每个成员国来说，其关境大于国境。若在国内设立自由港、自由贸易区等特定区域，因进出这些特定区域的货物都是免税的，因而该国的关境小于国境。

我国的关境范围是除享有单独关境地位的地区以外的中华人民共和国的全部领域，包括领水、领陆和领空。目前我国的单独关境有香港、澳门和台湾、澎湖列岛、金门岛、马祖岛单独关税区。在单独关境内，各自实行单独的海关制度。因此，我国关境小于国境。本书所称的“进出境”除特指外均指进出我国关境。

3. 海关的监督管理是国家行政执法活动

海关执法的依据是《中华人民共和国海关法》（以下简称《海关法》）和其他有关法律、行政法规。海关总署也可以根据法律和国务院的法规、决定、命令，制定规章作为执法依据的补充。省、自治区、直辖市人民代表大会和人民政府不得制定海关法律规范，地方法规、地方规章不是海关执法的依据。

（二）海关的任务

海关主要承担四项基本任务：监管进出境的运输工具、货物、行李物品，征收关税和其他税费，查缉走私和编制海关统计。当前，海关还需要负责出入境卫生检验检疫、出入境动植物及其产品检验检疫等。海关的主要任务简称为：监管、征税、缉私、统计、出入境检验检疫。

1. 监管

海关监管是海关最基本的任务，是海关依法对进出境运输工具、货物、物品的进出境活动所实施的一种行政管理。其目的在于保证一切进出境活动符合国家政策和法律的规范，维护国家主权和利益。

2. 征税

依法代表国家征收货物的进出口关税和进口环节海关代征税（包括增值税和消费税）。

3. 缉私

国家实行联合缉私、统一处理、综合治理的缉私体制。海关是打击走私的主管机关。除海关外，公安、工商、税务、国家烟草专卖局等部门也有查缉走私的权力，这些部门查获的走私案件，应按照法律规定统一处理。

走私是指进出境活动的当事人或者相关人违反《海关法》及有关法律、行政法规，逃避海关监管，偷逃应纳税款，逃避国家有关进出境的禁止性或者限制性管理，非法运输、携带、邮寄国家禁止、限制进出境或者依法应当缴纳税款的货物、物品进出境，或者未经海关许可并且未缴应纳税款、交验有关许可证件，擅自将保税货物、特定减免税货物以及其他海关监管货物、物品、进境的境外运输工具在境内销售的行为。它以逃避监管、偷逃税款、牟取暴利为目的，扰乱经济秩序，冲击民族工业，对国家危害性极大，必须予以严厉打击。

4. 统计

凡是实际进出境并引起境内物质存量增加或者减少的货物以及进出境物品超过自用、合理数量的，均列入海关统计。对于部分不列入海关统计的货物和物品，则根据我国对外贸易管理和海关管理的需要，实施单项统计。

5. 出入境检验检疫

2018 年 4 月，出入境检验检疫管理职责和队伍正式划入海关系统。自此出入境检验检疫系统统一以海关名义对外开展工作，一线旅检、查验和窗口岗位要统一上岗、统一着海关制服、统一佩戴关衔。海关既要负责出入境卫生检疫、出入境动植物及其产品检验检疫，收集分析境外疫情，组织实施口岸处置措施，承担口岸突发公共卫生等应急事件的相关工作，又要负责进出口商品的法定检验，监督管理进口商品的鉴定、验证、质量安全等，负责进口食品、化妆品的检验检疫和监督管理，依据多双边协议实施出口食品的相关工作。

近年来，国家通过有关法律、行政法规赋予了海关一些新的职责，如知识产权海关保护、海关风险管理、简政放权促进贸易便利化等相关职责。

二、海关权力

根据《海关法》及有关法律法规的规定，海关权力的具体规定如表 1-1 所示。

表 1-1　海关权力的具体规定

权　力	具体说明				
1. 行政审批权	转关运输申请的审核、减免税审批、报关单位资质的审核等				
2. 税费征收权	对货物物品征收关税及其他税费，对特定货物、物品减免关税，对放行后货物物品补、追征税费的权力等				
3. 行政检查权	①检查权	项目	两区内	其他地方	备注
		进出境运输工具	可直接行使	可直接行使	“两区”指海关监管区和海关附近沿海沿边规定地区
		走私嫌疑运输工具	可直接行使	直属海关关长批准	实施对象是运输工具、场所和走私嫌疑人
		藏匿走私嫌货场所	可直接行使	直属海关关长批准	无论任何情况，不得检查公民住处
		走私嫌疑人	可直接行使	无授权，不能行使	
	②查验权	对象：进出境货物、物品，必要时可径行取样			
	③施加封志权	对未办结海关手续的监管货物、物品、运输工具施加封志			
	④查阅、复制权	查阅出入境人员的证件、查阅复制贸易单证			
	⑤查问权	对象：违法嫌疑人			
	⑥查询权	直属海关关长批准，可查询涉嫌单位和涉嫌人员在金融机构、邮政企业的存款、汇款			

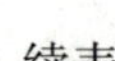
续表

<table>
<tr><th>权　力</th><th colspan="3">具体说明</th></tr>
<tr><td>3. 行政检查权</td><td>⑦稽查权</td><td colspan="2">稽查时限：进出口放行之日起 3 年内或者保税货物、减免税进口货物监管期限内及其后的 3 年内
稽查对象：对直接有关企业、会计账簿、会计凭证、报关单以及其他资料和有关进出口货物实施稽查
法律依据：《中华人民共和国海关稽查条例》</td></tr>
<tr><td rowspan="11">4. 行政强制权</td><td rowspan="3">①扣留权</td><td>走私嫌疑运输工具、货物、物品：直属海关关长批准（必须有证据证明走私嫌疑）</td><td rowspan="3">海关查获的走私犯罪嫌疑案件，应扣留走私嫌疑人，移送海关侦查走私罪</td></tr>
<tr><td>走私嫌疑人：直属海关关长批准（扣留不超过 24 小时，特殊情况可延至 48 小时）</td></tr>
<tr><td>贸易单证及其他资料</td></tr>
<tr><td>②提取变卖、先行变卖权</td><td colspan="2">进口 3 个月未申报的、所有人申明放弃的、依法扣留的货物物品且不宜长期保留（直属海关关长批准）的，未在规定时间内申报的，以及误卸或溢卸且不宜长期保留的货物</td></tr>
<tr><td>③强制扣缴变价抵缴关税权</td><td colspan="2">超期未交税，经直属海关关长或其授权的隶属海关关长批准，可以：
A. 书面通知其开户银行或金融机构从其存款内扣缴税款
B. 应税货物依法变卖，以变卖所得款抵缴税款
C. 扣留并依法变卖其价值相当于应纳税款的货物或其他财产，以变卖所得抵缴税款</td></tr>
<tr><td>④抵缴、变价抵缴罚款权</td><td colspan="2">当事人逾期不履行处罚决定而又不申请复议或提起诉讼时，海关将其保证金抵缴罚款或将被扣货物、物品或运输工具变价抵缴罚款</td></tr>
<tr><td rowspan="4">⑤其他特殊行政强制权</td><td>滞报金、滞纳金征收权</td><td>海关对超期申报货物征收滞报金；对逾期纳税进出口税费征收滞纳金</td></tr>
<tr><td>处罚担保</td><td>无法或不便扣留的，当事人申请先放行或解除扣留，应提供等值担保</td></tr>
<tr><td>税收担保</td><td>暂准进出境货物、保税货物，收发货人提供等值税款的保证金作为担保</td></tr>
<tr><td>税收保全</td><td>纳税义务人在规定的纳税期间内有明显的转移、藏匿其应税货物以及其他财产迹象的，海关可责令其提供担保。纳税义务人不能提供纳税担保的，经直属海关关长批准，海关可以采取以下税收保全措施：
A. 书面通知开户银行或其他金融机构暂停支付纳税义务人相当于应纳税款的存款
B. 扣留纳税义务人价值相当于应纳税款的货物或者其他财产</td></tr>
<tr><td>5. 行政处罚权</td><td colspan="3">对尚未构成犯罪的违法当事人处以行政处罚，包括对走私货物物品及违法所得处以没收；对有走私行为和违规的当事人处以罚款，对报关企业、报关员暂停资格或取消报关资格</td></tr>
<tr><td>6. 其他权力</td><td colspan="3">配备武器权、连续追缉权、行政裁定权、行政奖励权</td></tr>
</table>

三、海关的管理体制、设关原则与组织机构

（一）海关的管理体制

我国《海关法》规定，“国务院设立海关总署，统一管理全国海关”，“海关依法独立行使职权，向海关总署负责”，“海关的隶属关系不受行政区划的限制”。这种领导体制称为“集中统一的垂直领导体制”。

（二）海关的设关原则

《海关法》第三条规定："国家在对外开放的口岸和海关监管业务集中的地点设立海关。海关的隶属关系，不受行政区划的限制。"习惯上把在对外开放口岸设立的海关称为口岸海关，把在海关监管业务集中的地点设立的海关称为区域海关。

这一设关原则为海关管理从口岸向内地、进而向全关境的转化奠定了基础，同时也为海关业务制度的发展预留了空间。

（三）海关的组织机构

海关机构的设置分为海关总署、直属海关和隶属海关三级。直属海关是指直接由海关总署领导，负责管理一定区域范围内海关业务的海关。截至2022年2月，我国共有42个直属海关。除香港、澳门、台湾地区外，分布在全国32个省、自治区、直辖市。隶属海关由直属海关领导，向直属海关负责，隶属海关负责办理具体海关业务，是海关进出境监督管理职能的基本执行单位。

海关缉私警察是专司打击走私犯罪活动的警察队伍。根据党中央、国务院的决定，由海关总署、公安部联合组建走私犯罪侦查局（后改名为缉私局），设在海关总署。缉私局既是海关总署的一个内设局，又是公安部的一个序列局，实行海关总署和公安部双重领导，以海关领导为主的体制。我国《海关法》规定："国家实行联合缉私、统一处理、综合治理的缉私体制。"这表明查缉走私是海关及公安、工商等行政执法部门以及其他行业管理部门的共同任务。海关是查缉走私的主管部门，但必须按法律规定统一处理，公安、工商等行政执法部门查获的走私罪案件及不构成走私罪的违规情事，一律移送海关缉私局，各部门查获的走私货物、物品和价款，一律交海关依法处理。

第三节 报关单位

一、报关单位的含义及类型

（一）报关单位的含义

报关单位是指在进出境通关过程中，向海关申请办理货物、物品或者运输工具进出境手续以及相关海关实务的进出口货物收发货人和报关企业。依法向海关注册登记是法人、其他组织或者个人成为报关单位的法定要求和前提条件。未依法经海关注册登记的企业和未依法取得报关从业资格的人员，不得从事报关业务。

（二）报关单位的类型

1. 进出口货物收发货人

进出口货物收发货人是指依法直接进口或出口货物的中华人民共和国关境内的法人、其他组织或者个人。一般而言，进出口货物收发货人指的是依法向国务院对外贸易主管部门或者其委托的机构办理备案登记的对外贸易经营者。进出口货物收发货人经向海关备案登记后，只能为本单位进出口货物在各口岸海关办理报关。

海关对未取得对外贸易经营者备案登记表，但依照国家有关规定需要从事非贸易性进出口活动的有关单位，如境外企业、新闻、经贸机构、文化团体等依法在中国境内设立的常驻代表机构，少量货样进出境的单位，国家机关、学校、科研院所等组织机构，临时接受捐赠、礼品、国际援助的单位，国际船舶代理企业等，在进出口货物时，海关也视其为进出口收发货人，允许其向进出口口岸地或者海关监管业务集中地海关办理临时注册登记手续。

临时注册登记单位，海关一般不予核发报关单位注册登记证书，仅出具临时报关单位注册登记证明。临时注册登记有效期最长为 1 年，有效期届满后应当重新办理临时注册登记手续。

2. 报关企业

报关企业是指按照规定经海关准予注册登记，接受进出口货物收发货人的委托，以进出口货物收发货人的名义或者以自己的名义，向海关办理代理报关业务，从事报关服务的境内企业法人。

目前，我国从事报关服务的报关企业主要有两类：一类是经营国际货物运输代理等业务，兼营进出口货物代理报关业务的国际货物运输代理公司等；另一类是主营代理报关业务的报关公司或报关行。

二、报关单位的注册登记

（一）进出口货物收发货人的注册登记与报关规范

自 2019 年 2 月起，我国将进出口货物收发货人的《报关单位注册登记证书》纳入“多证合一”改革。进出口货物收发货人在办理工商注册登记时，需要同步办理“报关单位注册登记证书”的，应按照要求勾选进出口货物收发货人的备案登记，并补充填写相关备案信息。市场监管部门按照“多证合一”流程完成登记，并完成与海关总署的数据交换。海关确认接收到进出口货物收发货人工商注册信息和商务备案信息后对企业备案申请进行审核，企业无须前往海关窗口办理备案登记手续，海关不核发进出口货物收发货人《报关单位注册登记证书》。进出口货物收发货人可以通过中国国际贸易单一窗口标准“企业资质”子系统或“互联网 + 海关”→“企业管理”子系统查询海关进出口货物收发货人的备案登记结果。进出口货物收发货人的报关单位注册登记是长期有效的，除新注册、变更外，无须操作延续。

“多证合一”改革实施后，企业未选择“多证合一”方式提交海关备案申请的，可以通过“单一窗口”或“互联网 + 海关”提交进出口货物收发货人备案登记申请。

进出口货物收发货人依法设立的分支机构可以办理进出口货物收发货人分支机构备案，由进出口货物收发货人凭“报关单位情况登记表”向分支机构所在地海关申请办理。进出口货物收发货人及其在海关备案的分支机构可以在全国办理进出口报关业务。进出口货物收发货人应当对其分支机构的行为承担法律责任。

自 2018 年 4 月 20 日起，我国将检验检疫自理报检企业的备案与海关进出口货物收发货人备案，合并为海关进出口货物收发货人（自理报关单位）备案。进出口货物收发货人报关单位备案后同时取得报关与报检资质。

（二）报关企业的注册登记

报关企业又称为代理报关单位，其报关方式称为代理报关。

报关企业应当经所在地直属海关或者其授权的隶属海关办理注册登记许可后，方能办理报关业务。

报关企业应当具备下列条件：①具备境内企业法人资格条件；②法定代表人无走私记录；③无因走私违法行为被海关撤销注册登记许可记录；④有符合从事报关服务所需要的固定经营场所和设施；⑤海关监管所需要的其他条件。

自 2018 年 4 月 20 日起，报关企业在海关注册登记或者备案后，同时取得报关报检资质。同时，海关将检验检疫报检人员备案与报关人员备案合并为报关人员备案。报关人员备案后同时取得报关与报检资质。

中国国际贸易单一窗口标准版“企业资质”子系统提供商务部资质、海关企业通用资质、查询等功能，实现国际贸易企业通过单一窗口一点接入、一次性提交满足口岸监管部门要求的资质备案信息，各管理部门按照确定的规则进行审核，并将审核结果通过单一窗口反馈。报关企业办理注册登记及延续、变更、注销许可等业务，可通过中国国际贸易单一窗口标准版→“企业资质”子系统或“互联网＋海关”办事平台→“企业管理子系统”填写相关信息，向海关提交申请，并到现场业务窗口一次性递交材料。

申请报关企业注册登记的，一般需要提交《报关单位情况登记表》、企业法人营业执照副本复印件、报关服务营业场所所有权证明或者使用权证明。

申请报关企业分支机构备案的，需提交《报关单位情况登记表》、报关企业《中华人民共和国海关报关单位注册登记证书》复印件、分支机构营业执照复印件、报关服务营业场所所有权证明或者使用权证明。

报关单位所属报关人员备案，应当提交《报关单位情况登记表（所属报关人员）》、报关人员身份证件复印件（需提交原件）。

海关在收取企业申请材料后进行审核，审核通过的，予以注册登记或者备案，核发《中华人民共和国海关报关单位注册登记证书》；审核不通过的，应当一次性告知企业需要补正的全部内容。海关将审核结果通过“单一窗口”反馈企业，企业登入“单一窗口”可查询注册登记或者备案办理结果。报关企业《报关单位注册登记证书》备案回执上注有企业“海关注册登记编码”和“检验检疫备案号”。

报关企业及其在海关备案的分支机构可以在全国办理进出口报关业务。报关企业应当对其分支机构的行为承担法律责任。

根据海关总署 2019 年第 213 号公告，自 2019 年 12 月 24 日起，在全国范围内取消报关企业和报关企业分支机构注册登记有效期，改为长期有效。

根据《中华人民共和国海关报关单位注册登记管理规定》及相关规定，报关企业在办理海关业务过程中出现的报关差错，海关予以记录。报关企业可以通过海关“企业进出口信用管理系统”的“关检合作平台”查询本单位的报关差错。

我国已全面取消报关企业异地申报限制，报关企业可“一地注册，全国报关”。报关企业在一个直属海关注册登记后，无须再设立跨关区分支机构，就可以到全国所有海关、所有口岸和海关监管集中的地点从事报关服务。报关企业使用异地海关报关单号码资源申报的，由报关单号码所属海关负责接单、理单和单证档案管理工作。报关后，企业可通过“中国海关网上服务大厅”和海关“12360”服务热线，查询通关、舱单状态，进行疑难咨询。

《中华人民共和国海关报关单位注册登记管理规定》第五条规定：“报关单位所属人员从事报关业务的，报关单位应当到海关办理备案手续，海关予以核发证明。”海关在报关从业人员的管理方面，取消了报关员的注册登记，改为以报关单位名义对其所属从事报关业务人员进行备案，海关予以核发备案证明，取消了报关员记分考核管理，不再对报关人员进行记分和考核管理，改为对报关单位报关差错进行记录。

报关单位所属人员从事报关业务的，可依法向海关申请报关人员备案。需提交以下材料：《报关单位情况登记表》、报关人员身份证复印件。

提交材料符合法定要求的，海关予以受理。申请人的申请符合法定条件的，海关应当在3日内办结，并向申请人颁发《备案证明》。

报关单位对其所属的报关员的报关行为应当承担相应的法律责任。

第四节 企业信用管理

按照《中华人民共和国海关企业信用管理办法》（海关总署2018年第237号），海关根据企业信用状况将企业认定为认证企业、一般信用企业和失信企业，其中认证企业包括高级认证企业和一般认证企业。各类企业按照诚信守法便利、失信违法惩戒原则，分别适用相应的管理措施。

一、企业信用状况的认定标准

（一）认证企业

认证企业是中国海关经认证的经营者（Authorized Economic Operator，AEO），中国海关依法开展与其他国家或者地区海关的AEO互认，并给予互认AEO企业相应通关便利措施。例如根据《中华人民共和国海关总署和新西兰海关总署关于中华人民共和国海关企业信用管理制度与新西兰海关安全出口计划互认的安排》，中新双方海关在进出口货物通关时，相互给予对方AEO企业如下通关便利措施：减少单证审核和查验；对需要查验的货物给予有限查验；指定海关联络员，负责沟通解决AEO企业在通关中遇到的问题；在因不可抗力中断的国际贸易恢复时提供快速通关。

申请人登录关企合作平台自行录入申请信息，申请信息提交成功后，海关利用系统对企业申请进行审核，审核通过的，海关按照《海关认证企业标准》对企业实施认证。认证完成后，企业适用认证企业管理的，海关制发《认证企业证书》；不予适用认证企业管理的，海关制发《不予适用认证企业管理决定书》。

（二）失信企业

企业有下列情形之一的，海关认定为失信企业：

（1）有走私犯罪或者走私行为的。

（2）非报关企业 1 年内违反海关监管规定行为次数超过上年度报关单、进出境备案清单等相关单证总票数千分之一且被海关行政处罚金额累计超过 100 万元的；报关企业 1 年内违反海关监管规定行为次数超过上年度报关单、进出境备案清单总票数万分之五，或者被海关行政处罚金额累计超过 10 万元的。

（3）拖欠应缴税款、应缴罚没款项的。

（4）上一季度报关差错率高于同期全国平均报关差错率 1 倍以上的。

（5）经过实地查看，确认企业登记的信息失实且无法与企业取得联系的。

（6）被海关依法暂停从事报关业务的。

（7）涉嫌走私违反海关监管规定，并且拒不配合海关进行调查的。

（8）假借海关或者其他企业名义牟取不正当利益的。

（9）弄虚作假，伪造企业信用信息的。

（10）海关总署规定的其他情形。

除以上规定的情形外，企业有违反国境卫生检疫、进出境动植物检疫、进出口食品化妆品安全、进出口商品检验规定被追究刑事责任的，海关直接认定为失信企业。

（三）一般信用企业

企业有下列情形之一的，海关认定为一般信用企业：

（1）首次注册登记的企业。

（2）认证企业不再符合《海关认证企业标准》规定条件，且未发生失信企业条件所列情形的。

（3）适用失信企业管理满 1 年，且未再发生失信企业规定情形的。

（四）企业信用状况调整

海关对高级认证企业应当每 3 年重新认证一次，对一般认证企业不定期重新认证。认证企业未通过重新认证适用一般信用企业管理的，1 年内不得再次申请成为认证企业；高级认证企业未通过重新认证但符合一般认证企业标准的，适用一般认证企业管理，失信企业被调整为一般信用企业满 1 年的，可以向海关申请成为认证企业。

二、管理原则和措施

（一）一般认证企业适用的管理原则和措施

（1）进出口货物平均查验率在一般信用企业平均查验率的 50% 以下。

（2）优先办理进出口货物通关手续。

（3）海关收取的担保金额可以低于其可能承担的税款总额或者海关总署规定的金额。

（4）进出口货物平均检验检疫抽批比例在一般信用企业平均抽批比例的 50% 以下。

（5）出口货物原产地调查平均抽查比例在一般信用企业平均抽查比例的 50% 以下。

（6）优先办理海关或备案以及相关业务手续，除首次注册登记或备案以及有特殊要求外，海关可以实行容缺受理或者采信企业自主声明，免于实地验核或评审。

（7）海关总署规定的其他管理原则和措施。

（二）高级认证企业适用的管理原则和措施

高级认证企业除适用一般认证企业管理原则和措施外，还适用下列管理措施：

（1）进出口货物平均查验率在一般认证企业平均查验率的20%以下。

（2）在确定进出口货物的商品归类、海关估价、原产地或者办结其他海关手续前先行办理验放手续。

（3）可以向海关申请免除担保。

（4）减少对企业稽查、核查频次。

（5）可以在出口货物运抵海关监管区之前向海关申报。

（6）海关为企业设立协调员。

（7）AEO互认国家或者地区海关提供的通关便利措施。

（8）国家有关部门实施的守信联合激励措施。

（9）因不可抗力中断国际贸易，恢复后优先通关。

（10）海关总署规定的其他管理措施，如：进出口货物平均检验检疫抽批比例在一般信用企业平均抽批比例的20%以下；出口货物原产地调查平均抽查比例在一般信用企业平均抽查比例的20%以下；优先向其他国家（地区）推荐食品、化妆品等出口企业的注册。

（三）失信企业适用的管理原则和措施

（1）进出口货物平均查验率80%以上。

（2）不予免除查验没有问题企业的吊装、移位、仓储等费用。

（3）不适用汇总征税制度。

（4）除特殊情况外，不适用存样留像放行措施。

（5）经营加工贸易业务的，全额提供担保。

（6）提高对企业稽查、核查频次。

（7）国家有关部门实施的失信联合惩戒措施。

（8）海关总署规定的其他管理措施。如：进出口货物平均检验检疫抽批比例在80%以上。

海关通过“互联网+海关”办事平台，按照《企业信用信息公示》内容，向社会公示在海关注册登记或者备案企业的信用信息。自然人、法人或者非法人组织可通过“互联网+海关”办事平台的“企业信用状况”栏目或通过“中国海关企业进出口信用信息公示平台”查询相关企业信用状况。

第五节　企业资质管理

企业资质级标就是企业在从事某种行业经营中，应具有资格及与此资格相适应的质量等级标准。在国家进出口管理中，海关按照中国的、进口国（地区）的，或与中国签有双边议定书的国家（地区）的，或国际性的法规、标准的规定，对涉及重点进出口商的境外供货商或者境内供货商的企业资质管理实行注册登记制或备案制。

一、出口商品的境内企业注册登记

（一）出口新鲜水果（含冷冻水果）果园和包装厂的注册登记

中国与输入国家或地区签订的双边协议、议定书等明确规定的，或者输入国家或地区法律法规要求对输入该国家或地区的水果果园和包装厂实施注册登记的，海关应当按照规定对输往该国家或地区的出口水果果园和包装厂实行注册登记。

（二）出口水生动物养殖场、中转场实施注册登记

对输入国家或地区要求中国对向其输出水生动物的生产、加工、存放单位注册登记的，海关总署对出口水生动物养殖场、中转场实施注册登记制度。

申请注册登记的出口水生动物养殖场、中转场，出口食用水生动物非开放性水域养殖场、中转场，出口食用水生动物开放性水域养殖场、中转场，出口观赏用和种用水生动物养殖场、中转场应当符合海关规定的相关条件，并向所在地直属海关申请注册登记。

（三）出口中药材生产企业的注册登记

输入国家或地区要求对向其输出中药材的出口生产企业注册登记的，海关实行注册登记。

（四）出口粮食的生产、加工、仓储企业注册登记

输入国家或地区要求中国对向其输出粮食出口生产加工企业注册登记的，直属海关负责组织注册登记，并向海关总署备案。

二、出口商品境内的企业备案管理

（一）出口食品生产企业备案管理

为加强出口食品生产企业食品安全卫生管理，规范出口食品生产企业备案管理工作，国家实行出口食品生产企业备案管理制度。

出口食品生产企业未依法履行备案法定义务或者经备案审查不符合要求的，其产品不予出口。

（二）出口肉类产品的出口商或代理商备案管理

海关总署对向中国境内出口肉类产品的出口商或代理商实施备案管理，并定期公布已经备案的出口商、代理商名单。

（三）出口肉类产品的生产企业备案管理

海关按照出口食品生产企业备案管理规定，对出口肉类产品的生产企业实施备案管理。输入国家或地区对中国出口肉类产品生产企业有注册要求，需要对外推荐注册企业的，按照海关总署相关规定执行。

出口肉类产品加工用动物应当来自经海关备案的饲养场。

（四）出口水产品的出口商或代理商实施备案管理

海关总署对向中国境内出口水产品的出口商或代理商实施备案管理，并定期公布已获准入资质的境外生产企业和已经备案的出口商、代理商名单。

三、进口商品的境外企业注册登记

（一）进口粮食的境外生产加工企业注册登记

海关总署对进口粮食的境外生产加工企业实施注册登记制度。境外生产加工企业应当符合输出国家或地区法律法规和标准的相关要求，并达到中国有关法律法规和强制性标准的要求。

实施注册登记管理的进口粮食境外生产加工企业，经输出国家或地区主管部门审查合格后向海关总署推荐。海关总署收到推荐材料后进行审查确认，对符合要求的国家或地区的境外生产加工企业，予以注册登记。

（二）进口中药材境外生产企业的注册登记

海关对向中国境内输出中药材的境外生产企业实施注册登记管理。确定需要实施境外生产、加工、存放单位注册登记的中药材品种目录，并实施动态调整。

境外生产企业应当符合输出国家或地区法律法规的要求，并符合中国国家技术规范的强制性要求。

（三）进口乳品的境外生产企业注册登记

海关对向中国出口乳品的境外生产企业实施注册制度。

境外生产企业应当经出口国家或地区政府主管部门批准设立，符合出口国家或地区法律法规相关要求。

境外生产企业应当熟悉并保证其向中国出口的乳品符合中国食品安全国家标准和相关要求，并能够提供中国食品安全国家标准规定项目的检测报告。境外生产企业申请注册时应当明确其拟向中国出口的乳品种类、品牌。

（四）进口食品（肉类）的境外食品生产企业的注册登记

海关总署对向中国境内出口食品的境外食品生产企业实施注册制度。

另外，向中国境内出口食品的出口商或者代理商应当向海关总署备案。申请备案的出口商或者代理商应当按照备案要求提供企业备案信息，并对信息的真实性负责。

（五）进口饲料、饲料添加剂的国家或地区的生产企业注册登记

海关总署对允许进口饲料、饲料添加剂的国家或地区的生产企业实施注册登记制度，进口饲料、饲料添加剂应当来自注册登记的境外生产企业。

境外生产企业应当符合输出国国家或地区法律法规和标准的相关要求，并达到中国有关法律法规和标准的等效要求，经输出国家或地区主管部门审查合格后向海关总署推荐。

海关总署应当对推荐材料进行审查。审查不合格的，通知输出国家或地区主管部门补正。审查合格的，经与输出国家或地区主管部门协商后，海关总署派出专家到输出国家或地区对其饲料安全监管体系进行审查，并对申请注册登记的企业进行抽查。对抽查不符合要求的企业，不予注册登记，并将原因向输出国家或地区主管部门通报；对抽查符合要求的及未被抽查的其他推荐企业，予以注册登记。

（六）进口水生动物的养殖和包装企业的注册登记

海关对向中国输出水生动物的养殖和包装企业实施注册登记管理。

向中国输出水生动物的境外养殖和包装企业（简称注册登记企业）应当符合输出国家或地区的有关法律法规，输出国家或地区官方主管部门批准后向海关总署推荐。

海关总署应当对推荐材料进行审查。审查不合格的，通知输出国家或地区官方主管部门补正；审查合格的，海关总署可以派出专家组对申请注册登记企业进行抽查。对抽查不符合要求的企业不予注册登记；对抽查符合要求的及未被抽查的其他推荐企业，结合水生动物安全卫生控制体系评估结果，决定是否给予注册登记。

（七）贸易性栽培介质的国外生产、加工、存放单位的注册登记

海关对向中国输出贸易性栽培介质的国外生产、加工、存放单位实行注册登记制度，经输出国有关部门同意，派检疫人员赴产地进行预检、监装或者产地疫情调查。

（八）进口非食用动物产品境外生产加工企业注册登记

向中国输出非食用动物产品的境外生产加工企业应当符合输出国家或地区法律法规和标准的相关要求，并达到中国有关法律法规和强制性标准的要求。

实施注册登记管理的非食用动物产品境外生产加工企业，经输出国家或地区主管部门审查合格后向海关总署推荐。

海关总署收到推荐材料并经书面审查合格后，必要时经与输出国家或地区主管部门协商，派出专家到输出国家或地区对其监管体系进行评估或者回顾性审查，对申请注册登记的境外生产加工企业进行检查。

符合要求的国家或地区的境外生产加工企业，经检查合格的予以注册登记。

（九）进口棉花境外供货企业登记

进口棉花的境外供货企业按照自愿原则申请登记。符合条件的境外企业可自行或委托代理人申请登记，提交相关书面材料。海关审核合格的，对境外供货企业予以登记，颁发“进口棉花境外供货企业登记证书”。

四、口岸卫生许可

每个具有独立固定经营场所的国境口岸食品生产、食品销售、餐饮服务、饮用水供应、公共场所经营单位应当作为一个卫生许可证发证单元，单独申请卫生许可。

从事国境口岸食品生产（含航空配餐）、食品销售（含入／出境交通工具食品供应）餐饮服务的，从事饮用水供应的，从事国境口岸公共场所经营的单位或者个人，申请卫生许可时，可以当面提交或者通过信函、电报、电传、传真、电子数据交换和电子邮件等方式提交相关材料，并对材料的真实性负责。

海关应当对申请人提交的申请材料内容的完整性、有效性进行审查。申请材料经审查合格，确有必要的，需现场审查。

对准予行政许可决定的，海关应向申请人颁发卫生许可证。

卫生许可证有效期为 4 年。

综合练习

一、单选题

1. 由委托企业委托，以委托人的名义办理报关业务，这种报关方式称为（　　）。

A. 直接代理报关　　B. 间接代理报关

C. 自理报关　　D. 跨关区报关

2. 进出口货物收发货人自行办理报关业务称为（　　）。

A. 自理报关　　B. 委托报关

C. 代理报关　　D. 属地报关

3. 目前，我国报关企业大多采取直接代理形式报关，间接代理报关只适用于（　　）。

A. 经营海运业务的营运人等国际货物运输代理企业

B. 经营快件业务的营运人等国际快递企业

C. 经营海运业务的营运人等国际物流企业

D. 经营快件业务的营运人等国际货物运输代理企业

4. 目前，在中国进出口货物的收发货人进口货物不可采用的报关方式是（　　）。

A. 自理报关

B. 委托报关行以委托人的名义代理报关

C. 委托已在海关办理注册登记的国际货代公司以委托人的名义代理报关

D. 委托国际货物运输代理公司以国际货物运输代理公司的名义代理报关

5. 进出境运输工具用（　　）申报，它是指反映进出境运输工具所载货物、物品及旅客信息的载体。

A. 报关单　　B. 申报单　　C. 舱单　　D. 提运单

6. （　　）是指反映出境运输工具实际配载货物、物品或载有旅客信息的舱单。

A. 装载舱单　　B. 原始舱单

C. 预配舱单　　D. 装配舱单

7. 根据《海关法》的规定，（　　）是海关对进出境物品监管的基本原则，也是对进出境物品报关的基本要求。

A. 合法进出境原则　　B. 自用合理数量原则

C. 合理在境内使用原则　　D. 不再转让原则

8. 行李物品主要以随身携带的方式进出境，其中，（　　）适用于携带物品在数量和价值上均不超过免税限额，且无国家限制或禁止进出境物品的旅客。

A. 红色通道　　B. 绿色通道

C. 蓝色通道　　D. 黄色通道

9. 中国籍旅客进出境行李物品，超出自用合理数量及规定的限量、限值或品种范围的，海关不予放行。除本人声明放弃外，应在（　　）内由本人或其代理人向海关办理退运手续。

A. 一个月　　B. 三个月　　C. 六个月　　D. 一年

10. 进出口邮包必须由寄件人填写（　　），列明所寄物品的名称、价值、数量，向邮包寄达国家的海关申报。

A. 报税单　　B. 申报单　　C. 报关单　　D. 舱单

11. 临时注册登记单位在向海关申报前，一般应当向（　　）办理备案手续，临时注册登记有效期最长为（　　）。

A. 口岸进出境海关，1 年　　B. 所在地海关，1 年

C. 监管业务集中地海关，2 年　　D. 所在地海关，2 年

12. 截至 2021 年 2 月，我国共有（　　）个直属海关。

A. 41　　B. 42　　C. 44　　D. 46

13. （　　）是专司打击走私犯罪活动的警察队伍。

A. 海关缉私警察　　B. 直属海关　　C. 隶属海关　　D. 公安部

14. 下列哪项不属于失信企业？（　　）

A. 有走私犯罪或者走私行为的　　B. 拖欠应缴税款、应缴罚没款项的

C. 被海关依法暂停从事报关业务的　　D. 首次注册登记的企业

15. AEO 的含义是（　　）。

A. 高级认证企业　　B. 经认证的经营者

C. 国际海关认证企业　　D. 守法企业

16. 认证企业管理措施的施行是中国海关对报关单位管理措施实现与国际接轨的一项标志性改革。认证企业即中国海关经认证的经营者，其英文缩写是（　　）。

A. ACO　　B. AEO　　C. WTO　　D. ATO

17. 海关对（　　）应当每 3 年重新认证一次。

A. 高级认证企业　　B. 一般认证企业

C. 一般信用企业　　D. 失信企业

18. （　　）对进口粮食的境外生产加工企业实施注册登记制度。

A. 海关总署　　B. 国务院　　C. 商务部　　D. 国家质监局

19. （　　）对向中国输出水生动物的养殖和包装企业实施注册登记管理。

A. 海关　　B. 海关总署　　C. 商务部　　D. 国家质监局

20. 根据《中华人民共和国海关企业信用管理办法》的规定，在海关首次注册登记或者备案的企业被海关认定为（　　）。

A. 高级认证企业　　B. 一般认证企业

C. 一般信用企业　　D. 失信企业

二、多选题

1. 按报关批次，报关可以划分为（　　）。

A. 逐票报关　　B. 集中报关　　C. 进口报关　　D. 出口报关

2. 按委托关系，报关可以划分为（　　）。

A. 逐票报关　　B. 集中报关　　C. 自理报关　　D. 代理报关

3. 适用集中报关的进出口货物包括（　　）。

A. 图书、报纸、期刊类出版物等时效性较强的货物

B. 危险品或鲜活、易腐、易失效等不宜长期保存的货物

C. 公路口岸进出境的货物

D. 公路口岸进出境的保税货物

4. 进出境运输工具舱单的类型有（　　）。

A. 原始舱单　　B. 预配舱单　　C. 装载舱单　　D. 装配舱单

5. 进出境物品报关的基本内容包括（　　）。

A. 进出境运输工具　　B. 进出境货物

C. 进出境行李物品　　D. 进出境邮递物品

6. 我国海关的任务包括（　　）。

A. 监管　　B. 缉私　　C. 征税　　D. 统计

7. 海关的行政检查权包括（　　）。

A. 查验权　　B. 施加封志权　　C. 查问权　　D. 稽查权

8. 海关的行政强制权包括（　　）。

A. 扣留权　　B. 提取变卖、先行变卖权

C. 强制扣缴、变价抵缴关税权　　D. 抵缴、变价抵缴权

9. 海关的组织机构包括（　　）。

A. 海关总署　　B. 隶属海关　　C. 直属海关　　D. 海关分支机构

10. 报关企业应当具备下列哪些条件？（　　）

A. 具备境内企业法人资格条件

B. 法定代表人无走私记录

C. 无因走私违法行为被海关撤销注册登记许可记录

D. 有符合从事报关服务所需要的固定经营场所和设施

11. 申请报关企业注册登记的，一般需要提交（　　）。

A.《报关单位情况登记表》　　B. 企业法人营业执照副本复印件

C. 报关服务营业场所所有权证明　　D. 企业法人营业执照正本

12. 下列哪些属于失信企业？（　　）

A. 弄虚作假，伪造企业信用信息的

B. 拖欠应缴税款、应缴罚没款项的

C. 假借海关或者其他企业名义牟取不正当利益的

D. 涉嫌走私违反海关监管规定，并且拒不配合海关进行调查的

13. 一般认证企业适用的管理原则和措施包括（　　）。

A. 进出口货物平均查验率在一般信用企业平均查验率的 50% 以下

B. 海关收取的担保金额可以低于其可能承担的税款总额或者海关总署规定的金额

C. 进出口货物平均检验检疫抽批比例在一般信用企业平均抽批比例的 50% 以下

D. 出口货物原产地调查平均抽查比例在一般信用企业平均抽查比例的 50% 以下

14. 下列哪些属于失信企业适用的管理原则和措施？（　　）

A. 进出口货物平均查验率 80% 以上

B. 国家有关部门实施的失信联合惩戒措施

C. 不适用汇总征税制度

D. 提高对企业稽查、核查频次

三、名词解释

报关　自理报关　报关单位　报关企业　认证企业　代理报关

四、判断题

1. 目前，我国报关企业大都采取直接代理形式代理报关，间接代理报关只适用于经营快件业务营运人等国际货物运输代理企业。（　　）

2. 进出口货物收发货人可以相互委托代理报关报检。（　　）

3. 进出口货物收发货人只能在注册地海关辖区内各海关报关，报关企业可在关境内各海关报关。（　　）

4. 我国海关机构的隶属关系由海关总署根据需要确定，不受行政区域的限制。（　　）

5. 海关调查人员在调查走私案件时，可以径行查询案件涉嫌单位和涉嫌人员在金融机构、邮政企业的存款、汇款。（　　）

6. 报关企业及其在海关备案的分支机构可以在全国办理进出口报关业务，分支机构的法律行为由其自己承担法律责任。（　　）

7. 海关对企业信用状况的认定结果实施动态调整。海关对高级认证企业每两年重新认证一次，对一般认证企业不定期重新认证。（　　）

8. 我国实行联合缉私、统一处理、综合治理的缉私体制，海关在打击走私中处于主导地位并负责与有关部门的执法协调工作。（　　）

9. 海关实行的是高度集中统一的管理体制和垂直领导方式，海关机构的设置为海关总署、直属海关和海关办理处三级。（　　）

10. 海关总署对向中国境内出口水产品的出口商或代理商实施备案管理。（　　）

11. 中国的国境等于关境。（　　）

12. 海关总署已取消报关员资格核准审批，对报关人员从业不再设置门槛和准入条件。（　　）

13. AEO 认证企业可以享受通关便利措施，包括减少单证审核、适用较低的查验率、对需要检查的货物给予优先查验、实施快速通关。（　　）

14. 自 2019 年 12 月起，在全国范围内取消报关企业和报关企业分支机构注册登记有效期，改为长期有效。（　　）

15. 在间接代理报关方式下，报关的法律责任由委托人承担，报关员也需承担过错责任。 （ ）

五、简答题

1. 什么是报关？报关的分类有哪些？
2. 简述直接代理报关与间接代理报关的含义与区别。
3. 简述我国海关的性质和基本任务。
4. 简述海关的权力。
5. 什么是报关单位？报关单位要具备哪些基本特征？
6. 简述企业信用状况的认定标准。

六、实训题

1. 登录海关总署官网查询确定你的家乡所在城市的直属海关。

2. 登录中国海关企业进出口信用信息公示平台，选择跨境电子商务企业类型，然后选择“跨境电子商务企业”，将查询结果进行简单数据分析，做成柱状图。

3. 登录中国海关企业进出口信用信息公示平台，选择跨境电子商务企业类型，从中选择一家AEO企业进行分析，查询其企业信用情况（成立时间，是否是AEO认证企业，是否受过海关行政处罚），然后截图提交。

4. 广州振捷国际货运代理有限公司主要从事国际货代业务，现在公司领导想发展从事替客户代理报关的业务。请你为该公司提出具体的操作建议，并为公司草拟一份与广州AA贸易有限公司的代理报关委托书。

5. 结合本书内容，上网查询相关资料，谈谈海关对涉及部分重点出口商品的境外供货商或境内供货商的企业资质管理。

第二章 报关与对外贸易管制

学习目标

- 了解对外贸易管制的目的、分类及实现手段。
- 掌握我国进出口货物（技术）贸易管制的内容。
- 掌握我国对外贸易管制的主要制度。
- 掌握我国进出口贸易管制的主要手段。

引导案例

“严厉打击犯罪 严密口岸监管 严格布控查缉”

截至2019年7月，中国海关针对象牙等濒危物种“非洲启运、多国中转、周边囤积、偷运进境”的走私特点，加强国际执法合作，已实施多次跨境联合打击，精准指引新加坡、越南等海关查获象牙11吨、穿山甲鳞片59.8吨、犀牛角90.5千克，实现了对走私策源、中转、跨境的全链条打击。

我国自2018年1月1日起全面停止加工销售象牙及制品的活动，保护大象等濒危野生动植物物种，但走私犯罪禁而不绝。2019年以来，中国海关立案侦办走私象牙等濒危物种案件374起，其中走私象牙案例133起，打掉犯罪团伙38个，在境内查获各类珍贵动物制品11.28吨，其中象牙制品9.05吨，犀牛角251千克。

思考与讨论：

1. 我国为什么要对走私入境象牙等濒危物种的行为进行严厉打击？
2. 什么是进出口贸易管制？我国进出口贸易管制的内容有哪些？
3. 我国进出口贸易管制应用的是什么手段？采取了哪些管制措施？

第一节 我国进出口贸易管制概述

对进出口货物（技术）的贸易管制也称进出口货物（技术）的国家管制，是指一国政府从国家的宏观经济利益和国内外政策需要出发，在遵循国际贸易有关规则的基础上，为对本国的对外贸易活动实施有效管理而实行的各种贸易政策、制度或措施的总称，简称“贸易管制”。

进出口贸易管制是一国对外贸易管理形式之一，是政府的一种强制性行政行为，属于非关税措施。它涉及的法律、行政法规、部门规章都是强制性的法律文件。因此，对外贸易经营者或代理人在报关活动中必须严格遵守这些法律、行政法规、部门规章，并按照相应的管理要求办理进出口手续，以维护国家利益不受侵害。

一、对外贸易管制的目的、分类及实现手段

（一）对外贸易管制的目的

为了保护本国经济利益、发展本国经济，如保护民族工业、维持优势地位等；推行本国的外交政策；为了实现国家职能。

（二）对外贸易管制的特点

对外贸易管制政策是一国对外政策的体现；贸易管制会因时因势而变化；以进口管制为重点。

（三）对外贸易管制的分类

（1）按管制目的分类：分为进口贸易管制和出口贸易管制。

（2）按管制手段分类：分为关税措施和非关税措施。非关税措施是指除关税以外影响一国对外贸易的主要政策措施，包括限制进口措施、鼓励出口措施、鼓励进口措施、出口管制措施、贸易管制措施等。

（3）按管制对象分类：分为货物进出口贸易管制、技术进出口贸易管制和国际服务贸易管制。

（四）对外贸易管制的实现手段

海关监管是实现贸易管制的重要手段。商务部及其他行业主管部门依据国家对外贸易管制政策发放各类许可证或文件，由海关验证审核“单”（包括报关单在内的各类报关单据及其电子数据）、“证”（各类许可证件及其电子数据）、“货”（实际进出境货物）三要素是否相符。“单、证、货”三要素互为相符是海关确认货物合法进出口的必备条件。“单”与“证”是货物清关流程中在报关环节向海关申报时需要提交的资料。海关只有在确认“单单相符”“单货相符”“单证相符”“证货相符”，且申报人已办结税费缴纳的情况下才给予货物的放行。

二、我国进出口货物（技术）贸易管制的内容

我国进出口贸易管制制度的内容体系可简要概括为“备”“证”“检”“核”“救”五个字。

1. 备

“备”，即对外贸易经营者资格的备案登记。我国对外贸易经营者的资格管理实行备案登记制度。它突出强调的是我国对外贸易经营者在从事或参与对外贸易经营前，须按规定依法定程序在商务部门备案登记，取得对外贸易经营的资格。否则，海关不予办理进出口货物的通关验放手续。

我国还对部门货物的进出口实行国营贸易管理。国营贸易是指国家（政府）所出资设立或

所经营的并具有进出口经营权的贸易企业所从事的具有强烈行政色彩的贸易活动。（注：实行国营贸易管理的进出口货物目录和授权企业的目录，由国务院商务部会同相关经济管理部门制定公布。目前我国实行国营贸易管理的商品主要包括玉米、大米、煤炭、原油、成品油、棉花、锑及锑制品、钨及钨制品、白银等。）

2. 证

“证”，即货物、技术进出口的许可证件。进出口许可证件是货物或技术进出口的记录文件，既是我国贸易管制的最基本手段，同时又是我国有关行政管理机构执行贸易管制与监督职能的重要依据。

2022 年 2 月止，实现海关与发证机关联网的许可证件共计 9 类 13 种：进出口许可证、两用物项和技术进出口许可证、自动进口许可证、出入境货物通关单、合法捕捞产品通关证明、农药进出口登记管理放行通知单、密码产品和设备进口许可证、固体废物进口许可证、有毒化学品环境管理放行通知单。

3. 检

“检”，即商品质量的检验检疫、动植物检疫和国境卫生检疫，简称为“三检”。它主要强调的是对货物的进出口、运输工具的出入境实行必要的检验或检疫，也是我国贸易管制方面的重要内容之一。其基本目的是为了保证进出口商品的质量、保障人民的生命安全与健康。我国出入境检验检疫制度实行目录管理，列入目录内的商品为法定检验商品，即国家规定实行强制性检验的进出境商品；法检以外的进出境商品是否需要检验，由对外贸易当事人决定；关系国计民生、价值较高、技术复杂或涉及环境卫生、疫情标准的进出口商品，收货人应该在合同中约定，在出口国装运前进行预检验、监造或监装，以及保留到货后最终检验和索赔的条款。

4. 核

“核”，即对进出口企业结汇、用汇的监督管理。对外贸易经营者在对外贸易经营活动中，应依照国家有关规定结汇、用汇。国家外汇管理局依据《外汇管理条例》及其他有关规定，对包括经常项目外汇业务、资本项目外汇业务、金融机构外汇业务、人民币汇率生成机制和外汇市场等领域实施监督管理。国家外汇管理局对外汇的监督方式主要有企业名录登记管理、非现场核查、现场核查和分类管理四种。

5. 救

“救”，即贸易管制中的救济措施。根据世界贸易组织的有关规定，任何一个世贸组织成员都可以为维护自身经济贸易利益、防止或阻止本国产业受到侵害和损害而采取保护性措施。在对进出口贸易实行管制的过程中，我国根据国际公认的规则所采取的贸易救济措施主要包括反倾销、反补贴和保障措施。

第二节 我国对外贸易管制的主要制度

我国对外贸易管制制度是一种综合制度，主要由海关制度、关税制度、对外贸易经营资格管理制度、进出口许可制度、出入境检验检疫管理制度、外汇管理制度及贸易救济制度等构成。本节着重阐述对外贸易经营者资格管理制度、货物与技术进出口许可管理制度、出入境检验检疫管理制度、对外贸易救济措施。

一、对外贸易经营者资格管理制度

目前，我国对外贸易经营者的管理实行备案登记制。法人、其他组织或者个人在从事进出口经营前，必须按照国家的有关规定，依法定程序在国家商务主管部门备案登记进出口经营权。成为对外贸易经营者后，方可在国家允许的范围内从事对外贸易经营活动。对外贸易经营者未按照规定办理备案登记的，海关不予办理进出口货物的报关验放手续。

国家对关系国计民生的重要进出口商品实行有效的宏观管理，即对少数商品实行国营贸易管理。实行国营贸易管理的货物的进出口业务只能由经授权的企业经营。国家有特殊规定的除外。对未经批准擅自进出口实行国营贸易管理的货物，海关不予放行。

二、货物与技术进出口许可管理制度

进出口许可是国家对进出口的一种行政管理制度，既包括准许进出口的有关证件的审批和管理制度本身的程序，也包括以国家各类许可为条件的其他行政管理手续，这种行政管理制度称为进出口许可管理制度。进出口许可管理制度作为一项非关税措施，是各国管理进出口贸易的常见手段，在国际贸易中长期存在，并广泛运用。

货物与技术进出口许可管理制度的管理范围包括禁止进出口的货物和技术、限制进出口的货物和技术、自由进出口的技术及自由进出口中部分实行自动许可管理的货物。

（一）禁止进出口货物（技术）的管理

1. 禁止进口货物（技术）管理

对列入国家公布禁止进口目录及其他法律、法规明令禁止或停止进口的货物、技术，任何对外贸易经营者不得经营进口。我国相关法律法规规章公布的禁止进口的货物、技术如表 2-1 所示。

表 2-1 禁止进口货物、技术管理列表

类别	目 录	具体商品和技术
货物	1. 列入《禁止进口货物目录》和《禁止进口固体废物目录》的商品	
	《禁止进口货物目录》第一批： (1) 保护我国生态环境和生态资源 (2) 为履行我国所缔结或参加的与保护世界自然生态相关的国际条约、协定公布的	(1) 属于破坏臭氧层物质的四氯化碳 (2) 犀牛角、麝香、虎骨（世界濒危物种）
	《禁止进口货物目录》第二批： 涉及生产安全、人身安全和环境保护的旧机电产品类	(1) 旧压力容器类 (2) 电器、医疗设备类 (3) 汽车、工程及车船机械类
	《禁止进口固体废物目录》： 由原《禁止进口货物目录》第三、四、五批合并修订而成，涉及对环境有污染的 12 大项 94 类固体废物	包括废动植物产品，矿渣、矿灰及残渣，废药物，杂项化学废物，废橡胶和皮革，废特种纸，废纺织原料及制品，废玻璃，金属和金属化合物废物，废电池，废弃机电产品和设备及其未经分拣处理的零部件、拆散、破碎等，废石膏、石棉，其他未列明固体废物等

续表

类别	目　录	具体商品和技术
货物	《禁止进口货物目录》第六批： (1)保护人的健康，维护环境安全 (2)履行《鹿特丹公约》(危险化学品)和《斯德哥尔摩公约》(有机污染物)	(1)长纤维青石棉 (2)二噁英等
	2.明令禁止进口的商品	
	依据《进出境动植物检疫法》禁止进境的货物	(1)动植物疫情流行的国家和地区有关动植物及其产品和其他检疫物 (2)动植物病源害虫及其他有害生物、动物尸体及土壤 (3)带有违反"一个中国"原则内容的货物以及包装 (4)滴滴涕、氯丹、莱克多巴胺和盐酸莱克多巴胺
	3.其他	
	依据海关规章停止进口或者不得进口的货物	(1)CFC-12为制冷工质的汽车及汽车空调压缩机(含汽车空调) (2)旧服装、氯酸钾、硝酸铵、100瓦及以上普通照明白炽灯
技术	依据《中国禁止进口限制进口技术目录》，不得进口的技术	钢铁冶金、有色金属冶金、化工、石油炼制、石油化工、消防、电工、轻工、印刷、医学、建筑材料等技术

2. 禁止出口货物（技术）的管理

对列入国家公布禁止出口目录的，以及其他法律、法规明令禁止或停止出口的货物、技术，任何对外贸易经营者不得经营出口。具体如表2-2所示。

表 2-2　禁止出口货物、技术管理列表

类别	目　录	具体商品和技术
货物	1.列入《禁止出口货物目录》的商品	
	第一批： (1)保护我国生态环境和生态资源 (2)为履行我国所缔结或参加的与保护世界自然生态相关的国际条约、协定公布的	(1)四氯化碳 (2)犀牛角、麝香、虎骨(世界濒危物种) (3)发菜、麻黄草(有防风固沙作用)
	第二批： 保护我国匮乏的森林资源	木炭
	第三批： (1)保护人的健康，维护环境安全 (2)履行《鹿特丹公约》(危险化学品)和《斯德哥尔摩公约》(有机污染物)	(1)长纤维青石棉 (2)二噁英等
	第四批： 天然砂	硅砂、石英砂，以及天然砂(对港澳台出口天然砂实行出口许可证管理)
	第五批： 森林凋落物和泥炭(无论是否经化学处理)	(1)腐叶、腐根、树皮、树根等森林凋落物 (2)沼泽(湿地)中，地上植物枯死、腐烂堆积而成的有机矿体
	2.明令禁止出口的商品	

续表

类别	目　录	具体商品和技术
货物	依据我国相关法规，以及我国缔结或者参加的国际公约、协定的规定，不得出口的货物	主要有： (1)未定名或者新发现并有重要价值的野生动物 (2)原料血浆 (3)商业性出口的野生红豆杉以及部分产品 (4)劳改产品 (5)滴滴涕、氯丹、莱克多巴胺和盐酸莱克多巴胺
技术	依据《中国禁止出口限制出口技术目录》，不得出口的技术	渔牧农副食品加工、工业制造、测绘、集成电路制造、机器人制造、卫星应用、计算机网络、空间数据传输、中医医疗等

（二）限制进出口货物的管理

国家实行限制进出口的货物和技术，必须依照国家有关规定，其进出口必须经国务院商务主管部门或者由其会同国务院其他有关部门许可，方可进口。

1. 限制进口货物的管理方式

限制进口货物管理按照限制方式可划分为许可证管理和关税配额管理。

1）许可证管理

许可证管理主要包括进口许可证，两用物项和技术进口许可证，濒危物种进口、限制类可利用固体废物进口、药品进口、音像制品进口、有毒化学品进口、黄金及其制品进口等所涉及的各类许可证件的管理。

国务院商务主管部门或者国务院有关部门在各自的职责范围内，根据国家有关法律、行政法规的规定签发上述各项管理所涉及的各类许可证件，申请人凭相关许可证件办理海关手续。

2）进口关税配额管理

进口关税配额管理是指一定时期内（一般是 1 年），国家对部分商品的进口制定关税配额税率并规定该商品进口数量总额的管理方式。在限额内，经国家有关主管部门批准后允许按照关税配额税率进口，如超出限额，则按照配额外税率征税。一般情况下，关税配额税率优惠幅度很大，国家通过这种行政管理手段对一些重要商品，用关税这个成本杠杆来实现限制进口的目的，因此关税配额管理是一种相对数量的限制。关税配额管理范围包括部分进口农产品和部分进口化肥。

2. 限制出口货物的管理方式

依照国家有关规定，实行限制出口的货物（技术），其出口必须经国务院商务主管部门或者由其会同国务院其他有关部门许可，方可出口。我国限制出口货物（技术）的管理方式可分为出口配额管理出口和非配额限制。

1）出口配额管理

出口配额管理是指在一定时期内，为建立公平竞争机制，增强我国商品在国际市场上的竞争力，保障最大限度地收汇，保护我国产品的国际市场利益，国家对部分商品的出口数量直接加以限制的管理措施。我国出口配额管理的形式有出口配额许可证管理和出口配额招标管理。

（1）出口配额许可证管理是国家对部分商品的出口，在一定时期内（一般是 1 年）规定数量总额，按照按需分配的原则，经国家有关主管部门批准获得配额的允许出口，否则不准出口的理措施。

出口配额许可证管理是通过直接分配的方式，由国务院商务主管部门或者国务院其他有关部门在各自的职责范围内，根据申请者的请求，结合其进出口实绩、能力等条件，按照公正、公开和公平竞争的原则进行分配（配额的分配方式和办法由国务院规定），国家出口配额主管部门对获得配额的申请者发放配额证明。申请者取得配额证明后，到国务院商务主管部门及其授权发证机关，凭配额证明申领出口许可证，凭此办理出口通关手续。出口配额许可证管理的商品包括：部分农产品；部分活禽、畜；部分资源性产品、贵金属；消耗臭氧层物质（出口配额由生态环境部管理）。

（2）出口配额招标管理是国家对部分商品的出口，在一定时期内（一般是 1 年）规定数量总额，按照招标分配的原则，经招标获得配额的限制出口商品允许出口，否则不准出口的管理措施。国家出口配额主管部门对中标者发放配额证明。中标者取得配额证明后，到国务院商务主管部门及其授权发证机关，凭配额证明申领出口许可证，凭此办理出口通关手续。目前，出口配额招标管理的主要商品是部分我国生产且国际市场需求量较大的农副产品及资源性产品。

2）出口非配额限制

目前，我国出口非配额限制管理主要包括出口许可证、濒危物种出口、两用物项出口、黄金及其制品出口等涉及的各类许可证件的管理。

（三）自由进出口管理

除上述国家禁止、限制进出口货物外的其他货物，均属于自由进出口范围。这些货物本身不属于国家限制进出口货物的范围，但基于监测进出口货物的需要，国家对部分属于自由进出口的货物实行自动进出口许可管理，对所有自由进出口的技术实行技术进出口合同登记管理。

1. 货物自动进出口许可管理

自动进出口许可管理是在任何情况下对进出口申请一律予以批准的进出口许可制度。这种进出口许可实际上是一种在进出口前的自动登记性质的许可制度，通常用于国家对进出口货物的统计和监督。货物自动进出口许可管理是我国进出口许可管理制度中的重要组成部分，也是目前世界各国普遍使用的一种进出口管理制度。

目前，我国自动进口许可证管理的货物包括自动进口许可证管理和非限制进口类固体废物管理两大类。自动进口许可证管理货物的经营者应当在办理海关报关手续前，向国务院商务主管部门或其他经济管理部门提交自动进口许可申请，凭相关部门发放的自动进口许可的批准文件，向海关办理报关手续。

自由进出口货物的经营者，具有进出口经营权并已在海关备案的，即可正常申报进出口，并向海关办理通关手续。

2. 技术进出口合同登记管理

属于自由进出口的技术，经营者应当向国务院商务主管部门或者其委托机构办理合同备案登记。国务院商务主管部门应当自收到规定的文件之日起3个工作日内，对技术进出口合同进行登记，颁发技术进出口合同登记证，经营者凭技术进出口合同登记证，办理外汇、银行、税务、海关等相关手续。

三、出入境检验检疫管理制度

（一）出入境检验检疫管理原则

（1）不符合我国强制性要求的入境货物，一律不得销售、使用。

（2）对涉及安全卫生及检疫的产品，必须对国外生产企业的安全卫生和检疫条件进行登记。

（3）对不符合安全卫生条件的商品、物品、包装和运输工具，有权禁止进口，或视情况进行消毒、灭菌、杀虫或采取其他排除安全隐患的措施等无害化处理，重验合格后方准进口。

（4）对于应经检验检疫机构实施注册登记的向中国输出有关产品的外国生产加工企业，必须取得注册登记证后方准向中国出口其产品。

（5）有权对进入中国的外国检验机构进行核准。

（二）出入境检验检疫管理方法

（1）涉及法定检验检疫要求的进口商品申报时，企业可以通过“单一窗口”（包括通过“互联网＋海关”接入“单一窗口”）报关报检合一界面向海关一次申报。如需使用“单一窗口”单独报关、报检界面或者报关报检企业客户端申报的，企业应当在报关单随附单证栏中填写报检电子回执上的检验检疫编号，并填写代码“A”。

（2）涉及法定检验检疫要求的出口商品申报时，应当填写报检电子回执上的企业报检电子底账数据号，并填写代码“B”。

（3）对于特殊情况按以下方式处理：①对入境动植物及其产品，在运输途中需提供运输证明的，出具纸质“入境货物调离通知单”；②对出口集中申报等特殊货物，或者因计算机、系统等故障问题，根据需要出具纸质“出境货物检验检疫工作联系单”；③海关统一发送一次放行指令，海关监管作业场所经营单位凭海关放行指令为企业办理货物提离手续。

四、对外贸易救济措施

2001年年底我国正式成为世界贸易组织成员方，世界贸易组织允许成员方在进口产品倾销、补贴和激增等给其国内产业造成损害的情况下，可以使用反倾销、反补贴和保障措施手段以保护国内产业不受损害。

反倾销、反补贴和保障措施都属于贸易救济措施。反补贴和反倾销措施针对的是价格歧视这种不公平贸易行为，保障措施针对的则是进口产品激增的情况。

（一）反倾销措施

反倾销措施包括临时反倾销措施和最终反倾销措施。

1. 临时反倾销措施

临时反倾销措施是指进口方主管机构经过调查，初步认定被指控产品存在倾销，并对国内同类产业造成损害，据此可以依据世界贸易组织所规定的程序进行调查，在全部调查结束之前，采取临时反倾销措施，以防止在调查期间国内产业继续受到损害。

临时反倾销措施有两种形式：一是征收临时反倾销税；二是要求提供现金保证金、保函，或者其他形式的担保。

征收临时反倾销税，由商务部提出建议，国务院关税税则委员会根据其建议做出决定，商务部予以公告；要求提供现金保证金、保函，或者其他形式的担保，由商务部做出决定并予以公告。海关自公告规定实施之日起执行。

临时反倾销措施实施的期限，自临时反倾销措施决定公告规定实施之日起，不超过 4 个月，在特殊情形下可以延长至 9 个月。

2. 最终反倾销措施

对于最终裁定倾销成立并由此对国内产业造成损害的，可以在正常海关税费之外，征收反倾销税。征收反倾销税应当符合公共利益。征收反倾销税，由商务部提出建议，国务院关税税则委员会根据其建议做出决定，由商务部予以公告。海关自公告规定实施之日起执行。

（二）反补贴措施

反补贴措施包括临时反补贴措施和最终反补贴措施。

1. 临时反补贴措施

对于经初步裁定补贴成立并由此对国内产业造成损害的，可以采取临时反补贴措施。临时反补贴措施采取以现金保证金或保函作为担保征收临时反补贴税的形式。采取临时反补贴措施，由商务部提出建议，国务院关税税则委员会根据其建议做出决定，由商务部予以公告。海关自公告规定实施之日起执行。临时反补贴措施实施的期限，自临时反补贴措施决定公告规定实施之日起，不超过 4 个月。

2. 最终反补贴措施

在为完成磋商的努力没有取得效果的情况下，最终裁定补贴成立，并由此对国内产业造成损害的，征收反补贴税。

征收反补贴税，由商务部提出建议，国务院关税税则委员会根据其建议做出决定，由商务部予以公告。海关自公告规定实施之日起执行。

（三）保障措施

保障措施分为临时保障措施和最终保障措施。

1. 临时保障措施

临时保障措施是指在有明确证据表明进口产品数量增加，将对国内产业造成难以补救的损害的紧急情况下，进口国与成员国之间可不经磋商而采取临时保障措施。临时保障措施的实施期限自临时保障措施决定公告规定实施之日起，不得超过 200 天，并且此期限计入保障措施总期限。

临时保障措施采取提高关税的形式，如果事后调查不能证实进口激增对国内有关产业已经造成损害或威胁，则征收的临时关税应于以退还。

2. 最终保障措施

最终保障措施可以采取提高关税、数量限制等形式，但保障措施应限于防止、补救严重损害并便利调整国内产业所必要的范围内。保障措施的实施期限一般不超过4年，全部实施期限（包括临时保障措施期限）不得超过10年。

第三节 我国进出口贸易管制的手段

我国进出口贸易管制的手段主要有许可证管理、进出口关税配额管理、特殊贸易货物管理三种。

一、许可证管理

许可证管理指的是对外贸易经营者进口或者出口国家规定限制进出口的货物，必须事先征得国家有关主管部的许可，取得进口或者出口许可证，持证向海关办理申报和验放手续。

（一）主管部门

商务部统一管理、指导全国发证机构的进出口许可证签发工作，商务部配额许可证事务局、商务部驻各地特派员办事处和商务部授权的地方主管部门发证机构负责在授权内签发“进口许可证”和“出口许可证”。

进出口许可证是国家管理货物进出口的凭证，不得买卖、转让、涂改、伪造和变造。

（二）管理范围

1. 实行进口许可证管理的商品

2021年我国实施进口许可证管理的商品包括重点旧机电产品和消耗臭氧层物质两类。其中，对重点旧机电产品实行进口许可证管理，对消耗臭氧层物质实行进口配额许可证管理，由商务部发证机构实行分级发证。

国家消耗臭氧层物质进出口管理机构对符合申请条件的进出口单位签发消耗臭氧层物质进出口审批单，申请获准的进出口单位应当持进出口审批单，向所在地省级商务部门所属的发证机构申请领取消耗臭氧层物质进出口许可证。在京中央企业向国务院商务主管部门授权的发证机构申请领取消耗臭氧层物质进出口许证。消耗臭氧层物质审批单实行“一批一单”制。审批单有效期为90日，不得超期或者跨年度使用。

2. 实行出口许可证管理的商品

我国实行出口许可证管理的商品分别实行出口配额许可证、出口配额招标及出口许可证管理，2021年我国实施出口许可证管理的商品包括：

（1）实行出口配额许可证管理的货物：活牛（对港澳特区）、活猪（对港澳特区）、活鸡（对港澳特区）、小麦、小麦粉、玉米、玉米粉、大米、大米粉、锯材、棉花、煤炭、原油、成品油（不含润滑油、润滑脂、润滑油基础油）、药材用麻黄草（人工种植）。出口上述货物的，需按规定申请取得配额，凭配额证明文件申领出口许可证。

（2）实行出口配额招标管理的商品：甘草及甘草制品、蔺草及蔺草制品。

（3）实行出口许可证管理的货物：活牛（对港澳特区以外的市场）、活猪（对港澳特区以外的市场）、牛肉、猪肉、鸡肉、天然砂（含标准砂）、矾土、磷矿（粉）、氟石（萤石）、稀土、锡及锡制品、钨及钨制品、钼及钼制品、锑及锑制品（润滑油、润滑脂、润滑油基础油）、石蜡、部分金属及制品、硫酸二钠、碳物质、柠檬酸、白银、铂金（以加工贸易方式出口）、钢及钢制品、摩托车（含动机和车架）、汽车（包括成套散件）及其底盘等。

（三）报关规范

（1）进出口经营者应如实规范向海关申报，在相应栏目规范填报进出口许可证电子证书编号。

（2）进口许可证的有效期为 1 年，当年有效。当出现特殊情况需要跨年度使用时，有效期最长不得超过次年 3 月 31 日，逾期自行失效。

（3）出口许可证的有效期最长不得超过 6 个月，且有效期截止时间不得超过当年 12 月 31 日。

（4）进出口许可证实行“一证一关”（进出口许可证只能在一个海关报关，下同）管理。一般情况下，进出口许可证为“一批一证”（进出口许可证在有效期内一次报关使用，下同）。

对不属于“一批一证”制的货物，如要实行“非一批一证”，则出口许可证签发时应在备注栏内打印“非一批一证”字样，在出口许可证有效期内，“非一批一证”制货物可以多次报关使用，但最多不超过 12 次。

（5）对实行“一批一证”的进出口许可证管理的大宗、散装货物，以出口为例，其溢装数量在货物总量 3% 以内的原油、成品油予以免证，其他货物溢装数量在货物总量 5% 以内的予以免证；对实行“非一批一证”的进出口许可证管理的大宗、散装货物，在每批货物出口时，按其实际出口数量进行许可证证面数量核扣，在最后一批货出口时，应按该许可证剩余数量溢装上限，即 5%（原油、成品油溢装上限 3%）以内计算免证数额。

（6）消耗臭氧层物质的进出口许可证实行“一批一证”制，在有效期内一次报关使用。

（7）进出口许可证一经签发，不得擅自更改证面内容。如需更改，经营者应当在许可证有效期内提出更改申请，并将许可证交回原发证机构，由原发证机构重新换发许可证。

（四）自动进口许可证管理

除国家禁止、限制进出口货物、技术外的其他货物、技术，均属于自由进出口范围。自由进出口货物、技术不受限制，但基于监测进出口情况的需要，国家对部分属于自由进口的货物实行自动进口许可证管理。

自动进口许可证管理是国家基于对这类货物的统计和监督需要而实行的一种在任何情况下对进口申请一律予以批准、具有自动登记性质的许可管理。

1. 主管部门

商务部许可证局、各地特派办、地方发证机构及地方机电产品进出口管理机构负责自动进口许可证货物的管理和自动进口许可证的签发工作。

2. 管理范围

1）2021 年自动进口许可证管理的商品范围

2021 年实施自动进口许可管理的商品共计 42 类商品。

（1）由商务部签发“自动进口许可证”的商品。有牛肉、猪肉、羊肉、鲜奶、奶粉、木薯、大麦、高粱、大豆、油菜子、食糖、玉米酒精、豆粕、烟草、二醋酸纤维丝束、原油、部分成品油、部分化肥、烟草机械、移动通信产品、卫星广播电视设备及关键部件、部分汽车产品、部分飞机、部分船舶等，涉及 24 类商品。

（2）由商务部授权的地方商务主管部门发证机构或者商务部许可证局签发“自动进口许可证”的商品。有肉鸡、植物油、铜精矿、煤、铁矿石、部分成品油、部分化肥、钢材、工程机械、纺织机械、金属冶炼及加工设备、金属加工机床、电气设备、部分汽车产品、部分飞机、部分船舶、医疗设备等，涉及 18 类商品。

2）免交自动进口许可证的情形

进口列入《自动进口许可管理货物目录》的商品，在办理报关手续时须向海关提交自动进口许可证，但下列情形免交：

（1）加工贸易项下进口并复出口的（原油、成品油除外）。

（2）外商投资企业作为投资进口或者投资额内生产自用的（旧机电产品除外）。

（3）货样广告品、实验品进口，每批次价值不超过 5 000 元人民币的。

（4）暂时进口的海关监管货物。

（5）从境外进入保税区、出口加工区、保税仓库、保税物流中心等海关特殊监管区域、保税监管场所属自动进口许可证管理的货物。

（6）加工贸易项下进口的不作价设备监管期满后留在原企业使用的。

（7）国家法律法规规定其他免领自动进口许可证的。

3）办理程序

自 2018 年 10 月 15 日起，在全国范围内对属于自动进口许可管理的货物许可证件申领和通关作业实行无纸化。进口单位申请上述货物的，可自行选择有纸作业或者无纸作业方式。选择无纸作业方式的进口单位，应按规定向商务部或者商务部委托的机构申领“自动进口许可证”电子证书，并以通关作业无纸化方式向海关办理报关验放手续。

4）报关规范

以通关作业无纸化方式向海关办理报关验放手续的进口单位，可免予提交“自动进口许可证”纸质证书。因管理需要或者其他情形需验核“自动进口许可证”的，进口单位应当补充提交纸质证书，或者以有纸作业方式向海关办理报关验放手续；海关以进口许可证件联网核查的方式验核“自动进口许可证”电子证书，不再进行纸面签注。“自动进口许可证”发证机构按照海关反馈的进口许可证件使用状态、清关数据等进行延期、变更、核销等操作。

（1）自动进口许可证有效期为 6 个月，但仅限公历年度内有效。同一进口合同项下，收货人可以申请并领取多份自动进口许可证。

（2）自动进口许可证项下货物原则上实行“一批一证”管理，对部分货物也可实行“非一批一证”管理。对实行“非一批一证”管理的，在有效期内可以分批次累计报关使用，但累计使用不得超过 6 次。

（3）对实行“一批一证”的自动进口许可证管理的大宗、散装货物，其溢装数量在货物总量 3% 以内的原油、成品油、化肥、钢材 4 种大宗散装货物予以免证，其他货物溢装数量在货物总量 5% 以内的予以免证；对“非一批一证”的大宗散装货物，每批货物进口时，按其实际进口数量核扣自动进口许可证额度数量，最后一批货物进口时，应按该自动进口许可证实际剩余数量的允许溢装上限，即 5%（原油、成品油、化肥、钢材溢装上限 3%）以内计算免证数额。

二、进出口关税配额管理

关税配额属于限制进口，实行关税配额证管理，其主管部门是商务部和国家发改委。所有贸易方式进口关税配额范围的商品均列入关税配额证管理范围。对外贸易经营者经批准取得关税配额证后允许按照关税配额税率征税进口，如超出则按限额外税率征税进口。

我国实行进出口关税配额管理的商品包括农产品（小麦、玉米、稻谷和大米、棉花等）和工业产品（化肥等）。

实行关税配额证管理的农产品进口关税配额为全球关税配额，其主管部门是商务部及国家发改委。商务部、国家发改委按规定的期限对外公布每种农产品下一年度的关税配额总量、关税配额申请条件及国务院关税税则委确定的关税配额农产品税则号列和适用税率。农产品进口关税配额证实行“一证多批”制，自签发之日起 3 个月内有效，最迟不得超过当年的 12 月 31 日。即最终用户需分多批进口的，在有效期内，凭农产品进口关税配额证可多次办理通过手续，直至海关核注栏填满为止。对于当年 12 月 31 日前从始发港出运，需要次年到货的，关税持有者需于当年 12 月 31 日前持装船单证及有效的农产品进口关税配额证到商务部委托机构申请延期，延期的农产品进口关税配额证有效期最迟不超过次年 2 月 28 日。

实行关税配额证管理的工业品主要是化肥。化肥进口关税配额为全球配额，商务部负责国化肥关税配额证管理工作，商务部的化肥进口关税配额证管理机构负责管辖范围内化肥关税配额的发证、统计、咨询和其他授权工作。关税配额内的化肥进口时，海关凭进口单位提交的化肥进口关税配额证明，按配额内税率征税，并验放货物。化肥进口关税配额证明有效期为 3 个月，最迟不得超过当年的 12 月 31 日。延期或者变更的，需要重新办理，旧证撤销同时换发新证，并在备注栏注明原证号。

三、特殊贸易货物管理

对一些特殊贸易货物，国家单独制定了相关的管理办法，主要有固体废物的进口、濒危物种和野生动植物进出口、药品进出口、黄金及制品进出口、音像制品进口等。

（一）固体废物进口管理

固体废物是指《固体废物污染环境防治法》管理范围内的废物，即在生产建设、日常生活和其他活动中产生的污染环境的废弃物质，包括工业固体废物（在工业、交通等生产活动中产生的固体废物)、城市生活垃圾(在城市日常生活中或者为城市日常生活提供服务的活动中产生的固体废物，以及法律、行政法规规定视为城市生活垃圾的固体废物)、危险废物(列入国家危险废物名录或者根据国家规定的危险废物鉴别标准和鉴别方法认定的具有危险特性的废物)以及液态废物和置于容器中的气态废物。

国务院生态环境主管部门对全国固体废物污染环境防治工作实施统一监督管理。国务院发展改革、工业和信息化、自然资源、住房城乡建设、交通运输、农业农村、商务、卫生健康、海关等主管部门在各自职责范围内负责固体废物污染环境防治的监督管理工作。自 2021 年 1 月 1 日起实行的《关于全面禁止进口固体废物有关事项的公告》主要涉及的事项有以下几项:

(1)禁止以任何方式进口固体废物。禁止我国境外的固体废物进境倾倒、堆放、处置。

(2)生态环境部停止受理和审批限制进口类可用作原料的固体废物进口许可的申请;2020 年已发放的限制进口类可用作原料的固体废物进口许可证，应当在证书载明的 2020 年有效期内使用，逾期自行失效。

(3)海关特殊监管区域和保税监管场所(包括保税区、综合保税区等海关特殊监管区域和保税物流中心、保税仓库等保税监管场所)内单位产生的未复运出境的固体废物、海关特殊监管区域和保税监管场所外开展保税维修和再制造业务单位生产作业过程中产生的未复运出境的固体废物，按照国内固体废物相关规定进行管理。需出区进行贮存、利用或者处置的，应向所在地海关特殊监管区域和保税监管场所地方政府行政管理部门办理相关手续，海关不再验核相关批件。

《关于规范再生黄铜原料、再生铜原料和再生铸造铝合金原料进口管理有关事项的公告》(2020 年第 43 号)规定，符合再生黄铜原料(GB/T 38470—2019，商品编码 7404000020)、再生铜原料(GB/T 38471—2019，商品编码 7404000030)、再生铸造铝合金原料(GB/T 38472—2019，商品编码 7602000020)标准的再生黄铜原料、再生铜原料、再生铸造铝合金原料不属于固体废物，可自由进口。

(二)野生动植物种进出口管理

国家林业、渔业管理部门是野生动植物种进出口管理的主管部门，该部门内设有国家濒危物种进出口管理办公室(国家濒管办)，会同海关总署，依法制定或调整《进出口野生动植物种商品目录》，并依法对《进出口野生动植物种商品目录》所列受保护的珍贵、濒危野生动植物或其产品实施证书管理。

野生动植物进出口证书包括允许进出口证明书和物种证明，由国家濒管办或其办事处根据国家濒管办公布的管辖区域核发，是海关验放该类货物的重要依据。

允许进出口证明书是经营者用来证明经营《进出口野生动植物种商品目录》物种合法进出口的证明文件。物种证明是经营者用来证明经营《进出口野生动植物种商品目录》中适用允许进出口证明书管理以外的，其他列入该目录的野生动植物及相关货物或物品、含野生动植物成分的纺织品合法进出口的证明文件。

海关在查验国家濒危物种进出口管理办公室核发的允许进出口证明书和物种证明与实际无误后才会放行。

经营者凭允许进出口证明书或物种证明到进出口口岸办理报检、报关手续。允许进出口证明书实行“一批一证”制，有效期不超过 180 天。一次性使用的物种证明有效期自签字之日起不得超过 180 天。多次性使用的物种证明有效期不得超过 360 天，多次使用的物种证明只适用于同一物种、同一货物类型在同一报关口岸多次进出口的野生动植物及其产品。对于非法从事野生动植物或其产品进出境的经营者，海关依照《海关法》的有关规定行使处罚权，其中情节严重、触犯刑法的，由海关依法移送司法机关追究其刑事责任。

（三）药品进出口管理

国家药品监督管理局是药品进出口管理的主管部门，会同海关总署制定、修订、公布进出口药品管理目录，以签发许可证的形式对其进出口加以管制。目前，我国公布的药品进出口管理目录有《进出口药品目录》《生物制品目录》《精神药品管制品种目录》《麻醉品管制品种目录》《兴奋剂目录》。

1. 精神药品进出口管理范围及报关规范

精神药品进出口准许证是用来证明对外贸易经营者经营列入《精神药品管制品种目录》管理药品合法进出口的最终证明文件。

进出口列入《精神药品管制品种目录》的药品，有咖啡因、去氧麻黄碱、复方甘草片等，任何单位以任何贸易方式进出口上述范围的药品，不论用于何种用途，均须事先申领精神药品进出口准许证。

精神药品进出口准许证仅限在该证注明的口岸海关使用，并实行“一批一证”制，证面内容不得自行更改，如需更改，应到国家食品药品监督管理总局办理换证手续。

2. 麻醉药品进出口管理范围及报关规范

麻醉药品进出口准许证是用来证明对外贸易经营者经营列入《麻醉药品管制品种目录》管理药品合法进出口的最终证明文件。

进出口列入《麻醉药品管制品种目录》的麻醉药品，包括鸦片、可卡因、大麻、海洛因及合成麻醉药类和其他易成瘾癖的药品、药用原植物及其制剂。任何单位以任何贸易方式进出口列入《麻醉药品管制品种目录》的药品，不论用于何种用途，均须事先申领麻醉药品进出口准许证。

麻醉药品进出口准许证仅限在该证注明的口岸海关使用，并实行“一批一证”制，证面内容不得自行更改，如需更改，应到国家食品药品监督管理总局办理换证手续。

3. 兴奋剂进出口管理范围及报关规范

为了防止在体育运动中使用兴奋剂，保护体育运动参加者的身心健康，维护体育竞赛的公平竞争，国家体育总局会同海关总署、国家食品药品监督管理总局制定颁布了《兴奋剂目录》。

进出口列入《兴奋剂目录》的药品，包括蛋白同化制剂品种、肽类激素品种、麻醉药品品种、刺激剂（含精神药品）品种、药品类易制毒化学品品种、医疗用毒性药品品种、其他品种等。

根据《蛋白同化制剂、肽类激素进出口管理办法》的相关规定，国家对蛋白同化制剂、肽类激素实行进出口准许证管理。进口准许证有效期为1年，出口准许证有效期不超过3个月（有效期时限不跨年度）。进口准许证、出口准许证实行“一证一关”制，只能在有效期内一次性使用，证面内容不得修改。

4. 一般药品进口管理范围及报关规范

国家对一般药品进口的管理实行目录管理，包括《进口药品目录》《生物制品目录》。进口药品通关单是用来证明对外贸易经营者经营列入上述目录的药品合法进口的证明文件。进口药品通关单仅限在该单注明的口岸海关使用，实行“一批一证”制，证面内容不得更改。其适用范围如下：

（1）进口列入《进口药品目录》的药品，包括用于预防、治疗、诊断人的疾病，有目的地调节人的生理机能并规定有适应症、用法和用量的物质，包括中药材、中药饮品及中成药、化学原料药及其制剂、抗生素、生化药品、血清疫苗和诊断药品。

（2）进口列入《生物制品目录》的药品，包括疫苗类、血液制品类及血源筛查用诊断试剂等。

（3）首次在中国境内销售的药品。

目前，一般药品出口暂无特殊的管理要求。

药品必须经由国务院批准的允许药品进口的口岸进口。截至本书出版时，可进口药品口岸有北京、天津、上海、大连、青岛、成都、武汉、重庆、厦门、南京、杭州、宁波、福州、广州、深圳、珠海、海口、西安、南宁等19个城市所在地直属海关所辖关区口岸。

（四）黄金及其制品进出口管理

黄金及其制品进出口管理范围包括未锻造金、半制成金和金制成品。

中国人民银行是黄金及其制品进出口管理的国家主管部门，中国人民银行会同海关总署制定了《黄金及黄金制品进出口管理办法》并联署调整、公布《黄金及其制品进出口管理商品目录》。中国人民银行根据国家宏观经济调控需求，可以对黄金及制品进出口的数量进行限制性审批，对黄金及制品进出口实行准许证制度。列入《黄金及其制品进出口管理商品目录》的黄金及制品进出口通关时，当事人必须事先到中国人民银行及其授权机构办理“黄金及其制品进出口准许证”，作为办理进出口报关手续的依据，海关凭证验放。

（五）音像制品进口管理

国家对出版、制作、复制、进口、批发、零售音像制品实行许可制度。音像制品成品进口由经批准的音像制品成品进口经营单位经营，未经批准，任何单位或者个人不得从事音像制品成品进口业务。各级海关在其职责范围内负责音像制品的监督管理工作。

进口用于出版的音像制品，以及进口用于批发、零售、出租等音像制品成品，应当报主管部门进行内容审查，经审查批准取得进口音像制品批准单后方可进口，进口单位持进口音像制品批准单向海关办理进口报关手续。

进口音像制品批准单内容不得更改，如需更改，应重新办理。进口音像制品批准单一次报关使用有效，不得累计使用。其中：属于音像制品成品的，批准单当年有效；属于用于出版的音像制品，批准单有效期为一年。

国家禁止进口有下列内容的音像制品：反对宪法确定的基本原则的；危害国家统一、主权和领土完整的；泄露国家秘密、危害国家安全或者损害国家荣誉和利益的；煽动民族仇恨、民族歧视，破坏民族团结，或者侵害民族风俗、习惯的；宣扬邪教、迷信的；扰乱社会秩序、破坏社会稳定的；宣扬淫秽、赌博、暴力或者教唆犯罪的；侮辱或者诽谤他人、侵害他人合法权益的；危害社会公德或者民族优秀文化传统的；有法律、行政法规和国家规定禁止等其他内容的。

（六）农药进出口管理

农业农村部是国家农药进出口的主管部门，会同海关总署制定了《中华人民共和国进出口农药登记证明管理名录》（简称《农药名录》）。进出口列入上述目录的农药，应事先向农业农村部农药检定所申领"农药进出口登记管理放行通知单"，凭此通知单向海关办理报关手续。

"农药进出口登记管理放行通知单"实行"一批一证"制，进出口一批农药产品，办理一份通知单。

（七）兽药进口管理

进口兽药实行目录管理，《进口兽药管理目录》由农业农村部会同海关总署制定并公布。企业进口列入《进口兽药管理目录》的兽药，应向进口口岸所在地省级人民政府兽医行政管理部门申请办理"进口兽药通关单"。"进口兽药通关单"实行"一单一关"制，在30日有效期内只能一次性使用。对进口同时列入《进口药品目录》的兽药，海关免于验核"进口药品通关单"。

综合练习

一、单选题

1. 我国对对外贸易经营者的资格管理实行（　　）管理。

A. 备案登记　　B. 国营贸易　　C. 行政审批　　D. 行政许可

2. 临时反倾销措施实施的期限，自临时反倾销措施决定公告规定实施之日起，不超过（　　）个月，在特殊情形下可以延长至9个月。

A. 4　　B. 6　　C. 9　　D. 3

3. 采取临时反补贴措施，由（　　）提出建议，国务院关税税则委员会根据其建议做出决定。

A. 商务部　　B. 海关总署　　C. 海关协会　　D. 国家发改委

4. 某企业持一份证面数量为200吨的原油的出口许可证（"一批一证"），以海运散装形式出口，该企业可凭该份出口许可证总共最多可出口（　　）吨原油。

A. 210　　B. 205　　C. 203　　D. 206

5. 某企业持一份证面数量为200吨的小麦出口许可证（"非一批一证"），以海运散装形式分两批出口，在第一批实际出口数量100吨的情况下，该企业可凭该份出口许可证总共最多可出口（　　）吨小麦。

A. 210　　B. 205　　C. 203　　D. 206

6. 对于进出口许可证管理的货物（非原油成品油），海关对散装货物溢短装数量在货物总量（　　）以内，免予另行申领进出口许可证。

A. 1%　　B. 2%　　C. 3%　　D. 5%

7. 我国出入境检验检疫的主管部门是（　　）。

A. 国家林业局和草原局　　B. 海关总署

C. 国家市场监督管理总局　　D. 国家税务总局

8. 进口许可证有效期为（　　），特殊情况需要跨年度使用的，有效期最长不得超过（　　），次年（　　），逾期自动失效。

A. 3 个月，1 月 31 日　　B. 6 个月，3 月 31 日

C. 9 个月，1 月 31 日　　D. 1 年，3 月 31 日

9. 下列列入自动进口许可管理货物目录的货物，可免交自动进口许可证的是（　　）。

A. 参加 F1 上海站比赛进口后需复出口的赛车

B. 加工贸易项下进口并复出口的成品油

C. 外商投资企业作为投资进口的旧机电产品

D. 每批次价值超过 5 000 元人民币的进口货样广告品

10. 国家对部分属于自由进口的货物实行（　　）。

A. 自动进口许可管理　　B. 进口合同登记管理

C. 进口许可证管理　　D. 自由进口管理

11. 反倾销、反补贴是针对（　　）不公平贸易而采取的措施。

A. 进口产品激增的情况　　B. 价格歧视

C. 国别歧视　　D. 数量

12. 保障措施是针对（　　）不公平贸易而采取的措施。

A. 进口产品激增的情况　　B. 价格歧视

C. 国别歧视　　D. 数量

13. （　　）是黄金及其制品进出口管理的国家主管部门。

A. 中国人民银行　　B. 海关总署　　C. 商务部　　D. 国务院

二、多选题

1. 对外贸易管制的特点包括（　　）。

A. 对外贸易管制政策是一国对外政策的体现

B. 以进口管制为重点

C. 贸易管制会因时因势而变化

D. 以出口管制为重点

2. 对外贸易按其管制手段，可以分为（　　）。

A. 进口贸易管制　　B. 出口贸易管制

C. 关税管制　　D. 非关税管制

3. 我国对外贸易管制制度主要包括（　　）。

A. 经营者资格管理制度　　B. 出入境检验检疫制度

C. 货物与技术进出口许可管理制度　　D. 对外贸易救济措施

4. 下列属于国家禁止出口的商品是（　　）。

A. 犀牛角、虎骨　　B. 硅砂、石英砂

C. 劳改产品、木炭　　D. 商业性出口的红豆杉

5. 下列属于国家禁止进口的商品是（　　）。

A. 犀牛角、虎骨　　B. 四氯化碳

C. 氯酸钾、硝酸铵　　D. 旧衣服

6. 货物、技术进出口许可管理制度是我国进出口许可管理制度的主体，其管理范围包括（　　）。

A. 禁止进出口货物和技术

B. 限制进出口货物和技术

C. 自由进出口的技术

D. 自由进出口中部分实行自动许可管理的货物

7. 对下列实行自动进口许可管理的大宗、散装货物，溢装数量在货物总量3%以内的，免予另行申领自动进口许可证的有（　　）。

A. 原油　　B. 成品油　　C. 化肥　　D. 钢材

8. 某企业持一份证面数量为200吨的化肥的自动进口许可证（“一批一证”），以海运散装形式进口，该企业可凭该份自动进口许可证总共最多可进口（　　）吨化肥。

A. 210　　B. 205　　C. 203　　D. 206

9. 某企业持一份证面数量为200吨的化肥自动进口许可证（“非一批一证”），以海运散装形式分两批进口化肥200吨，在第一批实际进口数量100吨的情况下，该企业可凭该份自动进口许可证最多可进口（　　）吨化肥。

A. 210　　B。205　　C. 203　　D. 206

10. 实行进口许可证管理的货物有（　　）。

A. 监控化学品　　B. 易制毒化学品　　C. 消耗臭氧层物质　　D. 重点旧机电产品

11. 国家限制进出口货物采取的主要措施有（　　）。

A. 进口关税配额管理　　B. 出口关税配额管理

C. 进出口许可证管理　　D. 自由进出口管理

12. 对外贸易救济措施包括（　　）。

A. 反倾销　　B. 反补贴　　C 保障措施　　D. 关税措施

13. 禁止进口的货物包括（　　）。

A. 列入《禁止进口货物目录》

B. 列入《禁止进口固体废物目录》中的商品

C. 法律法规明令禁止进口的商品

D. 其他各种原因停止进口的商品

三、名词解释

进出口贸易管制　　三检　　许可证管理　　进口关税配额管理

出口配额管理　　出口配额许可证管理　　自动进出口许可管理

临时反倾销措施　　进出口关税配额管理　　许可证管理　　固体废物

四、判断题

1. 进出口许可管理制度是一项非关税措施。（　　）

2. 我国对于旧衣服采取的管理方式是限制进口。（　　）

3. 实行限制出口的货物（技术），按照其限制方式可分为出口配额限制和出口非配额限制。（　　）

4. 自动进口许可证管理是在任何情况下对进口申请一律予以批准的进口许可制度。（　　）

5. 限制出口配额管理的主要部门是商务部及其他经济管理部门。（　　）

6. 保障措施的实施期限一般不超过4年，全部实施期限（包括临时保障措施期限）不得超过10年。（　　）

7. 反补贴、反倾销和保障措施都属于贸易救济措施。反补贴、反倾销措施针对的是进口产品激增的情况，保障措施针对的是价格歧视这种不公平贸易行为。（　　）

8. 国家对出版、制作、复制、进口、批发、零售音像制品，实行许可制度。（　　）

9. 国家药品监督管理局是药品进出口管理的主管部门。（　　）

10. 国家林业、渔业管理部门是野生动植物种进出口管理的主管部门。（　　）

五、简答题

1. 简述对外贸易管制的目的、分类及实现手段。

2. 简述我国进出口货物（技术）贸易管制的内容包括哪些。

3. 简述我国对外贸易管制的主要制度有哪些。

4. 简述我国进出口贸易管制的主要手段有哪些。

六、实训题

结合教材内容，上网查询相关资料，回答下列问题：

1. 申领进、出口许可证应向发证机关提供哪些材料？

2. 简述进出口许可证的申领程序。

七、案例分析题

1. 2005年1月1日，按照中国“入世”的进程表，美国和欧盟取消了对来自中国的纺织品配额限制。但好景不长，没过多少时日，美国和欧盟就以大量的中国纺织品涌进国内市场对本国行业造成冲击为由，采取了措施，实施了救济。请问美国和欧盟当时采取的是哪种救济措施？为什么？

2. 青岛龙某泰国际贸易有限公司总经理吕某和公司业务经理李某，商定在国内收购木炭出口韩国，2013年7月，龙某泰公司报关员昆某在青岛海关以品名“泡花碱”进行报关出口

109个集装箱，2 393吨，被海关查验出问题。2013年8月14日，青岛市中级人民法院就此事作出刑事判决如下：

（1）以走私罪判处被告龙某泰公司罚金人民币120万元。

（2）以走私罪判处被告吕某、李某有期徒刑13年，并处罚金人民币65万元。

（3）被告人昆某有期徒刑14年，并处罚金人民币65万元。

一审后，所有被告均不服上诉，山东省高级人民法院经审理终审裁定：驳回上诉，维持原判。请问：

（1）木炭出口为什么要伪报品名？

（2）出口木炭怎么就成了走私罪？

（3）作为报关员，应从中吸取怎样的教训？

第三章 一般进出口货物的报关程序

学习目标

- 了解一般进出口货物的含义、特征和范围。
- 熟练掌握一般进出口货物的报关程序。

引导案例

关于推进全国海关通关一体化改革的公告

2017年6月28日，海关总署发布2017年第25号公告。为加快转变政府职能，适应开放型经济新体制要求，深化简政放权放管结合优化服务，海关总署决定自2017年7月1日起推进全国海关通关一体化改革。

思考与讨论：

1. 什么是“全国通关一体化”？
2. “全国通关一体化”在促进通关便利化中发挥了什么作用？

第一节 一般进出口货物概述

海关对进出口货物的监管，从时间先后顺序上可以分为三阶段：前期阶段、进出境阶段和后续阶段。根据海关监管方式的不同，进出口货物可分为一般进出口货物、保税货物、特定减免税货物、暂时进出口货物，以及过境、转运、通运货物和其他未办结海关手续的货物。

一般进出口货物的报关程序不需要经过前期阶段，也不需要经过后续阶段，只需要经过进出境阶段，包括四个环节：进出口申报—配合查验—缴纳税费—提取或装运货物，海关放行后不再管理。而其他类别的海关监管货物则不同，它们还需要经过海关的前期管理阶段以及后续管理阶段，例如，加工贸易原材料进口，海关要求事先备案，必须有一个前期办理手续的阶段；如果上述进口原材料加工成成品出口，在“放行”和“装运货物”离境的环节也不能完成所有的海关手续，必须有一个后期办理核销结案的阶段。

海关对一般进口货物的监管时限是自入境起到海关放行止。一般进出口货物的通关过程和放行后的状态反映了该项通关制度的特点。

一、一般进出口货物的含义

一般进出口货物是一般进口货物和一般出口货物的合称，是指在进出境环节缴纳了应缴的进出口税费并办结了所有必要的海关手续，海关放行后不再进行监管，可以直接进入生产和消费领域流通的进出口货物。

二、一般进出口货物的特征

1. 进出境时缴纳进出口税费

一般进出口货物的收发货人应当按照《海关法》和其他有关法律、行政法规的规定，在货物进出境时向海关缴纳应当缴纳的税费。

2. 进出口时提交相关的许可证件

货物进出口应受国家法律、行政法规管制的，进出口货物收发货人或其代理人应当向海关提交相关的进出口许可证件。

3. 海关放行即办结了海关手续

海关征收了全额的税费，审核了相关的进出口许可证件，并对货物进行实际查验（或做出不予查验的决定）以后，按规定签章放行。这时，进出口货物收发货人或其代理人才能办理提取进口货物或者装运出口货物的手续。

对一般进出口货物来说，海关放行就意味着海关手续已经全部办结，海关不再监管，货物可以直接进入生产和消费领域流通。

三、一般进出口货物的范围

一般进出口货物通关适用于海关放行后可永久留在境内或境外，不能享受特定减免税优惠的实际进出口货物。实际进出境货物是指进境、出境后不再复运出境、复运进境的货物；非实际进出境货物是指进境、出境后还将复运出境、复运进境的货物。在不具备享受特定减免税优惠的情况下，下列货物适用一般进出口通关：

（1）一般贸易进口货物。

（2）一般贸易出口货物。

（3）转为实际进口的保税货物、暂准进境货物，转为实际出口的暂准出境货物。

（4）易货贸易、补偿贸易进出口货物。

（5）不批准保税的寄售、代销贸易货物。

（6）承包工程项目实际进出口货物。

（7）外国驻华商业机构进出口陈列用的样品。

（8）外国旅游者小批量订货出口的商品。

（9）随展览品进境的小卖品。

（10）实际进出口货样广告品。

（11）免费提供的进口货物。如：外商在经济贸易活动中赠送的进口货物；外商在经济贸易活动中免费提供的试车材料等；我国在境外的企业、机构向国内单位赠送的进口货物。

第二节 一般进出口货物的报关程序

一般进出口货物的报关程序没有前期阶段和后续阶段，只有进出境报关阶段，由四个环节构成，即进出口申报、配合查验、缴纳税费、提取或者装运货物。所有进出口货物的报关程序都有进出口阶段，因此，一般进出口货物的报关程序除缴纳税费环节外也适用于其他所有进出境货物的报关。

一、进出口申报（电子申报）

（一）申报概述

1. 申报的含义

申报是指进出口货物收发货人、受委托的报关企业，依照《海关法》及有关法律、行政法规的要求，在规定的期限、地点，采用电子数据报关单或纸质报关单形式，向海关报告实际进出口货物的情况，并接受海关审核的行为。

目前，进出口货物的申报通常采用电子申报方式完成。申报内容主要包括进出口货物的经营单位、收发货单位、申报单位、运输方式、贸易方式、贸易国别以及货物的实际状况（主要包括名称、规格型号、数 / 重量、价格等内容）。

2. 申报地点

自 2017 年 7 月 1 日起，全国通关一体化全面启动后，进出口企业可在任一海关进行申报，即企业可以根据实际需要，自主选择在货物进出口口岸、企业属地或其他任一海关报关。

海关对以下货物的进出限定口岸申报：

汽车整车限定在大连、天津、上海、广州、深圳、青岛、福州、满洲里、阿拉山口等口岸申报。

进口药品和进口麻醉药品、精神药品、蛋白同化制剂、肽类激素指定在北京、天津、上海、大连、青岛、成都、武汉、重庆、厦门、南京、杭州、宁波、福州、广州、深圳、珠海、海口、西安、南宁 19 个城市直属海关所辖的所有口岸、济南航空口岸及苏州工业园区申报。

国家药品监督管理局规定的生物制品及首次在中国境内销售的药品和国务院规定的其他进口药品指定在北京、上海和广州 3 个口岸海关申报。

出口麻黄素类产品指定在北京、天津、上海、深圳 4 个口岸海关申报。

3. 申报日期

申报日期是指申报数据被海关接受的日期。不论是以电子数据报关单方式申报，还是以纸质报关单方式申报，海关以接受申报数据的日期为申报日期。

进出口货物收发货人或其代理人的申报数据自被海关接受之日起，其申报的数据就产生法律效力，即进出口货物收发货人或其代理人应当承担“如实申报”“如期申报”的法律责任。因此，海关接受申报数据的日期非常重要。

采用先电子数据报关单申报，后提交纸质报关单，或者仅以电子数据报关单方式申报的，申报日期为海关计算机系统接受申报数据时记录的日期，该日期将反馈给数据发送单位，或公布于海关业务现场，或通过公共信息系统发布。

电子数据报关单经过海关计算机检查被退回的，视为海关不接受申报，进出口货物收发货人或其代理人应当按照要求修改，重新申报，申报日期为海关接受重新申报的日期。

海关已接受申报的报关单电子数据，人工审核确认需要退回修改的，进出口货物收发货人、受委托的报关企业应当在 10 日内完成修改并且重新发送报关单电子数据，申报日期仍为海关接受原报关单电子数据的日期；超过 10 日的，原报关单无效，进出口货物收发货人、受委托的报关企业应当另行向海关申报，申报日期为海关再次接受申报的日期。

4. 申报期限

出口货物的申报期限为货物运抵海关监管区后、装货的 24 小时以前。

进口货物的申报期限为自装载货物的运输工具申报进境之日起 14 日内，向海关办理进口货物的报关申报手续。

进口货物的收货人超过规定期限向海关申报的，由海关征收滞报金。

进口货物自装载货物的运输工具申报进境之日起超过 3 个月仍未向海关申报的，由海关提取并依法变卖处理。对属于不适合长期保存的货物，海关可以根据事实情况提前处理。

经电缆、管道或其他特殊方式进出境的货物，进出口货物收发货人或其代理人按照海关规定定期申报。

5. 滞报金

进口货物收货人未按规定期限向海关申报产生滞报的，由海关按规定征收滞报金。进口货物收货人超过规定期限向海关申报的，滞报金的征收，以自运输工具申报进境之日起第 15 日为起始日，以海关接受申报之日为截止日。起始日和截止日均计入滞报天数。滞报金的计征起始日如遇休息日或法定节假日，则顺延自其节后第一个工作日。

进口货物因收货人在运输工具申报进境之日起超过 3 个月仍未向海关申报，被海关做变卖处理后，变卖所得的价款，在扣除运费、装卸、储存等费用和税款后尚有余款的，自变卖之日起 1 年内，经收货人申请，予以返还；其中属于国家限制类管理规定的，应当提交许可证件而不能提供的，不予返还。逾期无人申请不予发还的，上缴国库。滞报金的征收，以自运输工具申报进境之日起第 15 日为起始日，以该 3 个月期限的最后一日为截止日。

进口货物滞报金按日计征，以进口货物完税价格的 0.5‰ 征收。具体计征公式为：

滞报金额 = 进口货物完税价格 × 0.5‰ × 滞报天数

滞报金以人民币“元”为单位，不足一元的部分免征。滞报金起征点为 50 元。

因完税价格调整等原因需补征滞报金的，则按调整后的完税价格重新计算，补征不足人民币 50 元的，免予征收。

因不可抗力等特殊情况产生的滞报可以向海关申请减免滞报金。

出口货物及过境、转运、通运货物均不得征收滞报金。

滞报金的计算见第六章进出口税费计征中关于滞报金的内容。

（二）申报步骤

1. 申报前的准备工作和申报单证

申报前准备工作主要包括接单、理单、制单、复核等若干作业环节。

接受进出口货物海关申报的任务，行业内俗称接单，在接单环节要尽可能获取与申报物有关的全部报关随附单证及相关信息。理单环节是对报关随附单证的有效性、一致性进行审核，为填制报关单草单和现场报关做好准备。制单环节主要是填制报关单草单。复核环节是对报关单草单的内容进行再次核对，排除错误。

申报单证可分为报关单和随附单证两大类。其中随附单证包括基本单证、特殊单证。准备好申报用的单证是保证进出口货物顺利通关的基础。

1）报关单

报关单是由报关人员按照海关规定格式填制的申报单，是指进出口货物报关单或带有进出口货物报关单性质的单证，比如，特殊监管区域进出境备案清单、进出口货物集中申报清单、ATA 单证册、过境货物报关单、快件报关单等。一般来说，任何货物的申报都必须有报关单。当然现在普遍采用无纸化申报，提交电子报关单数据就好。

2）基本单证

基本单证是指与进出口货物直接相关的货运单据和商业单据，主要有进口提货单据、出口装货单据、商业发票、装箱单等。一般来说，任何货物的申报都必须有基本单证。

3）特殊单证

特殊单证是指国家有关法律规定实行特殊管理的证件，主要包括进出口许可证件、加工贸易电子化手册和电子账册、特定减免税证明、作为有些货物进出境证明的原进出口货物报关单、原产地证明书等。

准备申报单证的基本原则是：基本单证、特殊单证必须齐全有效、合法。报关单填制必须真实、准确、完整，报关单与随附单证的数据必须一致。

目前，按照海关通关作业无纸化改革推进要求，除必须以纸质形式申报的报关单外，其他报关单随附单证均需要以电子数据形式发送。进出口报关单位需要在申报环节将纸质的随附单证扫描，存为电子数据格式的文件。

2. 申报前看货取样

进口货物的收货人在向海关申报前，为了确定货物的品名、规格、型号等，可以向海关提交查看货物或提取货样的书面申请。海关审核同意的，派海关工作人员到场监管。

涉及动植物及其产品和其他应依法提供检疫证明的货物，如需提取货样，应当按照国家有关法律的规定，事先取得主管部门签发的书面批准证明。提取货样后，到场监管的海关工作人员与进口货物的收货人在海关开具的取样记录和取样清单上签字确认。

3. 申报方式

目前，申报方式主要有：电子数据申报、补充申报、“两步申报”、集中申报和提前申报。

1）电子数据申报

目前，按照海关通关作业无纸化改革推进要求，除必须以纸质形式申报的报关单以外，其他以无纸形式申报的报关单随附单证均要以电子数据形式发送。进出口报关单位需要在申报环节将纸质的随附单证进行电子扫描，存为电子数据格式的文件。因海关审核需要，须验核纸质单证的，应当补充提交纸质单证。

电子数据申报是指报关人员通过“单一窗口”（包括通过“互联网＋海关”接入“单一窗口”）按规定向海关传送报关单电子数据及随附单证电子数据的申报方式。

电子数据申报的步骤是：

（1）确认舱单信息。企业可在海关总署网站在线服务大厅查询。企业获得舱单信息后，就可以通过申报平台进行申报。

（2）选择申报海关。企业可以在自己的经营单位的注册地海关申报或货物所在地海关申报，也可以到口岸海关申报。

（3）预录入。报关单预录入是指报关人员将报关上申报的数据、内容录入电子计算机，并将数据、内容传送到海关报关自动化系统的工作。

中国国际贸易单一窗口是报关单整合申报的主要平台，具有进出口货物进出口报关单录入、导入、保存、申报、查询、打印以及关检数据的相互调用、关联生产等功能。申报人可以从“单一窗口”标准版门户网站或“互联网＋海关”门户进入“货物申报”页面。

（4）报关单电子数据发送。报关单电子数据录入无误后，单击“申报确认”按钮进行电子数据传送。电子数据发送后，海关通关作业管理系统对报关单电子数据进行规范性、逻辑性检查，对舱单、许可证件、电子备案信息等进行核注。除接到海关不接受申报的信息外，申报单位原则上不能再对已发送电子数据做出修改。在报关单电子数据发送前，需要特别注意因电子数据申报不实而可能引起的有关法律责任。

（5）海关系统数据审核。电子数据报关单申报后，海关系统对电子数据报关单及随附单证电子数据进行规范性、逻辑性审核。审核结果分为：

● 未通过规范性、逻辑性审核的，海关系统通过申报录入系统向企业发送退单回执，进出口企业按照退单回执提示信息，在系统中修改原申报电子数据后重新办理申报手续。

● 通过规范性、逻辑性审核，海关接受申报，海关通过申报录入系统向企业发送“报关单已受理／通关无纸化审结”回执。电子数据报关单被接受申报后，涉及税费的，申报企业即可进入缴税环节，进行相应操作。不涉及税费、未被风险参数及指令捕中的，报关单将自动进入放行程序。

2）补充申报

补充申报是指进出口货物的收发货人或其代理人依照海关有关行政法规和规章的要求，在进出口货物报关单以外采用补充申报单的形式，向海关进一步申报货物完税价格、商品归类、原产地等所需信息的行为。海关要求企业进行补充申报是为了进一步确定货物完税价格、商品归类、原产地等所需信息。

海关查验货物，要求补充申报的，收发货人应在 5 个工作日内，按海关行政法规提交《进出口货物价格补充申报表》《进出口货物商品归类补充申报单》，对申报内容进行有效补充，但不得与报关单申报的内容相抵触。申报人通过系统向海关申报电子数据补充申报单。海关审核后，打印补充申报单，签名盖章后递交现场海关。未按要求补充申报的，海关根据已掌握的信息确定完税价格。

3）提前申报

进出口货物的收发货人、受委托的报关企业提前申报的，应当先取得提（运）单或载货清单（舱单）数据。其中，进口货物应于装载货物的进境运输工具启运后、运抵海关监管场所前向海关申报；出口货物需在运入海关监管场所前3日内向海关申报。

（1）出口提前申报。发货人信用等级为一般信用及以上信用管理类别、运抵的海关监管作业场所（场地）能够实现运抵报告电子数据联网传输的，均可实施出口货物提前申报通关模式。出口货物发货人、受委托的报关企业在货物备齐并取得预配舱单电子数据后，可在货物运抵海关监管场所前3日内向海关办理申报手续；在货物运抵海关监管场所（场地）后，并在海关收到运抵报告电子数据后，海关办理货物查验、放行手续。提前申报并采取边运抵边装船的海运大宗散装货物，经海关船边实际验核，必须在申报后3日内装载完毕。超期未装载完毕的，须经海关批准。提前申报的出口转关货物必须在报关单电子数据申报之日起5日内运抵启运地海关监管作业场所（场地），办理转关和验放等手续，超过期限的，海关一律直接撤销报关单。

（2）进口提前申报。进口提前申报是指在舱单数据提前传输的前提下，进口货物的收货人、受委托的报关企业提前申报报关单，海关提前办理单证审核及税费征收，待货物实际到港后办理查验及放行手续。进口货物的收货人、受委托的报关企业提前申报的，应当先取得载货清单（舱单）数据。对于采用无纸化方式申报、电子支付税款，且不涉及布控查验的货物，企业可利用货物运输阶段完成申报前准备和申报手续，实现货物到港即提离，大幅提升通关效率。

4）集中申报

集中申报是指经海关备案，当事人在同一口岸多批次进出口规定范围内的货物，先以集中申报清单申报货物进出口，再以报关单集中办理海关手续的特殊通关方式。

（1）适用范围。适用图书、报纸、期刊类出版物等时效性较强的货物，危险品或者鲜活、易腐、易失效等不宜长期保存的货物，以及公路口岸进出境的保税货物。收发货人涉嫌走私或者违规、侵犯知识产权被海关行政处罚，海关信用管理类别为失信企业，以及相关海关事务担保失效，均不适用集中申报方式。

（2）备案管理。一般企业应在货物所在地海关，加工贸易企业应在主管地海关办理集中申报备案、变更手续，向海关提交《适用集中申报通关方式备案表》，提供符合海关要求的担保（有效期最短不得少于3个月），有效期届满应在期满前10日向原备案地海关书面申请延期。

（3）申报程序。先以集中申报清单申报，再以报关单集中申报。

●集中申报清单申报：进口货物自运输工具申报进境之日起14日内，出口货物在运抵海关监管区后、装货24小时前，填制集中申报清单电子数据向海关申报。

●报关单集中申报：当事人应对1个月内集中申报清单数据进行归并，填制进出口货物报关单。一般贸易货物在次月 10 日之前，保税货物在次月月底之前到海关办理集中申报手续。一般贸易货物集中申报手续不得跨年度办理。

以一般贸易方式进出口钻石的（税目 71.02、71.04、71.05 项下，工业用钻石及加工贸易方式项下除外），应当在上海钻石交易所办理进出口报关手续。加工贸易项下钻石转内销的，也应当参照一般贸易方式在上海钻石交易所海关办理报关手续。

5）两步申报

为贯彻落实国务院“放管服”改革要求，进一步优化营商环境和提高通关效率，2019 年 8 月 24 日开始推行“两步申报”方式。

“两步申报”是进口货物“概要申报、完整申报”的简称。在“两步申报”通关模式下，企业不需要一次性提交全部申报信息及单证，整个提交过程可以分两步走。

第一步，企业凭提单信息，提交口岸安全准入需要的相关信息，进行“概要申报”（如是否属于禁限管制、是否依法需要检验或检疫、是否需要缴纳税款等），海关完成风险排查处置后，货物如果不需要进一步查验，就可以马上被放行、提离。涉税的货物，在提供了税款担保以后，也可以被放行、提离。

第二步，货物在口岸放行后的 14 日内完成“整体申报”，企业补充提交满足税收征管、合格评定、海关统计等所需要的相关信息和单证，并按规定完成税款缴纳等流程。税款缴纳后，企业担保额度自动恢复。如概要申报时选择不需要缴纳税款，完整申报时经确认为需要缴纳税款的，企业应当按照进出口货物报关单撤销的相关规定办理。

采取两步申报的企业，应提前做好舱单传输、税款担保、监管证件办理、预先检验检疫等工作。

企业可以自主选择“两步申报”或“一次申报”模式。

4. 现场交单

海关审单中心通过电子数据审核后，报关人员应当自接到“现场交单”或“放行交单”通知之日起 10 日内，持打印的纸质报关单，备齐规定的随附单证并签名盖章，到海关递交书面单证并办理相关海关手续。超过 10 日未到现场递交报关单证的，电子数据报关单将被海关删除，原申报单据无效。如想继续通关，需重新进行电子数据报关单申报。

5. 申报的修改或撤销

海关接受进出口货物申报后，电子数据和纸质的进出口货物报关单不得修改或者撤销。确有正当理由的，经海关审核批准，可以修改或撤销，其主要有以下两种情况：

第一种情况：进出口货物收发货人或其代理人申请修改或撤销进出口报关单。

进出口货物收发货人或其代理人确有如下正当理由的，可以向原接受申报的海关申请修改或者撤销进出口货物报关单；

（1）由于报关员操作或书写失误造成所申报的报关单内容有误，并且未发现有走私违规或者其他违法嫌疑的。

（2）出口货物放行后，由于装运、配载等原因造成原申报货物部分或全部退关、变更运输工具的。

（3）进出口货物在装载、运输、存储过程中因溢短装，不可抗力的灭失、短损等原因造成原申报数据与实际货物不符的。

（4）根据贸易惯例先行采用暂时价格成交，实际结算时按商检品质认定或国际市场实际价格付款方式，因而需要修改申报内容的。

（5）由于计算机、网络系统等方面的原因导致电子数据申报错误的。

（6）其他特殊情况经海关核准同意的。

海关已经决定布控、查验的，以及涉案的进出口货物的报关单在办结前不得修改或者撤销。

进出口货物收发货人或其代理人申请修改或者撤销进出口货物报关单的，应当同海关提交“进（出）口货物报关单修改 / 撤销申请表”，以及相应的证明材料。

第二种情况：海关发现进出口货物报关单需要进行修改或者撤销的。

海关发现进出口货物报关单需要进行修改或者撤销，向进出口货物收发货人或其代理人制发“进（出）口货物报关单修改 / 撤销确认书”，通知其要求修改或者撤销的内容，进口货物的收发货人或其代理人应当在 5 日内对进出口货物报关单进行修或者撤销的内容进行确认，确认后海关完成对进出口货物报关单的修改或者撤销。

国际贸易单一窗口的货物申报模块具有向海关发起报关单的修改、撤销申请以及状态查询等功能。申请人进入货物申报页面，单击“撤销单”→“修改申请”，可向海关发起报关单修改、撤销申请操作，首次发起修改的数据，在“修改申请”页面中查询并提出修改申请。首次发起撤销的数据，在“撤销申请”页面中查询并提出撤销申请。已做过修撤的数据在“数据查询”页面中查找。

需要注意的是，由于修改或撤销进出口货物报关单导致需要变更、补办证件或补交税费的，应照章办理。

二、配合查验

传统上，海关查验是指海关为确定进出口货物收发货人向海关申报的内容是否与进出口货物的真实情况相符或者为确定商品的归类、价格、原产地等，依法对进出口货物进行实际核查的执法行为。“关检融合”后，海关查验的范围根据新的职责有很大的扩展，增加了与国境卫生检疫、进出口动植物检疫、进出口食品检验检疫及进出口商品检验有关的查验内容。

（一）海关查验

1. 查验的地点

查验进出口货物，一般在设有海关的码头、机场、车站的仓库或场所等海关监管场所进行，对于某些特殊货物，如散装货物、大宗货物、危险货物和鲜活易腐货物，为了尽快验放，也可以在船边等现场进行查验。如果报关单位需要在海关监管区外查验的，应事先报请海关同意，海关按规定收取费用。

海关在监管区内实施查验不收取费用。因查验而产生的进出口货物搬移、开拆或者重封包装等费用，由进出口货物收发货人承担。进出口货物，除海关总署特准免验的以外，都应该接受海关查验。但为方便大量正常货物的进出境，海关一般根据进出境货物的风险状况区别对待，有选择地确定被查货物。

2. 查验的时间

海关决定查验时，以书面形式通知进出口货物报关单位，约定查验时间。对于危险品或者鲜活、易腐、易烂、易失效、易变质等不宜长期保存的货物，以及因其他特殊情况需要紧急验放的货物，经进出口货物收发货人或者其代理人申请，海关可以优先安排查验。

查验时限一般约定在海关正常工作时间内。海关查验部门自查验受理时起，到实施查验结束，反馈查验结果最多不得超过48小时，出口货物应于查验完毕后半个工作日内予以放行。查验过程中，发现有涉嫌走私、违规等情况的，不受查验时限限制。

3. 查验的方式

查验应当由两名以上着海关制式服装人员共同实施。海关查验方法，按查验实施的程度，主要有彻底查验、抽查、外形查验。

（1）彻底检查即对货物逐件开箱（包）查验，将货物的品种、规格、数量、重量、原产地、货物状况等逐一与货物申报单详细核对。

（2）抽查即按一定比例对货物有选择地开箱（包）查验。对集装箱抽查，必须卸货。卸货程度和开箱（包）比例以能够确定货物的品名、规格、数量、重量等查验指令的要求为准。

（3）外形查验即对货物的包装、标记唛头等进行验核。外形查验仅适用于大型机器、大宗原材料等不易搬运、移动，但堆放整齐、比较直观的货物。

海关查验方法，按查验操作方式，可分为人工查验和机器设备查验。

4. 查验作业环节

查验作业环节按时间先后顺序分为前置作业、现场查验作业和处置作业三个方面，分别承担安全准入拦截、实货验核、查验后处理等工作。

1）前置作业

对涉及安全准入等需进行拦截处置的进境货物（含公路口岸承运货物的运输工具），海关在其抵达进境口岸后实施前置预防性检疫处理（含检疫处理监管）、前置辐射探测、先期机检等探测和处置。

2）现场查验作业

现场查验是指在口岸内实施的外勤查验作业，包括：单货、货证核对；卫生检疫、动植物检疫、商品检验；抽样送检；现场即决式鉴定（含现场实验室初筛鉴定）；H986过机检查：现场技术整改，合格评定、拟证。

3）处置作业

处置作业是指现场查验发现异常或查验后需进一步处置的作业，包括：

- 单证处置：报关单修改撤销、补证补税、签证。
- 货物处置：退运、销毁、罚没、口岸隔离检疫、技术整改（不具备现场整改条件的）。
- 移交处置：移送通关、法规、缉私等处置部门办理。

● 案件处置：“两简”案件办理。

5. 海关复验

海关复验是指经初次查验未能查明货物的真实属性，需要对已查验货物某些性状作进一步确认的，或货物涉嫌走私违规，需要重新查验的，或进出口货物收发货人海关查验结论有异议，提出复验要求并经海关同意而再次进行的查验。

已经参加过查验的查验人员不得参加对同一票货物的复验。

6. 径行开验

径行开验是指海关在进出口货物有违法嫌疑，或经海关通知查验，进出口货物收发货人或者其代理人未到场的情况下，对进出口货物进行的查验。

海关径行开验时，存放货物的海关监管场所经营人、运输工具负责人应当到场协助，并在查验记录上签名确认。

7. 查验致货物损坏的赔偿

海关在查验过程中，因为海关关员的责任造成被查货物损坏的，进出口货物收发货人或其代理人可以要求海关赔偿。海关赔偿的范围仅限于在实施查验过程中，由于海关关员的责任造成被查验货物损坏的直接经济损失。直接经济损失的金额根据损坏货物及其部件的受损程度确定，或根据修理费确定。

海关赔偿查验中损坏货物损失的流程是：①当事人要求海关出具“海关检验货物、物品损坏报告书”，以确认货物损坏情况；②当事人持“海关检验货物、物品损坏报告书”向海关提出赔偿请求，并根据货物损坏的情况，和海关共同确认赔偿的金额；③在规定的期限内向海关领取赔偿金。

以下情况不属于海关赔偿范围：

（1）进出口货物的收发货人或其代理人搬移、开拆、封装货物或保管不善造成的损失。

（2）易腐、易失效货物在海关正常工作程序所需时间内（含扣留或代管期间）所发生的变质或失效。

（3）海关正常查验时产生的不可避免的磨损。

（4）在海关查验之前已发生的损坏和海关查验之后发生的损坏。

（5）由于不可抗拒的原因造成货物的损坏、损失。

进出口货物的收发货人或其代理人在海关查验时对货物是否受损坏未提出异议，事后发现货物有损坏的，海关不负赔偿的责任。

8. 法定检验检疫

“关检融合”后，海关查验的范围根据新的职责有很大的扩展，对进出口货物实施法定检验检疫，这是国家赋予海关对进出口货物监管的一项新的重要职能，是国际贸易活动的重要组成部分。法定检验检疫是指海关依照国家法律、行政法规和规定对必须检验检疫的出入境货物、交通运输工具、人员及其他法定检验检疫物依照规定的程序实施检验、检疫、鉴定等检验检疫业务，又称强制性检验检疫，主要包括国境卫生检疫、进出境动植物检疫、进出口食品卫生检疫、进出口商品检验四部分。

1）国境卫生检疫监管

国境卫生检疫是指在中华人民共和国国际通航的港口、机场以及陆地边境和国界江河的口岸（简称国境口岸），海关依照法律法规和规定实施传染病检疫、监测和卫生监督。国境卫生检疫的范围是指为国境口岸服务的涉外宾馆、饭店、俱乐部，为入境、出境交通工具提供饮食、服务的单位和对入境和出境人员、交通工具、集装箱和货物实施检疫、监测、卫生监督的场所。

国境卫生检疫的对象是入境和出境的人员、交通工具和集装箱，以及可能传播检疫传染病的行李、货物、邮包等，其均应当按照法律法规的规定接受检疫，经卫生检疫机关许可，方可入境或者出境。

国境卫生检疫的工作内容主要包括检疫查验、传染病监测、卫生监督和卫生处理。

2）进出境动植物检疫

进出境动植物检疫对象是进出境的动植物、动植物产品和其他检疫物，装载动植物、动植物产品和其他检疫物的装载容器、包装物，以及来自动植物疫区的运输工具。

输入动植物、动植物产品和其他检疫物，经检疫合格的，准于进境。输入动物，经检疫不合格的，由口岸动植物检疫机关签发《检疫处理通知单》，通知货主或者其代理人作相关处理。输入动物产品和其他检疫物经检疫不合格的，由口岸动植物检疫机关签发《检疫处理通知单》，通知货主或者其代理人作除害、退回或者销毁处理。经除害处理合格的，准予进境。

输入植物、植物产品和其他检疫物，经检疫发现有植物危险性病、虫、杂草的，由口岸动植物检疫机关签发《检疫处理通知单》，通知货主或者其代理人作除害、退回或者销毁处理。经除害处理合格的，准于进境。

装载动物的运输工具抵达口岸时，上下运输工具或者接近动物的人员，应当接受口岸动植物检疫机关实施的防疫消毒，并执行其采取的其他现场预防措施。

输出动植物、动植物产品和其他检疫物，由口岸动植物检疫机关实施检疫，经检疫合格或者经除害处理合格的，准于出境；检疫不合格又无有效方法作除害处理的，不准出境。

3）进出口食品检验检疫

（1）进口食品检验检疫。进口食品是指进口的食品、食品添加剂、食品相关产品。食品是指各种供人食用或者饮用的成品和原料，以及按照传统既是食品又是药品的物品，但是不包括以治疗为目的的物品。食品添加剂，指用于改善食品品质和色、香、味以及为防腐、保鲜和加工工艺而加入食品中的人工合成物质或者天然物质。食品相关产品，指用于食品的包装材料、容器、洗涤剂、毒剂和用于食品生产经营的工具、设备。

口岸海关在口岸监管场所对食品的包装和运输工具进行现场查验；按照相关规定对进口食品进行抽采样、制样及送样；对进口预包装食品标签进行符合性检测。

（2）出口食品检验检疫。海关根据现场检验检疫、口岸查验、实验室检测结果，对照有关检验检疫做出评定。符合检验检疫要求的，签发证单，予以放行出口；不符合检验检疫要求的、不予出口，并通过风险预警信息网络上报海关总署。

4）进出口商品检验

《中华人民共和国进出口商品检验法》规定必须实施的进出口商品检验，是指确定列入目录的进出口商品是否符合国家技术规范的强制性要求的合格评定活动。列入目录的进口商品未经检验的，不准销售、使用；列入目录的出口商品未经检验合格的，不准出口。

（二）配合查验

海关查验时，进出口货物收发货人或其代理人应当到场配合查验。其主要工作有：

（1）负责按照海关要求搬移货物，开拆包装和重封货物。

（2）预先了解和熟悉所申报货物的情况，如实回答查验人员的询问以及提供必要的资料。

（3）协助海关提取需要作进一步检验、化验或鉴定的货样，收取海关出具的取样清单。

（4）查验结束后，认真阅读查验关员填写的“海关进出境货物查验记录单”，注意以下情况的记录是否符合实际：

①开箱的具体情况。

②货物残损情况及造成残损的原因。

③提取货样的情况。

④查验结论。核查记录准确、清楚的，配合查验人员应立即签名确认；如不签名的，海关查验人员在查验记录中予以注明，并由货物所在监管场所的经营人签名证明。

三、缴纳税费

通关一体化模式下，税收征管方式发生了以下几个变化：

（一）税费缴纳方式的转变

海关税款传统的缴纳方式为柜台支付，而目前税费支付的主要方式是电子支付方式，通过财、关、库、银横向联网，实现海关税费信息在海关、国库、商业银行等部门之的电子流转和税款电子入库。使用电子支付方式缴纳税款，需要具备一定的条件，并通过“单一窗口”“互联网＋海关”与海关和经批准的商业银行签订电子支付三方合作协议，在报关前事先进行资格备案，进出口环节通过电子支付税费后货物即可放行。

电子支付以税单为单位，对同一份报关单所发生的税费，报关人员可全部选择电子支付，也可部分选择电子支付。目前，通过电子支付方式可以缴纳进出口关税、反倾销税、反补贴税、进口环节代征税、废弃电器电子产品处理基金、缓税利息、滞纳金、船舶吨税、税款类保证金、滞报金等。

（二）税费征收方式的转变

传统的税费征收方式是指海关在货物放行前对纳税义务人申报的价格、归类、原产地等税收要素进行审核，并进行相应的查验（如需要），确定货物的完税价格后核定应缴税款，纳税义务人缴纳税款后货物方可放行。2017 年 7 月 1 日后，海关税费征收方式由海关审核全面向自报自缴方式转变，但涉及公式定价、特案、实施双反和保障措施货物暂不适用自报自缴申报模式。

自报自缴方式，即“自主申报、自行缴纳”，以企业诚信管理为前提，企业自主申报报关单的涉税要素，自行完成税费金额的核算，自行完成税费缴纳后，货物即可放行（放行前如需查验则查验后放行）。海关在放行后根据风险分析结果对纳税义务人申报的价格、归类、原产地等税收要素进行抽查审核。

（三）汇总征税

汇总征税是海关对进出口税收征缴的一种新型作业模式，其支付方式本质上也属于电子支付。海关对符合条件的进出口纳税义务人某一段时间内多次进出口产生的税款集中进行汇总计征，这与电子支付及柜台支付下的逐票征缴税方式明显不同。

目前，除海关企业信用管理中的“失信企业”外，所有在海关注册登记的进出口报关单上的收发货人均可申请适用汇总征税模式，即在一定的时限内多次进出口产生的税款集中进行汇总计征，以满足进出口企业对通关时效的需要。

有汇总征税需求的企业需要在进出口货物通关前向属地直属海关提交税款总担保，总担保应当依法采用担保机构提交的保函等海关认可的形式，通过后即可在申请的多个直属海关范围内通用。应税企业采用无纸化申报时选择汇总征税模式的，无布控查验等海关要求事项的汇总征税报关单担保额度扣减成功，海关即可放行。应税企业采用有纸申报时选择汇总征税模式的，同无纸化申报流程一致，在担保额度扣减成功后货物即可放行。适用汇总征税的企业需在每月第五个工作日结束前，完成上月应缴税款的汇总电子支付。

四、放行与结关

（一）放行

货物放行是指海关接受进出口货物的申报，审核电子数据报关单和纸质报关及随附单证，在查验货物、征收税费或接受担保以后，对进出口货物作出结束海关现场监管的决定，允许进出口货物离开海关监管现场的工作环节。

报关单位可以通过电子口岸系统查询获知某批申报货物的海关放行信息，随后就可以办理货物提取或装运手续了。

在无纸化通关申报方式下，海关作出放行决定时，通过计算机将“海关放行”电子数据发送给进出口货物收发货人或其代理人、海关监管货物的保管人。进出口货物收发货人或其代理人从计算机上自行打印海关通知放行的凭证，凭以提取进口货物或出口货物，运到运输工具上离境。

（二）结关

结关是进出口货物办结海关手续的简称。进出口货物由其收发货人或其代理人向海关办理完所有的海关手续，履行了法律规定的与进出口有关的一切义务，即办结了海关手续，海关不再进行监管。

海关放行有两种情况：①放行即结关，对于一般进出口货物而言，放行时进出口货物收发货人或其代理人已经办理了所有海关手续；②放行不等于结关，对于保税货物、特定减免税货物、暂准进出境货物等，放行时进出口货物收发货人或其代理人并未办完所有的海关手续，货物尚未结关，海关在一定期限内还需进行后续管理。

在进出口货物结关以后，报关单位视情况需要可以通过中国电子口岸服务平台网上办理出口收汇、出口退税、进口付汇、联网核销等海关业务。

自2013年9月16日起，海关不再为国家外汇管理局（以下简称外汇局）核定的货物贸易外汇管理A类企业（以下简称A类企业）提供纸质报关单收、付汇证明联。A类企业办理货物贸易外汇收付业务，按规定须提交纸质报关单证明联的，通过中国电子口岸自行以普通A4纸打印报关单证明联（出口收汇或进口付汇用）并加盖企业公章，对于外汇局核定的货物贸易外汇管理B类和C类的企业，海关仍按现行做法为其提供纸质报关单收、付汇证明联。

（三）申请签发报关单证明联和办理其他证明手续

进出口货物收发货人或其代理人，办理完提取进口货物或装运出口货物的手续以后，如需要海关签发有关货物的进口、出口货物报关单证明联或办理其他证明手续的，均可向海关提出申请。

1. 报关单证明联

报关单证明联作为进出口货物收发货人向海关、税务、外汇局等部门办理加工贸易手册核销、出口退税、进出口货物收付汇手续的重要凭证，进出口货物收发货人或其代理人在办理结关手续后，按照不同的海关监管方式，可以向海关申请签发以下报关单证明联：进口付汇证明联、出口收汇证明联及出口退税证明联（2018年4月全面取消打印纸质版，详见海关总署2018年第26号公告）。

2. 货物进口证明书

对进口汽车、摩托车，进口货物的收货人或其代理人应当向海关申请签发货物进口证明书，进口货物收货人凭此证明书同国家交通管理部门办理汽车、摩托车的牌照申领手续。海关放行汽车、摩托车后，签发货物进口证明书，并实行“一车一证”制。同时，将货物进口证明书上的内容通过计算机发送给海关总署，再传输给国家交通管理部门。其他进口货物如需申领货物进口证明书，收货人或其代理人也可向海关提出申请。

综合练习

一、单选题

1. 出口货物的申报期限为货物运抵海关监管区后、装货的（　　）小时以前。

A. 24　　B. 48　　C. 36　　D. 12

2. 滞报金的征收，以自运输工具申报进境之日起第（　　）日为起始日，以海关接受申报之日为截止日。

A. 15　　B. 14　　C. 12　　D. 7

3. 下列有关进出口货物报关时限的说法，正确的有（　　）。

A. 进口货物自运输工具申报进境之日起7日内

B. 进口货物自运输工具申报进境之日起14日内

C. 出口货物运抵口岸24小时内

D. 出口货物运抵口岸48小时内

4. 某公司进口一批货物，载货运输工具于2021年7月8日申报进境，次日该公司向海关申报电子数据被系统退单。经确认相关信息，该公司于7月10日重新向海关发送申报电子数据并于当日收到电子放行回执信息，7月11日向海关提交纸质报关单，该批货物的申报日期是(　　)。

A. 7月8日　　B. 7月9日　　C. 7月10日　　D. 7月11日

5. 进口货物在运输工具申报进境之日起超过(　　)个月未向海关申报，海关可依法提取变卖。

A. 1　　B. 2　　C. 3　　D. 4

6. 对于(　　)来说，海关进出境监管现场放行就是结关。

A. 一般进出口货物　　B. 保税货物

C. 特定减免税货物　　D. 暂准进出境货物

7. 以下关于关税滞纳金的计算公式，正确的是(　　)。

A. 关税滞纳金金额＝滞纳关税税额 ×5‰ × 滞纳天数

B. 关税滞纳金金额＝滞纳关税税额 ×5%× 滞纳天数

C. 关税滞纳金金额＝滞纳关税税额 ×0.5‰ × 滞纳天数

D. 关税滞纳金金额＝进口关税完税价格 ×0.5‰ × 滞纳天数

8. 下列关于申报地点的表述完全正确的是(　　)。

A. 进口货物在进境地海关申报

B. 出口货物在出境地海关申报

C. 进口货物在指运地海关申报，出口货物在启运地海关申报

D. 企业可以选择任一海关办理进出口货物进出境申报

9. 进口货物的收货人自运输工具申报进境之日起超过3个月未向海关申报的，其进口货物由海关提取，依法变卖处理。变卖所得价款在优先拨付变卖处理实际支出的费用后，其他费用和税款的偿还顺序是(　　)。

A. 运输、装卸、储存等费用进口关税进口环节税滞报金

B. 进口关税进口环节税滞报金运输、装卸、储存等费用

C. 滞报金进口关税进口环节税运输、装卸、储存等费用

D. 运输、装卸、储存等费用滞报金进口关税进口环节税

10. 下列(　　)属于海关赔偿范围。

A. 在海关查验货物的过程中，由于报关单位陪同查验人员搬移货物时造成货物的损坏

B. 易腐、易失效货物在海关工作程序所需时间内发生货物变质或失效

C. 海关查验后，货物在入库时收货人发现被查验货物损坏

D. 海关查验人员在查验过程中造成的货物损坏，并在查验记录上签注

11. 一般情况下，海关接受申报后，申报内容不得修改或撤销，确有(　　)等正当理由

的，经海关批准审核，可以修改或撤销。

A. 由于报关人员操作失误造成所申报的报关单内容有误，但发现有走私违规嫌疑的

B. 出口货物放行前，由于装运、配载等原因造成原申报货物全部或部分退关

C. 由于报关人员操作或书写失误造成所申报的报关单内容有误，但发现有走私违规或者其他违法嫌疑的

D. 进出口货物在装载、运输、存储过程中因溢短装、不可抗力的灭失、短损等原因造成原申报数据与实际货物不符的

12. 进出口货物收发货人或其代理人配合海关查验的工作主要不包括（　　）。

A. 负责搬运货物、开箱、封箱

B. 回答提问，提供有关单证

C. 负责做进一步检验、化验或鉴定的货样，收取海关开具的取样清单

D. 签字确认查验记录

13. 进出口企业、单位采用“自主申报、自行缴税”模式向海关申报时，（　　）填报。

A. 自行缴税　　B. 自主报税　　C. 自报自缴　　D. 税单无纸化

二、多选题

1. 根据海关监管方式的不同，进出口货物可分为（　　）。

A. 一般进出口货物

B. 保税货物

C. 特定减免税货物、暂时进出口货物

D. 过境、转运、通运货物和其他未办结海关手续的货物

2. 一般进出口货物的报关程序包括（　　）。

A. 进出口申报　　B. 配合查验　　C. 缴纳税费　　D. 提取或装运货

3. 下列哪些是一般进出口货物的范围？（　　）

A. 一般贸易进出口货物　　B. 易货贸易、补偿贸易进出口货物

C. 承包工程项目实际进出口货物　　D. 随展览品进境的小卖品

4. 下列单证中，属于申报的基本单证包括（　　）。

A. 进口提货单据　　B. 出口装货单据　　C. 商业发票　　D. 装箱单

5. 关于一般进出口货物的特征，（　　）是正确的。

A. 报关单位在向海关申报时应提交相应的进出口许可证件

B. 报关单位在向海关办理进出口手续时应按照海关规定缴纳进出口税款

C. 进口货物海关签印放行后即结束海关监管

D. 出口货物在出口货物装货单上由海关签印放行后即结束海关监管

6. 出口麻黄素类产品，指定在（　　）口岸海关申报。

A. 北京　　B. 天津　　C. 上海　　D. 深圳

7. 海关查验方法，按查验实施的程度，主要有（　　）。

A. 彻底查验　　B. 抽查　　C. 外形查验　　D. 机器设备查验

8. 下列（　　）情况海关可以对已查验货物进行复验。

A. 经初次查验未能查明货物的真实属性，需要对已查验货物的某些性状做进一步确认的

B. 货物涉嫌走私违规，需要重新查验的

C. 进出口货物收发货人对海关查验结论有异议，提出复验要求并经海关同意的

D. 经海关通知检查，进出口货物收发货人届时未到场

9. 以下（　　）情况不属于海关赔偿范围。

A. 进出口货物的收发货人或其代理人搬移、开拆、封装货物或保管不善造成的损失

B. 易腐、易失效货物在海关正常工作程序所需时间内所发生的变质或失效

C. 海关正常查验时产生的不可避免的磨损

D. 在海关查验之前已发生的损坏和海关查验之后发生的损坏

三、名词解释

一般进出口货物　申报　特殊单证　电子数据申报　集中申报

处置作业　货物放行　传统的税费征收方式

四、判断题

1. 海关对进出口货物的监管，从时间先后顺序上可以分为前期阶段、进出境阶段和后续阶段。（　　）

2. 一般进出口货物的报关程序不需要经过前期阶段，也不需要经过后续阶段，只需要经过进出境阶段。（　　）

3. 进口货物的申报期限为自装载货物的运输工具申报进境之日起 14 日内，向海关办理进口货物的报关申报手续。（　　）

4. 海关以接受申报数据的日期为申报日期。（　　）

5. 进口货物滞报金按日计征，按进口货物完税价格的 0.5‰征收。（　　）

6. 申报前准备工作主要包括接单、理单、制单、复核等若干作业环节。（　　）

7. 查验进出口货物，一定在设有海关的码头、机场、车站的仓库或场所等海关监管场所进行。（　　）

8. 海关在查验货物时，报关单位应派人配合海关对进出口货物进行查验。海关还可以对进出口货物进行复验和径行开验，但必须在报关单位陪同下进行。（　　）

9. 海关在监管区内实施查验要收取费用。（　　）

10. 海关在查验时由于不可抗拒的原因造成货物的损坏、损失，海关予以赔偿。（　　）

11. 海关税款传统的缴纳方式为柜台支付，而目前税费支付的主要方式是电子支付方式。（　　）

12. 一般进出口货物属于一般贸易货物。（　　）

13. 电子数据报关单被海关退回的，进出口货物收发货人或其代理人应当按照要求修改后重新申报，申报日期为海关接受重新申报的日期。（　　）

五、简答题

1. 简述一般进出口货物的含义和特征。

2. 简述一般进出口货物的海关监管范围。

3. 简述进出口申报的步骤有哪些。

4. 简述海关查验的方式有哪些。

5. 简述通关一体化模式下，税收征管方式发生了哪些变化。

6. 简述一般及出口货物的报关程序。

六、计算题

1. 装载货物的运输工具于2021年9月17日（周一）申报进境，进口货物收货人于2021年10月9日向海关申报，海关当天接受申报。（注：9月30日至10月7日放假，其中9月30日为中秋节法定节假日，10月1、2、3日为国庆法定节假日。）请计算该批货物共滞报了多少天。

2. 装载货物的运输工具于2021年4月16日（星期一）申报进境，该批货物于2021年5月6日向海关申报，海关当天接受申报。（注：国家调整休息日，4月28日（星期六）上班，4月29日至5月1日放假调休，其中5月1日为法定节假日。）请计算该批货物共滞报了多少天。

3. 装载货物的运输工具于2021年4月17日（星期二）申报进境，该批货物于2021年5月3日向海关申报，海关当天接受申报。（注：国家调整休息日，4月28日（星期六）上班，4月29日至5月1日放假调休，其中5月1日为法定节假日。）该批货物的完税价格为80 500元人民币，请计算该批货物应缴纳的滞报金为多少。

4. 某公司按暂定价格申报进口完税价格为270 000元人民币的货物，滞报3天，支付滞报金后，完税价格调整为300 000元人民币，申请修改申报被海关接受。请计算该公司应补交多少滞报金。

第四章 保税货物的报关程序

学习目标

- 了解保税货物的含义、形式和基本特征。
- 了解保税加工货物的含义、分类、监管模式和监管特征。
- 熟练掌握保税货物的报关程序。
- 电子化手册管理下的保税加工货物的报关操作流程。
- 了解保税物流货物的含义、特征、范围和海关监管特征。
- 熟练掌握海关保税监管场所类别的相关内容。
- 了解海关特殊监管区域和跨境工业园区的内容。

引导案例

哈尔滨海关破案值 1.75 亿元的加工贸易木材走私案

2017 年 8 月 17 日，哈尔滨海关缉私局破获一起案值达 1.75 亿元的木材加工贸易走私案，共抓获犯罪嫌疑人 12 名。

据办案缉私警介绍，根据海关加工贸易管理规定，加工贸易企业申请加工贸易手册后要专用，不能出借、卖与他人。而涉案不法加工贸易企业，并不真正从事木材加工，而是将加工贸易手册直接倒卖给省内一些不法商家。涉案不法商家，利用从加工贸易企业买来的加工贸易手册，通过伪报贸易方式（按其企业性质原本应该以一般贸易方式进口木材），大量进口木材，不仅逃掉了 13% 的进口增值税，还直接将进口木材在国内销售牟利。

与此同时，不法加工贸易企业还将加工贸易手册的出口指标卖给大连的一些非法货运代理公司。这些货代公司与国内一些不法出口商相勾结，将原本应以一般贸易方式出口的筷子、牙签等产品，伪报成加工贸易方式替代出口，进而又逃掉了 10% 的出口关税。

此外，一些加工贸易企业见买卖加工贸易手册有利可图，便干脆不做加工贸易生意，而是直接做起买卖加工贸易手册的生意。据了解，一本加工贸易手册便可赚 30 万元人民币。

据记者了解，哈尔滨海关此次打击木材加工贸易渠道走私违法犯罪活动，规范了黑龙江省木材加工贸易行业经营秩序，使不规范的加工贸易企业纷纷退出市场。

思考与讨论:

1. 什么是保税加工贸易货物?

2. 海关对保税加工贸易货物有什么监管模式?如何进行报关?

第一节 保税制度概述

保税是一种国际通行的海关、贸易和物流相融合的特定的、专门的海关制度。

保税制度是经海关批准，对进口货物暂不征税，而采取保留征税权予以监管的一种制度。保税制度涉及的保税货物是指经海关批准未办理纳税手续进境，在境内储存、加工、装配后复运出境的货物。进口货物收货人或其代理人向海关申请为保税货物免征进口关税，海关最后根据保税货物是否复运出境，再决定是否需要补征相关税费。

一、保税货物概述

(一)含义

保税货物是指经海关批准未办理纳税手续进境，在境内储存、加工、装配后复运出境的货物。

(二)保税货物的形式

保税货物的形式主要有保税物流、保税加工和保税服务。

1. 保税物流

保税物流是指经营者经海关批准，将未办理纳税手续进境的货物从供应地运送到需求地服务型经营行为，包括进口货物在口岸与海关特殊监管区域及海关保税监管场所之间、海关特殊监管区域与海关保税监管场所内部、海关特殊监管区域与海关保税监管场所之间、境内出口货物与海关特殊监管区域及海关保税监管场所之间的物流。

保税物流包括储存、配送、分拨、运输、简单流通加工、中转转运、展示等业务。保税物流从物流移动的范围来看属于国内物流，但从业务操作模式上看具有明显的国际物流特点。

2. 保税加工

保税加工是指经营者经海关批准，对未办理纳税手续进境的货物，进行实质性加工或装配以及相关配套业务的生产性经营行为。在产业链上体现为来料加工、进料加工等形式。

3. 保税服务

保税服务是一种新兴的保税形式，目前在我国保税监管实践中主要体现为对从事国际服务外包业务的企业(要求该企业的海关管理类别为一般信用及以上)所进口的货物实施保税监管。保税服务包括保税检疫维修、保税拍卖、保税展示交易、保税研发等。

服务外包企业在外包进口货物进口备案前，应在海关办理注册手续。海关对保税监管的外包进口货物暂用加工贸易设备手册(以下简称“设备手册”，手册编号首位为D)模式管理。设备手册以合同为单元进行监管，一个合同对应一本设备手册。手册备案有效期为1年。外包进口货物在外包业务的合同执行完毕后应退运出境。外包进口货物如销往国内或到期不退运境外的，须经海关批准后按规定办理进口征税手续，涉及许可证件的，还须提供许可证件。

企业开展研发技术含量高和高附加值产品的检测及国产出口货物的售后维修业务，有助于延长加工贸易企业产业链和价值链，扩大企业的经营范围，降低企业的生产和物流成本，提升企业竞争能力。

（三）保税货物的基本特点

（1）保税货物必须经海关批准。海关对符合保税加工货物条件的，予以账（手）册备案；批准设立保税仓库、出口监管仓库、保税物流中心、保税工厂、保税集团；核准保税仓库、出口监管仓库、保税物流中心、保税区、出口加工区、保税物流园区的保税业务等。

（2）保税货物是海关监管货物。保税货物是未办理纳税手续进境的货物，因而保税货物是海关监管货物。保税货物自进境之日起就必须在海关的监管之下，其在境内的运输、储存、加工、装配都必须接受海关监管，直到复运出境或改变性质办理正式进口手续为止。当保税货物失去保税条件时，海关有权依法对该保税货物进行处理。

（3）保税货物应复运出境。保税货物是以在境内保税储存和加工成品复运出境为前提条件的，不在境内最终使用和消费。这点与减免税货物有根本性质的不同。减免税货物进口时，海关按照规定免征或减征进口税，货物进口后在境内使用和消费，不再复运出境。经海关批准的保税货物如果决定不复运出境，就应当按照留在境内的实际性质办理相应的进口手续。

二、保税货物报关的基本程序

保税货物的报关与一般进出口货物不同，它不是在某一个时间办理进口或出口手续后即完成了报关，而是包括保税货物从进境、储存或加工到复运出境的全过程。保税货物的报关程序除了和一般进出口货物报关程序一样有进出境报关阶段外，还有合同备案和核销结案阶段。

保税货物的报关程序可以概述为三大步骤：备案申请保税—进出境报关—报核申请结案。

（1）备案申请保税。备案是保税货物向海关办理的第一个手续，须在保税货物进口前办妥。它是保税业务的开始，也是经营者与海关建立承担法律责任和履行监管职责的法律关系的起点。

（2）进出境报关。保税货物从境外进入境内时在海关进出境现场监管阶段，享受的是暂缓征税的待遇，海关放行后在加工储存期间，仍是海关监管货物，当最后的流向是运往境外，海关免于征税；当最后的流向是进入境内销售，应按照用途向海关办理相应的报关手续。因此，保税货物的进出境报关分两种情况：第一种情况是，保税货物与境外间的进出境报关；第二种情况是，保税货物与境内间的视同进出口报关。

（3）报核申请结案。保税货物应在海关规定的时限内向海关办理核销结案手续，这是海关后续管理阶段的监管内容。具体办理核销结案的环节是：企业申请报核——海关受理——实施核销——结关销案。

第二节 保税加工货物报关

一、保税加工货物概述

（一）保税加工货物的含义

保税加工货物也称加工贸易货物，是指经海关批准未办理纳税手续进境，在境内加工、装配后复运出境的货物。加工贸易也俗称“两头在外”的贸易。

加工贸易是外国的企业（通常是工业发达国家或新兴工业化国家和地区的企业）以投资的方式把某些生产能力转移到东道国，或者利用东道国已有的生产能力为自己加工装配产品，然后运到东道国境外销售。这种跨越国界的生产加工和销售，是加工贸易的显著特征。加工贸易同国际投资及国际贸易紧密相关，体现了商品和资本交换的国际化。

1. 来料加工

来料加工是指进口料件由境外企业提供，经营企业不需要付汇进口，按照境外企业的要求进行加工或装配，只收取加工费，制成品由境外企业销售的经营活动。双方的法律关系是委托加工关系。

2. 进料加工

进料加工是指进口料件由经营企业付汇进口，制成品由经营企业外销出口的经营活动。双方的法律关系是买卖关系。来料加工与进料加工的主要区别如表 4-1 所示。

表 4-1　来料加工与进料加工的主要区别

类　别	来料加工	进料加工
材料提供	国外厂商免费提供	国内加工贸易企业自主进口
产品销售	国外厂商负责销售	国内生产企业自己寻找国际销路或根据对口合同销往国际市场
获益方式	根据合同要求进行加工，收取加工费	生产企业自主决定产品的营销，自负盈亏

（二）海关对加工贸易企业的监管模式

海关对保税加工企业的监管模式有两大类：

1. 物理围网监管

物理围网监管是指由海关专门划定区域对保税加工业务实施封闭式管理。目前，主要适用于出口加工区、保税港区、综合保税区。物理围网监管模式下，海关对保税加工企业实行联网监管和联网核查，以企业为单元进行监管，以核查企业电子底账为海关监管的主要手段，不实行银行保证金台账管理等海关事务担保。

2. 非物理围网监管

非物理围网监管是指海关针对经营企业的不同情况分别以电子化手册和电子化账册作为海关的监管的模式。非物理围网监管相对物理围网监管而言，也称为“信息围网监管”模式，该模式针对经营企业的情况分别实行“电子账册＋联网核查”管理或者电子化手册管理。具体来说：电子账册监管是针对大型企业，以企业为单元进行管理；电子化手册是针对中小企业，以合同为单元进行管理，执行海关事务担保制度。

（三）海关对保税加工货物监管的特征

根据最新海关规定，海关对保税加工货物的管理，主要可以归纳为以下五个特征：

1. 手册或账册设立

加工贸易业务经过电子化手册或电子账册设立才能进入海关备案程序，具体如下：

加工贸易经营企业在向海关办理备案保税前，须登录加工贸易企业经营状况及生产能力信息系统，自主填报加工贸易企业经营状况及生产能力信息表（以下简称“信息表”），并对信息的真实性作出承诺。已网上填报信息表的企业到主管海关办理加工贸易手册（账册）设立手续，无须提交纸质信息表。

2. 备案保税

加工贸易料件经海关批准才能保税进口。海关批准保税是通过受理备案来实现的。凡是准予备案的加工贸易料件进口时可以暂不办理纳税手续，即保税进口。

3. 纳税暂缓

国家规定：专为加工出口产品而进口的料件，按实际加工复出口成品所耗用料件的数量准予免缴进口关税和进口环节增值税、消费税。这里所指的免税，是指用在出口成品上的料件可以免税。但是由于在料件进口时无法确定用于出口成品上的料件的实际数量，因此海关只有先准予保税，在产品实际出口并最终确定使用在出口成品上的料件数量后再确定征税范围，即用于出口的免税。加工贸易保税进口料件或者制成品如需转内销的，照章征税并征缓税利息。

4. 监管延伸

由于保税加工料件在进境时未缴纳税费，因此其在进境地放行后被提取，但并不是海关监管的结束。海关对保税加工货物的监管地点和监管时间都有所延伸。

监管地点的延伸是指运离进境口岸海关场所后，进行加工、装配的地点均是海关监管的地点；监管时间的延伸是指进境地提取货物后至完成仓储、加工、装配复运出境或办结海关手续之日止。

5. 核销结关

由于加工贸易项下进口料件实行保税监管的，加工成品出口后，海关根据核定的实际加工复出口的数量予以核销，因此保税加工货物（出口加工区的除外）经过海关核销后才能结关。保税加工的料件进境后要进行加工、装配，改变原进口料件的形态，复出口的商品不再是原进口的商品。因此，向海关报核，不仅要确认进出数量是否平衡，还要确认成品是否由进口料件生产。

二、加工贸易手册 / 电子化手册管理下的保税加工业务特点和作业流程

鉴于加工贸易手册是海关对保税加工贸易监管最初和最基本的形式，本部分以加工贸易手册为例进行讲解。

《加工贸易手册》也简称为《海关手册》或《手册》。《加工贸易手册》原则上以加工贸易合同为单位，记载经营企业开展加工贸易所需要的进口原料数量（指标）、出口成本数量（指标）及成品对应的原料单耗情况。《加工贸易手册》经历了早期的纯纸质手册、后来的海关电子化纸质手册、现在的无纸化（电子化）通关手册三个阶段。目前，无纸化通关手册（电子化手册）已经全面应用，适用电子化手册管理的保税加工业务也是最为常见的保税加工业务形态。

（一）电子化手册的含义和特点

1. 电子化手册的含义

电子化手册（通关手册）原则上是以加工贸易合同为单元，记载企业开展加工贸易业务时在一定时间段内的出口成品数量（订单数量或预计订单数量）、成品对应使用的料件损耗情况以及加工生产这些出口成品所需的进口料件数量等。

2. 电子化手册的特点

（1）以电子数据取代传统纸质《加工贸易手册》，以企业 IC 卡作为系统操作的身份证明。

（2）企业的加工贸易电子化手册的设立、进出口数据的申报、数据的报核大部分通过网络办理。一般情况下，仅当企业需要提交资料、样品或领取相关单证时，才需要到海关业务现场。

（3）备案资料库管理。通过对加工贸易料件及成品进行预先处理，建立企业备案资料库，企业在进行电子化手册设立时，可以直接调用备案资料数据库，以此减少企业在办理电子化手册时的审批时间。

（二）电子化手册的保税加工业务的作业流程

1.《加工贸易手册》的设立

根据我国海关关于加工贸易手册设立的要求，在《加工贸易货物监管办法》中是这样规定的：

1）手册设立申请人以及受理海关

在网上（https://ecomp.mofcom.gov.cn/loginCorp.html）填报信息表的企业到主管海关办理加工贸易手册设立手续，无须提交纸质信息表。

2）手册设立申报内容及申报单证

除另有规定外，加工贸易经营企业申请设立加工贸易手册时，应当向海关如实申报贸易方式、单耗、进出口口岸名称，以及进口料件和出口成品的商品名称、商品编号、规格型号、价格和原产地等情况，并且上传以下单证：①有效期内的信息表；②经营企业委托加工的，提交经营企业与加工企业签订的委托加工合同；③经营企业对外签订的购销合同；④“加工贸易单

耗申报单”；⑤如果是申请企业的第一本电子化手册，则需上传营业执照、企业法人身份证明（身份证或护照）、银行设立的保证金或有效保函等；⑥企业申请报告；⑦海关认为需要提交的其他证明文件和材料。

由于2020年金关二期加工贸易管理系统全面上线了，目前企业办理加工贸易业务不再使用QP系统，而是通过登录“单一窗口”或“互联网＋海关”一体化网上办事平台，使用金关二期加工贸易管理系统。金关二期加工贸易管理系统已具备随附单证无纸化功能，所以，企业在办理加工贸易各项业务时，根据需要上传电子化随附单证（即随附单证的PDF文件），无须提交纸质单证。下面简单介绍一下单耗的概念和单耗关系：

单耗是加工贸易监管的重心，也是电子化手册设立时提交的其中一份重要材料。单耗是指加工贸易企业在正常加工条件下加工单位成品所耗用的料件量。单耗包括净耗和工艺损耗。其中，净耗是指在加工后，料件通过物理变化或者化学反应存在或者转化到单位成品中的量；工艺损耗是指因加工工艺原因，料件在正常加工过程中除净耗外所必需耗用、不能存在或者转化到成品中的量。三者的关系可以用公式表示为：

单耗＝净耗/（1–工艺损耗率）

单耗管理的目的就是确保加工贸易企业将保税进口的料件真实合理地用在出口成品上。尽管以企业为单元的监管模式允许企业采用单耗、耗料清单和工单三种核算方式来计算所耗用的保税进口料件，但是单耗核算仍然是加工贸易手册最基本的核算方式。

3）海关审核时限

经营企业提交齐全、有效的单证材料，申报设立《加工贸易手册》的，海关应当自接受企业手册设立申报之日起5个工作日内审核通过。单证不全或者材料不足的，海关会退单并在退单信息中反馈退单原因。

4）海关不予办理《加工贸易手册》设立的情形

以下情形海关不予办理《加工贸易手册》设立手续：进口料件或者出口成品属于国家禁止进出口的；加工产品属于国家禁止在我国境内加工生产的；进口料件不宜实行保税监管的；经营企业或者加工企业属于国家规定不允许开展加工贸易的；经营企业未在规定期限内向海关报核已到期的《加工贸易手册》，又重新申报设立《加工贸易手册》的。

5）海关事务担保

海关按照国家规定对加工贸易实行担保制度。需要办理担保手续的，经营企业按照规定提供担保后，再向海关申办《加工贸易手册》。

有下列情形之一的，海关应当在经营企业提供相当于应缴税款金额的保证金或者保函后办理《加工贸易手册》设立手续：涉嫌走私，经被海关立案侦查，案件尚未审结的；由于管理混乱被海关要求整改，在整改期内的。

此外，根据企业分类、商品分类以及其他具体情形，企业也有可能在手册设立环节被要求提供相应的担保。

6）手册变更

加工贸易手册变更是指企业由于自身管理和经营生产的需要，向海关申请对已备案手册表头、料件表、成品表或单耗表中的内容进行新增、修改或者删除，海关予以审核的过程。

企业申请变更加工贸易手册，经海关审核，对需要征收担保的，通过金关二期加工贸易管理系统产生担保征收单，并发送至企业端，企业缴纳完毕并经海关确认后，系统才能通过企业的手册变更申请。

需要注意的是，加工贸易手册延期也是变更的一种。经主管海关确认，加工贸易手册可予以延期，最长不超过两年。

2. 进出口通关

企业可以通过中国国际贸易单一窗口录入报关单，向海关进行申报。企业可以直接申报通关手册备案项下的商品。

加工贸易进出口货物的报关单填制较为复杂，此处主要选择料件、成品的常见处理方式，列表汇总其报关单填制要求以及对应关系（见表4-2、表4-3）。

表4-2　保税加工料件进出口报关单填制

<table>
<tr><td rowspan="2">栏目项目</td><td colspan="2">料件进口</td><td colspan="2">余料结转</td><td>料件内销</td><td>料件复出</td></tr>
<tr><td colspan="2">进境</td><td>形式进口</td><td>形式出口</td><td>形式进口</td><td>出境</td></tr>
<tr><td>监管方式</td><td>来料加工</td><td>进料对口</td><td colspan="2">来 / 进料余料结转</td><td>来 / 进料余料内销</td><td>来 / 进料余料复出</td></tr>
<tr><td>进境关别 / 出境关别</td><td colspan="2">指定范围内实际进出口口岸海关</td><td colspan="3">接受申报的海关</td><td>指定范围内实际进出口口岸海关</td></tr>
<tr><td>征免性质</td><td>来料加工</td><td>进料加工</td><td colspan="2">征免填报</td><td>一般征税</td><td>其他法定</td></tr>
<tr><td>备案号</td><td colspan="2">《加工贸易手册》编号</td><td>转入手册编号</td><td>转出手册编号</td><td colspan="2">《加工贸易手册》编号</td></tr>
<tr><td>运输方式</td><td colspan="2">实际进境运输方式</td><td colspan="3">其他运输</td><td>实际出境运输方式</td></tr>
<tr><td>工具名称及航次号</td><td colspan="2">实际进境运输工具名称及航次号</td><td colspan="3">免于填报</td><td>实际出境运输工具名称及航次号</td></tr>
<tr><td>启运国 / 运抵国运输</td><td colspan="2">实际启运国（地区）</td><td colspan="3">中国</td><td>实际运抵国（地区）</td></tr>
<tr><td>随附单证及编号</td><td colspan="2"></td><td colspan="2"></td><td>C:内销征税联系单号</td><td></td></tr>
<tr><td>备注</td><td colspan="2"></td><td>转出手册编号</td><td>转入进口报关单号;转入手册编号</td><td>“活期”</td><td>原进口报关单号</td></tr>
<tr><td>项号（第2行）</td><td colspan="2">手册对应进口料件项号</td><td>转入手册对应进口料件项号</td><td>转出手册对应进口料件项号</td><td colspan="2">手册对应进口料件项号</td></tr>
<tr><td>原产国 / 最终目的国</td><td colspan="2">料件进口原产国（地区）/ 成品出口最终目的国（地区）</td><td>原进口料件原产国（地区）</td><td>中国</td><td>原进口料件原产国（地区）</td><td>实际最终目的国（地区）</td></tr>
<tr><td>征免</td><td colspan="4">全免</td><td>照章征税</td><td>全免</td></tr>
</table>

表 4-3　保税加工成品进出口报关单填制

<table>
<tr><td rowspan="3">栏目项目</td><td colspan="2">成品出口</td><td colspan="3">成品内销</td></tr>
<tr><td colspan="2" rowspan="2">出境</td><td>按料件征税</td><td colspan="2">转减免税</td></tr>
<tr><td>形式进口</td><td>形式进口</td><td>形式出口</td></tr>
<tr><td>监管方式</td><td>来料加工</td><td>进料对口</td><td>来 / 进料料件内销</td><td>根据货物实际情况选择填报</td><td>来 / 进料成品减免</td></tr>
<tr><td>进境关别 / 出境关别</td><td colspan="2">指定范围内实际进出口口岸海关</td><td colspan="3">接受申报的海关</td></tr>
<tr><td>征免性质</td><td>来料加工</td><td>进料加工</td><td>一般征税</td><td>征免性质</td><td>免于填报</td></tr>
<tr><td>备案号</td><td colspan="3">《加工贸易手册》编号</td><td>征免税证明编号</td><td>《加工贸易手册》编号</td></tr>
<tr><td>运输方式</td><td colspan="2">实际出境运输方式</td><td colspan="3">其他运输</td></tr>
<tr><td>运输工具名称及航次号</td><td colspan="2">实际出境运输工具名称及航次号</td><td colspan="3">免于填报</td></tr>
<tr><td>启运国 / 运抵国运输</td><td colspan="2">实际运抵国（地区）</td><td colspan="3">中国</td></tr>
<tr><td>随附单证</td><td colspan="2"></td><td>C:内销征税联系单号</td><td colspan="2"></td></tr>
<tr><td>备注</td><td>料件费、工缴费</td><td></td><td>“活期”</td><td>转出手册编号</td><td>转入征免税证明编号</td></tr>
<tr><td>项号（第 2 行）</td><td colspan="2">手册对应出口成品项号</td><td>手册进口料件项号</td><td>征免税证明对应的项号</td><td>手册原出口成品对应项号</td></tr>
<tr><td>原产国 / 最终目的国</td><td colspan="2">实际最终目的国（地区）</td><td colspan="3">中国</td></tr>
<tr><td>征免</td><td colspan="2">征免:一般为“全免”,应征出口税的“照章征税”</td><td>照章征税</td><td colspan="2">全免</td></tr>
</table>

3. 电子化手册核销

核销是指加工贸易经营企业加工复出口或者办理内销等海关手续后，凭规定单证向海关报核，海关按照规定进行核查以后办理解除监管手续的行为。具体来说，就是企业根据加工贸易货物进、销、存、转等情况，将加工贸易手册有效期限内的料件进口、成品出口、生产加工、货物库存、深加工结转、内销征税及边角料、残次品、副产品、剩余料件等的处理情况向海关申报，海关予以审核、核销、结案的过程。

企业应自加工贸易手册项下最后一批成品出口或者加工贸易手册到期之日起 30 日内向海关报核。经营企业对外签订的合同提前终止的，应当自合同终止之日起 30 日内向海关报核。

企业单证齐全、正确、有效，数据规范完整的，海关自受理报核之日起 30 日内予以核销，完成核销结案手续。特殊情况需要延长的，经直属海关关长或者其授权的隶属海关关长批准可以延长 30 日。

第三节　保税物流货物报关

一、保税物流货物概述

（一）保税物流货物的含义

保税物流，是指经营者经海关批准，将未办理纳税手续进境的货物从供应地到需求地实施空间位移的服务性经营行为。在供应链上体现为采购、运输、存储、分销、分拨、中转、转运，以及包装、刷唛、改装、组拼、集拼、配送、调拨等流通性简单加工业务及其增值服务。就目前实践而言，主要是指保税货物在口岸与特殊监管区域、保税监管场所之间或所在区域、场所的内部，以及在这些区域、场所之间的流转。

保税物流货物是指经海关批准未办理纳税手续进境，在境内储存后复运出境的货物，也称作保税仓储货物。已办结海关出口手续尚未离境，经海关批准存放在海关专用监管场所或特殊监管区域的货物，也带有保税物流货物的性质。

（二）保税物流货物的特征

相对于其他进出口货物，保税物流货物有以下几个特征：

（1）进境时暂缓缴纳进口关税及进口环节海关代征税，复运出境免税，内销应当缴纳进口关税和进口环节海关代征税，不征收缓税利息。

（2）除国家另有规定外，进出境时免交验进出口许可证件。

（3）进境海关现场放行不是结关，进境后必须进入海关保税监管场所或特殊监管区域，运离这些场所或区域时必须办理结关手续。

（三）保税物流货物的范围

保税物流货物的范围如下：

（1）进境经海关批准进入海关保税监管场所或特殊监管区域，保税储存转口境外的货物。

（2）已经办理出口报关手续尚未离境，经海关批准进入海关保税监管场所或特殊区域储存的货物。

（3）经海关批准进入海关保税监管场所或特殊监管区域保税储存的加工贸易货物，供应国际航行船舶和航空器的油料、物料和维修用零部件，供维修外国产品所进口寄售的零配件，外商进境的暂存货物。

（4）经海关批准进入海关保税监管场所或特殊监管区域保税的其他未办结海关手续的进境货物。

（四）保税物流货物的海关监管

海关对保税物流货物的监管模式可以概括为“双线监管＋账册管理＋围网监管”。“双线监管”中的“双线”是指保税物流货物既需要进出境报关（俗称“一线”），又需要进出区域或场所报关（俗称“二线”），因此，在“一线”和“二线”都需要遵守相应的海关监管规定。“账册管理”是指对保税物流货物采用设立电子账册、将报关数据写入账册的方式，将账册作为保税物流货物进出转存的底账以实现对保税物流货物的管理。保税物流货物海关监管模式既有物理围网又有非物理围网，实行非物理围网的监管场所包括对保税仓库、出口监管仓库、保税物流中心（A型）的监管；实行物理围网的监管区域包括对保税物流中心（B型）、保税物流园区、保税区、保税港区的监管。

特别需要注意的是，为改变之前各特殊监管区域和保税物流场所自行开发管理系统的局面，金关二期加工贸易管理系统中开发了全国统一版本的海关特殊监管区域子系统和保税物流管理子系统，将物流账册纳入了系统管理，同时整合了保税核注清单、业务申报表、出入库单、核放单、集中报关等各类功能，有利于规范和促进保税物流业务的开展。

具体来说，海关对保税物流货物的监管主要有以下五个方面：

1. 设立审批

保税物流货物必须存放在经过法定程序审批设立的专用场所或者特殊区域。未经法定程序审批同意设立的任何场所或者区域都不得存放保税物流货物。

保税仓库、出口监管仓库、保税物流中心（A型）、保税物流中心（B），要经过海关审批并核发批准证书，凭批准证书设立并存放保税物流货物；保税物流园区、保税区、保税港区要经过国务院审批，凭国务院同意设立的批复文件设立，并经海关等部门验收合格才能存放保税物流货物。

2. 准入保税

保税物流货物的报关，在任何一种监管模式下，都没有备案程序，而是通过准予进入来实现批准保税的。这样，准予进入便成为海关保税物流货物法律法规监管目标之一。这个监管目标通常是通过对专用场所或者特殊区域的监管来实现。

3. 纳税暂缓

凡是进境进入保税物流监管场所或特殊监管区域的保税物流货物，在进境时都可以暂不办理进口纳税手续，等到运离海关保税监管场所或特殊监管区域时才办理纳税手续，或者予以征税，或者予以免税。在这一点上，保税物流监管制度与保税加工监管制度是一致的，但是保税物流货物在运离海关保税物流监管场所或特殊监管区域征税时不需同时征收缓税利息，而保税加工货物（特殊监管区域内的加工贸易货物和边角料除外）内销征税时要征收缓税利息。

除易制毒化学品、监控化学品、消耗臭氧层物质等特殊商品外，其他保税物流货物免予交验进口许可证；复运出境时，无须办理出口纳税手续，除特殊商品外，免予交验出口许可证。

4. 监管延伸

对保税物流货物的监管延伸，表现为监管地点延伸和监管时间延伸。

（1）监管地点延伸是指对已办结海关出口手续但尚未离境的货物的监管。从出口申报地海关现场，延伸到专用监管场所或者特殊监管区域。

（2）监管时间延伸有以下几种情况：

①保税仓库存放保税物流货物的时间是1年，可以申请延长，延长时间最长为1年。

②出口监管仓库存放保税物流货物的时间是6个月，可以申请延长，延长时间最长为6个月。

③保税物流中心（A型）存放保税物流货物的时间是1年，可以申请延长，延长时间最长6个月。

④保税物流中心（B型）存放保税物流货物的时间是2年，可以申请延长，延长时间最长是1年。

⑤保税物流园区、保税区、保税港区存放保税物流货物的时间没有限制。

5. 运离结关

除了保税物流货物的所有人及其代理人向海关办理报核外，经营保税物流的单位也应当定期以电子数据、纸质单证向海关申报保税物流货物的进、出、存、销等情况。除外发加工和暂准运离（维修、测试、展览等）的货物需要被继续监管以外，运离专用监管场所或者特殊监管区域，都必须根据货物的实际流向办理结海关手续。办理结海关手续后，该批货物就不再是“运离”的专用监管场所或者特殊监管区域范围的保税物流货物。

保税物流货物监管程序一般由货物进境、保税储存、货物出境，保税流转，或转为一般进口、保税加工、特定减免税等环节，办结相关手续后，才能完成全部监管过程。

二、海关保税监管场所简介

保税监管场所是经海关批准设立、由海关实施保税监管的特定场所，主要包括保税仓库、出口监管仓库、保税物流中心（A型）、保税物流中心（B型）4类。

保税监管场所内只能开展保税物流业务，不能开展保税加工业务，但是可以开展流通性加工和增值服务，即可以对货物进行分级分类、分拆分拣、分装、计重、组合包装、打膜、加刷唛码、刷贴标志、改换包装、拼装等辅助性简单作业。

（一）保税仓库

保税仓库是指经海关批准设立的专门存放保税货物及其他未办结海关手续货物的仓库。

1. 保税仓库的分类

保税仓库分为：公用型保税仓库、自用型保税仓库和专用型仓库。

（1）公用型保税仓库由主营仓储业务的中国境内独立企业法人经营，专门向社会提供保税仓储服务。

（2）自用型保税仓库由特定的中国境内独立企业法人经营，仅存储供本企业自用的保税货物。

（3）专用型保税仓库是指专门用来存储具有特定用途或特殊种类商品的仓库。专用型保税仓库包括液体保税仓库、备料保税仓库、寄售维修保税仓库和其他专用型保税仓库。液体保税仓库，是指专门提供石油、成品油或者其他散装液体保税仓储服务的保税仓库。备料保税仓库，是指加工贸易企业存储为加工复出口产品所进口的原材料、设备及其零部件的保税仓库，所存保税货物仅限于供应本企业。寄售维修保税仓库，是指专门存储为维修国外产品所进口寄售零配件的保税仓库。

2. 保税仓库的设立和验收

经营保税仓库的企业，应当具备的基本条件如下：经工商行政管理部门注册登记，具有企业法人资格；具有专门存储保税货物的营业场所；法律、行政法规、海关规章规定的其他条件。

保税仓库应当具备以下条件：

（1）符合海关对保税仓库布局的要求。

（2）具备符合海关监管要求的隔离设施、监管设施和办理业务必需的其他设施。

（3）具备符合海关监管要求的保税仓库计算机管理系统，并与海关联网。

（4）具备符合海关监管要求的保税仓库管理制度。

（5）部分类型的保税仓库对面积有最低要求，如公用保税仓库面积最低为 2 000 m^2，液体保税仓库容积最低为 5 000 m^3，寄售维修保税仓库面积最低为 2 000 m^2。

（6）法律、行政法规、海关规章规定的其他条件。

需要特别注意的是，海关对保税仓库的设立审批属于行政许可事项，应当符合行政许可的程序性要求。

申请设立保税仓库的企业应当自海关出具保税仓库批准文件 1 年内向海关申请保税仓库验收。验收合格后，经海关注册登记并核发保税仓库注册登记证书，才可以开展业务。保税仓库注册登记证书有效期为 3 年。

3. 海关对保税仓库的管理要求

（1）保税仓库不得转租、转借给他人经营，不得下设分库。

（2）保税仓库经营企业应当如实填写有关单证、仓库账册，真实记录并全面反映其业务活动和财务状况，编制仓库月度收、付、存情况表和年度财务会计报告，并定期报送主管海关。

（3）保税仓库经营企业需变更企业名称、组织形式、法定代表人等事项的，应当在变更前向直属海关提交书面报告，说明变更事项、事由和变更时间；变更后，海关需要重新审核保税仓库经营企业的资质。

（4）保税仓库需变更名称、地址、仓储面积（容积）等事项的，主管海关受理企业申请后，报直属海关审批。

（5）保税仓库终止保税仓储业务的，由保税仓库经营企业提出书面申请，经主管海关受理报直属海关审批后，交回保税仓库注册登记证书，并办理注销手续。

4. 海关对存入保税仓库货物的监管规定

可以存入保税仓库的货物包括：加工贸易进口货物；转口货物；供应国际航行船舶和航空器的油料、物料和维修用零部件；供维修外国产品所进口寄售的零配件；外商暂存货物；未办结海关手续的一般贸易货物；经海关批准的其他未办结海关手续的货物。

可以对保税仓库货物进行包装、分级分类、加刷唛码、分拆、拼装等简单加工，不得进行实质性加工。

未经海关批准，保税仓库货物不得擅自出售、转让、抵押、质押、留置、移作他用或者进行其他处置。

保税仓库货物的存储期限为 1 年。确有正当理由的，经海关同意可以延期，延期一般不超过 1 年。

保税仓库货物出库包括以下情形：运往境外的；运往境内特殊监管区域、保税物流中心或者其他保税仓库继续实施保税监管的；转为加工贸易进口的；转入国内市场销售的；海关规定的其他情形。经海关批准办理出库手续的。海关按照相应的规定进行管理和验放。

保税仓库货物在存储期间发生损毁或者灭失的，除不可抗力外，保税仓库应当依法向海关缴纳损毁、灭失货物的税款，并承担相应的法律责任。

（二）出口监管仓库

出口监管仓库，是指经海关批准设立，对已办结海关出口手续的货物进行存储、保税物流配送、提供流通性增值服务的海关专用监管仓库。

出口监管仓库是存放出口货物的保税监管场所。1988 年，为支持和鼓励扩大出口，方便企业及时结汇，我国第一家出口监管仓库在深圳设立。随着第三方物流的发展，出口监管仓库也拓展了增值服务功能，为境外采购商提供品质检测、商品配送、分拨、转口等服务，也正在向以出口货物为导向的国际配送中心发展，有利于降低我国出口产品的物流成本，提高我国出口产品在国际市场的竞争力。

1. 出口监管仓库的分类

出口监管仓库分为出口配送型仓库和国内结转型仓库。出口配送型仓库是指存储以实际离境为目的的出口货物的仓库；国内结转型仓库是指存储用于国内结转的出口货物的仓库。

2. 出口监管仓库的设立和验收

经营出口监管仓库的企业应当具备以下基本条件：经工商行政管理部门注册登记，具有企业法人资格；具有进出口经营权和仓储经营权；具有专门存储货物的场所。

出口监管仓库应当具备以下条件：

（1）符合海关对出口监管仓库布局的要求。

（2）具有符合海关监管要求的隔离设施、监管设施和办理业务必需的其他设施。

（3）具有符合海关监管要求的计算机管理系统，并与海关联网。

（4）建立了出口监管仓库的章程、机构设置、仓储设施及账册管理等仓库管理制度。

（5）出口配送型仓库的面积不得低于 2 000 m^2，国内结转型仓库的面积不得低于 1 000 m^2。

（6）自有仓库的，具有出口监管仓库的产权证明；租赁仓库的，具有租赁期限 5 年以上的租赁合同。

需要特别注意的是，海关对出口监管仓库的设立审批属于行政许可事项，应当符合行政许可的程序性要求。申请设立出口监管仓库的企业应当自海关出具批准文件之日起 1 年内向海关申请验收出口监管仓库。验收合格后，经海关注册登记并核发出口监管仓库注册登记证书，才可以开展业务。出口监管仓库注册登记证书有效期为 3 年。

3. 海关对出口监管仓库的管理要求

（1）出口监管仓库必须专库专用，不得转租、转借给他人经营，不得下设分库。

（2）出口监管仓库经营企业应当如实填写有关单证、仓库账册，真实记录并全面反映其业务活动和财务状况，编制仓库月度进、出、转、存情况表和年度财务会计报告，并定期报送主管海关。

（3）出口监管仓库经营企业需变更企业名称、组织形式、法定代表人等事项的，应当在变更前向直属海关提交书面报告，说明变更事项、事由和变更时间。变更后，海关需要重新审核出口监管仓库经营企业的资质。

（4）出口监管仓库需变更名称、地址、仓储面积等事项的，主管海关受理企业申请后，报直属海关审批。出口监管仓库变更类型的，需要按照设立出口监管仓库的有关规定办理。

（5）出口监管仓库有下列情形之一的，海关注销其注册登记，并收回出口监管仓库注册登记证书：

①无正当理由逾期未申请延期审查或者延期审查不合格的。

②仓库经营企业书面申请变更出口监管仓库类型的。

③仓库经营企业书面申请终止出口监管仓库仓储业务的。

④仓库经营企业不再具备经营出口监管仓库条件的。

⑤法律、行政法规规定的应当注销行政许可的其他情形。

4. 海关对存入出口监管仓库货物的监管规定

可以存入出口监管仓库的货物包括：一般贸易出口货物；加工贸易出口货物；从其他海关特殊监管区域、保税监管场所转入的出口货物；出口配送型仓库可以存放为拼装出口货物而进口的货物，以及为改换出口监管仓库货物包装而进口的包装物料；其他已办结海关出口手续的货物。

不得对存入出口监管仓库的货物进行实质性加工，但可以在仓库内进行品质检验、分级分类、分拣分装、加刷唛码、刷贴标志、打膜、改换包装等流通性增值服务。

出口监管仓库所存货物存储期限为 6 个月。经海关同意可以延期，但延期不得超过 6 个月。对经批准享受入仓即予退税政策的出口监管仓库，海关在货物入仓结关后予以办理出口货物退税证明手续；对不享受入仓即予退税政策的出口监管仓库，海关在货物实际离境后办理出口货物退税证明手续。

存入出口监管仓库的出口货物，按照国家规定应当提交许可证件或缴纳出口关税的，发货人或者其代理人应当提交许可证件或缴纳税款。

（三）保税物流中心

保税物流中心在功能上实现了对保税仓库和出口监管仓库的整合和提升，在区位上是保税物流园区向内地的延伸和补充，在数量上则是对海关特殊监管区域的有益补充，因此具有更大的灵活性和更强的生命力。

1. 保税物流中心的分类

保税物流中心分为 A 型和 B 型两种。

保税物流中心 A 型，是指经海关批准，由中国境内企业法人经营、专门从事保税仓储物流业务的海关监管场所。可以理解为自用型保税物流中心。

保税物流中心（B 型），是指经海关批准，由中国境内一家企业法人经营，多家企业进入并从事保税仓储物流业务的海关集中监管场所。可以理解为公用型保税物流中心。

2004 年，海关在上海和苏州分别进行了保税物流中心（A 型）和保税物流中心（B 型）试点。其中，苏州工业园区海关保税物流中心（B 型）作为全国首家试点于 2004 年 5 月经海关总署正式批复设立。保税物流中心（B 型）功能较为完善、运作情况良好，已成为当前发展的主要趋势。尤其是近年来跨境电商业务迅猛增长，不少跨境电商选择将企业设于保税物流中心（B 型）内，正是看中了保税物流中心（B 型）的复合型功能。因此本部分主要介绍保税物流中心（B 型）相关管理规定。

2. 保税物流中心（B 型）的设立和验收

保税物流中心（B 型）（以下简称“物流中心”）经营企业应当具备下列资格条件：经工商行政管理部门注册登记，具有独立企业法人资格；具备对物流中心内企业进行日常管理的能力；具备协助海关对进出物流中心的货物和物流中心内企业的经营行为实施监管的能力。

设立物流中心应当具备下列条件：

- 物流中心仓储面积，东部地区不低于 5 万平方米，中西部地区、东北地区不低于 2 万平方米。
- 符合海关对物流中心的监管规划建设要求。
- 选址在靠近海港、空港、陆路交通枢纽及内陆国际物流需求量较大处，交通便利，设有海关机构且便于海关集中监管的地方。
- 经省级人民政府确认，符合地方经济发展总体布局，满足加工贸易发展对保税物流的需求。
- 建立符合海关监管要求的计算机管理系统，提供供海关查阅数据的终端设备，并按海关规定的认证方式和数据标准，通过中国电子口岸平台与海关联网，以便海关在统一平台上与税务、外汇管理等部门实现数据交换及信息共享。
- 设置符合海关监管要求的隔离设施、监管设施和办理业务必需的其他设施。

需要特别注意的是，海关对物流中心的设立审批属于行政许可事项，应当符合行政许可的程序性要求。

物流中心经营企业自海关总署等部门出具批准其筹建物流中心文件之日起 1 年内向海关总署申请验收，由海关总署会同有关部门或者委托被授权的机构进行审核验收。验收合格后，由海关总署向物流中心经营企业核发保税物流中心（B 型）注册登记证书，物流中心才可以开展有关业务。保税物流中心（B 型）注册登记证书有效期为 3 年。

物流中心内的企业应当具备下列条件：具有独立的法人资格或者特殊情况下的物流中心外企业的分支机构；建立符合海关监管要求的计算机管理系统并与海关联网；在物流中心内有专门存储海关监管货物的场所。

3. 海关对保税物流中心的管理要求

1）对物流中心经营企业的管理要求

物流中心经营企业不得在本物流中心内直接从事保税仓储物流的经营活动。物流中心内只能设立仓库、堆场和海关监管工作区，不得建立商业性消费设施。

物流中心不得转租、转借他人经营，不得下设分中心。

物流中心经营企业应该按照有关规定办理物流中心的延期、变更和注销手续。

物流中心及物流中心内企业应当建立符合海关监管要求的计算机管理系统并与海关联网，形成完整真实的货物进、出、转、存电子数据，保证海关开展对有关业务数据的查询、统计、采集、交换和核查等监管工作。

2）对物流中心内企业的管理要求

物流中心内企业可以开展以下业务：

（1）保税存储进出口货物及其他未办结海关手续货物。

（2）对所存货物开展流通性简单加工和增值服务。

（3）全球采购和国际分拨、配送。

（4）转口贸易和国际中转。

（5）经海关批准的其他国际物流业务。

物流中心内企业不得在物流中心内开展下列业务：

（1）商业零售。

（2）生产和加工制造。

（3）维修、翻新和拆解。

（4）存储国家禁止进出口的货物，以及危害公共安全、公共卫生或者健康、公共道德或者秩序的国家限制进出口的货物；以及法律、行政法规明确规定不能享受保税政策的货物。

（5）其他与物流中心无关的业务。

4. 海关对存入物流中心货物的监管规定

可以存入物流中心的货物包括：国内出口货物；转口货物和国际中转货物；外商暂存货物；加工贸易进出口货物；供应国际航行船舶和航空器的物料、维修用零部件；供维修国外产品所进口寄售的零配件；未办结海关手续的一般贸易进口货物；经海关批准的其他未办结海关手续的货物。

物流中心内货物保税存储期限为 2 年。确有正当理由的，经主管海关同意可以予以延期，除特殊情况外，延期不得超过 1 年。

未经海关批准，物流中心内企业不得擅自将所存货物抵押、质押、留置、移作他用或者进行其他处置。

保税仓储货物在存储期间发生损毁或者灭失的，除不可抗力外，物流中心内企业应当依法向海关缴纳损毁、灭失货物的税款，并承担相应的法律责任。

5. 海关对进出物流中心货物的通关监管

海关对进出物流中心货物的通关监管，可以分成两个环节：一是物流中心与境外之间进出货物的通关，即俗称的“一线”进出；二是物流中心与境内中心外之间进出货物的通关，即“二线”进出。

1）“一线”进出

简言之，在该环节，货物是实际进出境的，不实行进出口配额、许可证件管理（特殊规定除外），同时除物流中心内企业进口自用的货物外，其他货物享受进口全额保税政策。

2）“二线”进出

货物出物流中心，对物流中心外的企业而言视同进口，企业需申报进口报关单，贸易方式根据物流中心外企业的贸易实际填报，如一般贸易、进料加工、来料加工等。海关按照货物出物流中心的实际状态来核定价格、归类，如属进口许可证件管理的商品，还应当向海关出具有效的进口许可证件。

货物进物流中心，对物流中心外的企业而言视同出口，企业需申报出口报关单，贸易方式根据企业贸易实际填报。进物流中心的货物如需缴纳出口关税的，物流中心外企业应当按照规定纳税；属许可证件管理商品，还应当向海关出具有效的出口许可证件。

货物在物流中心之间、物流中心与海关特殊监管区域、其他保税监管场所之间的流转按照“保税间货物”进行管理。

还需注意的一点是，除了“一线”和“二线”进出的货物，物流中心内货物还可以在物流中心内企业之间进行转让、转移并办理相关海关手续。

三、海关特殊监管区域

海关特殊监管区域是经国务院批准，设立在中华人民共和国关境内，具有特殊功能和享受特殊政策，由海关实施封闭监管的特定经济区域。当前我国海关特殊监管区域主要有：保税区、出口加工区、保税物流园区、跨境工业园区（包括珠海跨境工业园区、霍尔果斯边境合作区）、保税港区、综合保税区。

六种特殊监管区域，设立之初有不同的政策功能特点，保税区主要是为了服务和保障保税加工企业对一些设备和料件进行保税监管的需要。出口加工区主要是立足于推动外贸发展，服务企业扩大出口。随着对外开放的进一步发展，保税物流业务蓬勃兴起，为了更好地发挥保税区的物流枢纽的作用，又建立了保税物流园区。随后，为配合我国航运中心建设，建立了保税港区。由于几种特殊区域功能各异，不能够适应企业的综合性要求．所以国家提出在这个基础上建立综合保税区，整合优化各种特殊区域的一些政策和功能，实行统一化要求。现在的综合保税区是海关特殊监管区域的最高形态。

综合保税区是设立在内陆地区具有保税港区功能的海关特殊监管区域，由海关参照有关规定进行管理．执行保税港区的税收和外汇政策，集保税区、出口加工区、保税物流园区、港口的功能于一身，可以发展国际中转、配送、采购、转口贸易和出口加工等业务，具有和保税港区相同的保税加工、保税物流等功能。

为提高加快综合保税区创新升级，现已开始在综合保税区实施“四自一简”的监管改革：

（1）自主备案：企业设立电子账册时，可以自主备案商品信息。经系统自动判别，除高风险转人工审核的以外，系统进行自动备案。

（2）自定核销周期：企业可根据实际经营情况，自主确定核销周期。核销周期原则上不超过 1 年，企业核销盘点前应当告知海关。

（3）自主核报：企业可自主核定保税货物耗用情况，向海关如实申报，办理核销手续。

（4）自主补缴税款：企业可按照“自主申报、自行缴税（自报自缴）”方式，对需缴税的保税货物自主补缴税款。

（5）简化业务核销手续：企业可一次性办理分送集报、设备检测、设备维修、模具外发等业务备案手续。需办理海关事务担保的业务，企业按照有关规定提交担保。

综合保税区内一般信用及以上的企业可自主备案、合理自定核销周期、自主核报、自主补缴税款，海关简化业务核准手续。

为了培育研发新业态，海关总署量身定制了综合保税区保税研发监管模式，明确了在综合保税区内开展保税研发业务的条件，以及为解决研发“核销难”而确定了据实核销的原则。

为释放企业闲置产能，降低了综合保税区内企业委托加工准入门槛，综合保税区内企业可以利用监管期限内的免税设备接受区外企业委托，对区外企业提供的入区货物进行加工，加工后的产品全部运往境内（区外）的，收取加工费，并向海关缴纳税款。委托加工货物包括委托加工的料件（包括来自境内区外的非保税料件和区内企业保税料件）、成品、残次品、废品、副产品和边角料。

对境外进入综合保税区的动植物产品的检验项目实行“先入区、后检测”的监管模式。动植物产品在进境口岸完成动植物检疫程序后，对需要实施检验的项目，可先行进入综合保税区内的监管仓库，海关再进行有关检验项目的抽样检测和综合评定，并根据检测结果进行后续处置。

对境外进入综合保税区的食品实施“抽样后即放行”监管。凡需要进行实验室检测的，可在满足条件的基础上抽样后即予以放行。经实验室检测发现安全卫生项目不合格的，进口商应按照《中华人民共和国食品安全法》的规定采取主动召回措施，并承担相应的法律责任。

目前新设海关特殊监管区域均统一命名为综合保税区，原有海关特殊监管区域也正在加快整合优化，最终统一转型升级为综合保税区，综合保税区将着力发展成为具有全球影响力和竞争力的加工制造中心、研发设计中心、物流分拨中心、检测维修中心和销售服务中心。

四、跨境工业园区

跨境工业园区指经国务院批准，在中国内地与不同国家或不同关境地区之间设立的海关监管特殊区域。跨境工业园区以发展工业为主，兼顾物流、中转贸易、产品展销等功能，一般分为中国内地园区和毗邻国家或关境地区园区，由各自国家或地区主管部门分别实施管理。

综合练习

一、单选题

1. 某公司办理加工贸易手册，付汇进口涤纶布，加工成连衣裙后外销出口的经营活动被称为（　　）。

A. 来料加工　　B. 进料加工　　C. 外发加工　　D. 深加工结转

2. 加工贸易料件经（　　）批准才能保税进口。

A. 海关　　B. 海关总署　　C. 国务院　　D. 商务部

3. 经营企业提交齐全、有效的单证材料，申报设立《加工贸易手册》的，海关应当自接受企业手册设立申报之日起（　　）个工作日内审核通过。

A. 5　　B. 7　　C. 14　　D. 3

4. 企业单证齐全、正确、有效，数据规范完整的，海关自受理报核之日起（　　）日内予以核销，完成核销结案手续。

A. 30　　B. 7　　C. 14　　D. 21

5. 出口监管仓库所存货物的储存期限为（　　），特殊情况经批准延长期限最长不超过（　　）。

A. 1 年；1 年　　B. 6 个月；6 个月

C. 6 个月；1 年　　D. 1 年；6 个月

6. 保税仓库货物的存储期限为（　　）年，确有正当理由的，经海关同意可以延期，延期一般不超过 1 年。

A. 1　　B. 2　　C. 3　　D. 4

7. 保税物流不包括（　　）。

A. 储存　　B. 配送　　C. 销售　　D. 分拨

8. 某加工贸易企业从事 A 商品的加工生产，净耗为 2，单耗为 2.5，则 A 商品的工艺耗损率为（　　）。

A. 10%　　B. 20%　　C. 2.5%　　D. 40%

9. 下列关于来料加工和进料加工，表述错误的是（　　）。

A. 来料加工物权属于境外企业，进料加工物权属于境内经营企业

B. 来料加工料件进口是保税进口，进料加工料件进口需要征税进口

C. 来料加工利润来源是加工费，进料加工利润来源是销售利润

D. 来料加工营销风险由境外企业承担，进料加工营销风险由境内经营企业承担

10. 电子化手册模式下，经营企业应当在规定的期限内将进口料件加工复出口，并自加工贸易手册到期之日起（　　）内向海关报核。

A. 5 日　　B. 10 日　　C. 15 日　　D. 30 日

11. 公用保税仓库面积最低为（　　）m^2。

A. 1 000　　B. 2 000　　C. 3 000　　D. 5 000

12. 经海关批准，由中国境内一家企业法人经营，多家企业进入并从事保税仓储物流业务的海关监管场所是（　　）。

A. 保税物流园区　　B. 保税物流中心 B 型

C. 公用型保税仓库　　D. 出口监管仓库

二、多选题

1. 保税货物的主要形式有（　　）。

A. 保税物流　　B. 保税加工　　C. 保税服务　　D. 寄售贸易

2. 保税货物的基本特征有（　　）。

A. 暂时进出口时暂缓办理纳税手续

B. 原则上免受进出口管制

C. 进出境报关现场放行后，货物尚未结关

D. 在货物的最终去向确定时，办理相应的报关手续

E. 核销后结案

3. 保税货物的报关程序包括（　　）。

A. 备案申请保税　　B. 进出境报关　　C. 报核申请结案　　D. 货物放行

4. 下列贸易形式中，属于加工贸易的是（　　）。

A. 来料加工　　B. 来料养殖　　C. 进料加工　　D. 出料加工

5. 相对于其他进出口货物，保税物流货物有以下哪些特征？（　　）

A. 进境时暂缓缴纳进口关税及进口环节海关代征税

B. 复运出境免税，内销应当缴纳进口关税和进口环节海关代征税，不征收缓税利息

C. 除国家另有规定外，进出境时免交验进出口许可证件

D. 进境海关现场放行不是结关，进境后必须进入海关保税监管场所或特殊监管区域，运离这些场所或区域时必须办理结关手续

6. 下列属于海关对保税货物监管的基本特征的是（　　）。

A. 备案保税　　B. 纳税暂缓　　C. 监管延伸　　D. 核销结关

7. 保税监管场所主要包括（　　）。

A. 保税仓库　　B. 出口监管仓库

C. 保税物流中心（A 型）　　D. 保税物流中心（B 型）

8. 保税仓库可以分为（　　）。

A. 公用型保税仓库　　B. 自用型保税仓库　　C. 专用型仓库　　D. 混合型仓库

9. 保税仓库的设立，应当具备以下（　　）条件。

A. 符合海关对保税仓库布局的要求，具备符合海关监管要求的保税仓库管理制度

B. 具备符合海关监管要求的隔离设施、监管设施和办理业务必需的其他设施

C. 具备符合海关监管要求的保税仓库计算机管理系统，并与海关联网

D. 部分类型的保税仓库对面积有最低要求，如公用保税仓库面积最低为 2 000 m^2，液体保税仓库容积最低为 5 000 m^3，寄售维修保税仓库面积最低为 2 000 m^2

10. 可以存入保税仓库的货物包括（　　）。

A. 加工贸易进口货物，转口货物

B. 供应国际航行船舶和航空器的油料、物料和维修用零部件

C. 供维修外国产品所进口寄售的零配件，外商暂存货物

D. 未办结海关手续的一般贸易货物

三、名词解释

保税货物　保税物流　保税加工　保税加工货物　进料加工

非物理围网模式　电子化手册　核销　保税物流货物　保税仓库

出口监管仓库　保税物流中心 A/B 型　海关特殊监管区域　跨境工业园区

四、判断题

1. 某公司在生产过程中因停电而产生的废品属于工艺损耗。（　）

2. 保税货物进出境报关现场放行后，货物就已经结关。（　）

3. 来料加工的生产企业即加工业务承接方按约定收取加工费，承担原材料市场和成品销售市场的风险。（　）

4. 来料加工双方的法律关系是委托关系，进料加工双方的法律关系是买卖关系。（　）

5. 加工贸易工艺损耗是指因加工工艺原因，料件在正常加工过程中除净耗外所必需耗用，但不能存在或者转化到成品中的无形损耗的量。（　）

6. 保税仓库存放保税物流货物的时间是 1 年，可以申请延长，延长时间最长为 6 个月。（　）

7. 保税物流园区、保税区、保税港区存放保税物流货物的时间没有限制。（　）

8. 保税仓库不得转租、转借给他人经营，但是可以下设分库。（　）

9. 出口配送型仓库的面积不得低于 2 000 m^2，国内结转型仓库的面积不得低于 1 000 m^2。（　）

10. 出口监管仓库必须专库专用，不得转租、转借给他人经营，不得下设分库。（　）

11. 保税物流中心 A 型，可以理解为公用型保税物流中心。（　）

12. 保税加工货物也就是通常说的加工贸易保税货物。（　）

五、简答题

1. 什么是保税货物？它有哪几种形式？
2. 简述保税货物的基本特征。
3. 简述保税货物报关的基本程序。
4. 什么是保税加工货物？来料加工和进料加工有什么区别？
5. 简述保税加工货物的监管特征。
6. 简述《加工贸易手册》管理保税加工业务的作业流程。
7. 简述保税物流货物的含义和特征。
8. 简述保税物流货物的海关监管。
9. 简述海关特殊监管区域“四自一简”的监管改革的内容。

六、实训题

1. 结合本章内容和第七章报关单填制内容：

（1）填制保税加工料件进出口报关单。

（2）填制保税加工成品进出口报关单。

2. 甲公司是广州一家专营进料加工手机零配件出口的中外合资企业，属于适用海关一般信用管理的企业。该公司于2021年3月对外签订了一批手机零配件等原料的进口合同，按照合同约定，该公司40%的加工成品内销，60%的加工成品外销，原料于4月底交货。5月份与外商乙公司订立了手机销售出口合同，交货期为6月底。7月底产品全部出运。请问:

（1）如果你是甲公司的报关人员，如何办理该笔进料加工业务的报关手续？

（2）如果你是甲公司的代理报关人员，如何办理该笔进料加工业务的报关手续？

第五章 特殊形式下进出口货物的报关程序

学习目标

- 了解特定减免税货物的含义和特点。
- 了解特定减免税货物与保税货物的区别。
- 掌握特定减免税货物的报关程序。
- 了解暂准进出境货物的含义、特点和范围。
- 掌握暂准进出境货物的报关管理和报关程序。
- 了解跨境电商的含义和业务类型。
- 掌握跨境电商零售商品的报关规范。
- 掌握过境、转运与通运货物的异同以及报关规范。
- 掌握无代价抵偿物和退运货物的含义以及报关规范。

引导案例

新余海关查获一起违规处置减免税设备案件

据海关总署官网2016年6月16日消息，新余海关在“国民利剑2016”联合专项行动中查获一起擅自违规处置减免税设备案件。经查，辖区内某纺织企业将仍在海关监管期限内的减免税设备擅自抵押给某银行贷款，并且将该设备擅自转让给其他企业，涉及货物价值2 700余万元。

思考与讨论:

(1) 为什么减免税设备不能被擅自处置?

(2) 什么是特定减免税货物? 海关对特定减免税货物的监管方式是什么?

(3) 什么是暂时进出境货物? 海关用什么方式对暂时进出境货物进行监管?

(4) 什么是转关运输货物? 海关对转关运输货物的监管方式是什么?

(5) 什么是跨境电商零售进出口货物? 海关对其监管方式是什么?

(6) 什么是过境、转运、通运货物? 海关用什么方式对它们进行监管?

第一节　特定减免税货物报关程序

一、特定减免税货物概述

（一）特定减免税货物的含义

特定减免税货物，也称特定减免税进口货物，是指根据国家政策规定，进口时减纳或免纳进口关税，进口后在特定地区、特定企业、特定用途上使用，在规定的期限内接受海关监管的货物。

“特定地区”是指我国关境内由行政法规规定的某一特别限定区域。享受减免税优惠待遇的货物只能在专门限定的区域内使用，例如，保税区、出口加工区、保税物流园区、保税港区自贸试验区等特定区域生产性基础设施所需的机器、设备和基建物资等，区内企业进口自用的生产、管理设备等，区内管理机构自用合理数量的管理设备和办公用品等进口货物。

“特定企业”是指由《海关法》特别规定的企业，主要是指在我国境内设立的中外合资经营企业、中外合作经营企业和外商独资经营企业，这三类企业统称为外商投资企业。外商投资企业在投资总额内进口的生产、管理设备属于“特定企业”的进出口货物。

“特定用途”的进出口货物主要包括：科研机构和学校进口的专用科教用品；残疾人专用及残疾人组织和单位进口的货物；用于国家重点项目的进口货物；用于通信、港口、铁路、公路、机场建设的进口设备等。

（二）特定减免税货物的海关监管适用原则

为鼓励与支持某些产业项目的开发，促进科学、教育、文化、卫生事业的健康发展，特定减免税是国家无偿向符合条件的进口货物使用单位提供的税收优惠。

特定减免税货物的海关监管适用原则主要包括：①减免税申请人应具备规定的资格；②进口货物的使用范围或用途符合规定的要求；③进口货物不属于国家规定《不予免税的进口商品目录》的范围。

特定减免税货物主要包括具备资格的科研机构和大专院校进口的国内不能生产或者性能不能满足需要的科学研究和教学用品，残疾人专用品及残疾人组织和单位进口的货物等。

（三）特定减免税货物与保税货物的区别

特定减免税货物只有在特定条件或规定范围内使用才可减免进口关税和增值税，且原则上受各项进出境管制规定的约束，货物进口验放后仍受海关监控。一旦脱离特定范围使用，便须补缴进口关税和增值税。

特定减免税进口货物与保税货物在进口时均不缴纳税款，但海关对这两类货物的进口有不同的办理程序和管理方法。特定减免税货物与保税货物的区别见表 5-1。

表 5-1　特定减免税进口货物与保税货物的区别

项　目	性　质	海关手续	海关监管方式
保税货物	在境内储存、加工、装配后，复运出的货物	办理保税合同登记备案，海关核发《加工贸易手册》	海关监管方式实行核销管理，以复出口为解除监管的依据。经营者不仅要承担不得擅自转口、出售的法律义务，还要履行复出口的义务
特定减免税货物	国家对特定地区、特定企业、特定用途的进口货物，为支持、鼓励其在国内使用或消费而给予的税收优惠	办理减免税申请，海关签发征免税证明	实行时效管理，以监管年限为解除监管的依据，经营者须承担不得擅自转让、出售的法律义务

二、特定减免税货物报关的特点

（一）在特定条件或规定范围内使用可减免进口关税和增值税

特定减免税政策是我国海关关税优惠政策的重要组成部分，是国家向符合条件的进口货物使用企业提供的关税优惠，其目的是优先发展特定地区的经济，鼓励外商在我国直接投资，促进国有大中型企业和科学、教育、文化、卫生事业的发展。因此，只能在国家行政法规规定的特定条件和范围内减免进口货物的关税和增值税。

（二）不豁免进口许可证

特定减免税货物是实际进口货物，按照国家有关进出境管理的法律、法规，凡属于进口需要交验许可证件的货物，除另有规定外，进口货物的收货人或其代理人应在进口货物申报期限内向海关提交进口许可证件。

（三）特定的海关监管期限

海关放行的特定减免税进口货物进入关境后，在规定的期限内，只能在规定的地区、企业内和规定的用途范围内使用，并接受海关的监管。各类特定减免税货物的海关监管期限见表 5-2。

表 5-2　各类特定减免税货物的海关监管期限

特定减免税货物种类	海关监管期限
船舶、飞机	自进口放行之日起 8 年
机动车辆	自进口放行之日起 6 年
其他货物	自进口放行之日起 3 年

特定减免税货物进口后，在海关监管期期限内，未经海关许可，未补缴原减征或免征的税款，擅自在境内出售牟利的，属于走私行为。特定减免税货物监管期限到期时，进口货物的收货人或其代理人应事先向海关申请解除对特定减免税货物的监管。

（四）超过特定适用范围应补税

特定减免税货物在海关监管期限内，需要将货物移至特定范围以外的，经海关批准，按货物使用年限折旧后补缴原减征或免征的税款。

三、特定减免税货物报关程序

特定减免税货物的报关程序有以下三个步骤：

（一）前期阶段

特定减免税货物在进口前，须向企业所在地海关备案。

特定减免税货物申请人按照有关进出口税收优惠政策的规定，申请减免税进出口相关货物，应当在货物申报进出口前取得相关政策规定的享受进出口税收优惠政策资格的证明材料，向主管海关申请办理减免税审核确认手续，并提供以下材料：进出口货物征免税申请表；事业单位法人证书或者国家机关设立文件、社会团体法人登记证书、民办非企业单位法人登记证书、基金会法人登记证书等证明材料；进口合同、发票以及相关货物的产品情况资料。

主管海关应当自受理减免税审核确认申请之日起10个工作日内，对减免税申请人主体资格、投资项目和进出口货物相关情况是否符合有关进出口税收优惠政策规定等情况进行审核，并出具进出口货物征税、减税或免税的确认意见，制发《中华人民共和国海关进出口货物征免税确认通知书》（以下简称《征免税确认通知书》）。

《征免税确认通知书》有效期为6个月，持证人应在自海关签发《征免税确认通知书》的6个月内进口经批准的特定减免税货物。如果情况特殊，可以向海关申请延期，延长期限最多为6个月。

《征免税确认通知书》实行“一证一批”的原则，如果一批特定减免税货物需要分两个口岸进口，或者分两次进口，持证人应事先分别申领《征免税确认通知书》。

（二）货物进口报关

特定减免税货物运抵口岸后，收货人或其代理人应向入境地海关办理进口手续，填写进口货物报关单，交验相关单证，包括《征免税确认通知书》，海关按一般报关程序经有选择地查验无误，免税放行，由收货人或其代理人提货。

（三）后续阶段

海关将企业对减免税货物的后续管理情况纳入信用管理记录。特定减免税货物进境自海关放行之日起，减免税申请人应在海关监管年限内，每年6月30日前向主管海关申报《减免税货物使用状况报告书》，报告减免税货物的使用状况。超过规定期限未提交的，海关按照有关规定将其列入信用信息异常名录。

减免税申请人可以登录国际贸易单一窗口标准版，选择“货物申报”→“减免税后续申报”，选择“年报管理申请”，如实填写企业自查内容与自查情况。申报成功后，可以单击“减免税后续查询”，查询具体状态。根据查询的状态回执看是否需要现场递交资料。

在海关监管年限及其后3年内，海关可以对减免税申请人进口和使用减免税货物的情况实施稽查。

特定减免税货物报关的后续阶段主要包括使用期间接受监督和核查，以及期限届满后解除监管。

减免税货物海关监管年限届满的，自动解除监管。对海关监管年限内的减免税货物，减免税申请人要求提前解除监管的，应当向主管海关提出申请，并办理补缴税款手续。进口时免予提交许可证件的减免税货物，按照国家有关规定需要补办许可证件的，减免税申请人在办理补缴税款手续时还应当补交有关许可证件。有关减免税货物自办结上述手续之日起，解除海关监管。

减免税申请人可以自减免税货物解除监管之日起1年内，向主管海关申领《中华人民共和国海关进口减免税货物解除监管证明》。

第二节 暂准进出境货物及其报关程序

一、暂准进出境货物概述

（一）暂准进出境货物的含义

暂准进出境货物是指为了特定的目的，经海关批准后，暂时进境或暂时出境，并在规定的期限内复运出境或复运进境的货物。包括暂准进境货物和暂准出境货物。

（二）暂准进出境货物的特点

1. 有条件暂时免于缴纳税费

暂时进出境货物在向海关申报进出境时，不必缴纳进出口税费，但收发货人须向海关提供担保。

2. 除另有规定外，免于提交进出口许可证件

除我国缔结或者参加的国际条约、协定以及国家法律、行政法规和海关总署规章另有规定外，暂准进出境货物免于交验许可证件。

3. 规定期限内按原状复运进出境

暂时进出境货物应当自进境或者出境之日起6个月内复运出境或者复运进境；经收发货人申请，海关可以根据规定延长复运出境或者复运进境的期限。

4. 按货物实际使用情况办结海关手续

海关对暂时进出境货物都有后续监管要求，因此所有的暂时进出境货物都必须在规定期限内，由货物的收发货人根据货物的不同情况向主管地海关办理结案手续。

（三）暂准进出境货物的范围

暂准进出境货物主要包括以下13类：

（1）在展览会、交易会、会议以及类似活动中展示或者使用的货物。

（2）文化、体育交流活动中使用的表演、比赛用品。

（3）进行新闻报道或者摄制电影、电视节目使用的仪器、设备以及用品。

（4）开展科研、教学、医疗活动使用的仪器、设备和用品。

（5）在上述四项活动中使用的交通工具以及特种车辆。

（6）货样。

（7）慈善活动使用的仪器、设备以及用品。

（8）供安装、调试、检测、修理设备时使用的仪器以及工具。

（9）盛装货物的包装材料。

（10）旅游用自驾交通工具及其用品。

（11）工程施工中使用的设备、仪器以及用品。

（12）测试用产品、设备、车辆。

（13）海关总署规定的其他暂准进出境货物。

（四）暂时进出境货物的报关管理

暂时进出境货物按照我国海关的监管方式可以归纳为 4 种：

（1）使用 ATA 单证册报关的暂时进出境货物。

（2）展览品（不使用 ATA 单证册）。

（3）集装箱箱体。

（4）其他暂时进出口货物。

二、暂准进出境货物的报关程序

接下来，择其前两种暂准进出境货物来讲解其报关程序。

（一）使用 ATA 单证册报关的暂准进出境货物

1. ATA 单证册概述

（1）含义。ATA 单证册是暂准进口单证册的简称，是指世界海关组织通过的《货物暂准进口公约》及其附约 A 和《ATA 公约》中规定使用的，用于替代各缔约方海关暂准进出口货物报关单和税费担保的国际性通关文件。

（2）格式。一份 ATA 单证册一般由 8 页 ATA 单证组成：一页绿色封面单证、一页黄色出口单证、一页白色进口单证、一页白色复出口单证、两页蓝色过境单证、一页黄色复进口单证、一页绿色封底。我国海关只接受中文或者英文填写的 ATA 单证册。

2. ATA 单证册的适用范围、发证机构、有效期

（1）适用范围。在我国，使用 ATA 单证册的范围仅限于展览会、交易会、会议及类似活动项下的货物。

（2）发证机构。中国国际商会是我国 ATA 单证册的担保协会和出证协会。

（3）有效期。使用 ATA 单证册报关的货物暂准进出境期限为自货物进出境之日起 6 个月。超过 6 个月的，ATA 单证册持证人可以向海关申请延期。延期最多不超过 3 次，每次延长期限不超过 6 个月。延长期届满应当复运出境、进境或者办理进出口手续。

（二）不使用 ATA 单证册报关的进出境货物

进出境展览品的海关监管有使用 ATA 单证册的，也有不使用 ATA 单证册直接按展览品填制进出境货物报关单报关的。以下介绍不使用 ATA 单证册报关的进出境展览品。

1. 进出境展览品的范围

（1）进境展览品。进境展览品包含在展览会中展示或示范用的货物、物品，为示范展出的机器或器具所需要的物品，展览者设置临时展台的建筑材料及装饰材料，供展览品做示范宣传

用的电影片、幻灯片、录像带、录音带、说明书、广告、光盘、显示器材及其他用于展览会展示的货物等。

（2）进境展览用品。

①免税的展览用品。在境内展览会期间供消耗、散发的用品（简称展览用品），由海关根据展览会性质、参展商规模、观众人数等情况，对其数量和总值进行核定，在合理范围内的，按照有关规定免征进口关税和进口环节税。

②征税的展览用品。展览用品中的酒精饮料、烟草制品及燃料不适用有关免税的规定。

展览会期间出售的小卖品，属于一般进口货物范围，进口时应当缴纳进口关税和进口环节海关代征税，属于许可证件管理的商品，应当交验许可证件。

（3）出境展览品。出境展览品包含国内单位赴国外举办展览会或参加外国博览会、展览会而运出的展览品，以及与展览活动有关的宣传品、布置品、招待品、其他公用物品。展览活动有关的小卖品、展卖品，可以按展览品报关出境：不按规定期限复运进境的办理一般出口手续，交验出口许可证件，缴纳出口关税。

2. 展览品的暂准进出境期限

进境展览品的暂准进境期限是 6 个月，即自展览品进境之日起 6 个月内复运出境。出境展览品的暂准出境期限为自展览品出境之日起 6 个月内复运进境。超过 6 个月的，进出境展览品的收发货人可以向海关申请延期。延期最多不超过 3 次，每次延长期限不超过 6 个月。延长期届满应当复运出境、进境或者办理进出口手续。

3. 展览品的进出境申报

（1）进境申报。境内举办展览会的办展人，或者参加展览会的参展人应当在展览品进境 20 个工作日前，向主管地海关提交有关部门备案证明或者批准文件及展览品清单等相关单证办理备案手续。展览品进境申报手续可以在展出地海关办理。展览会主办单位或其代理人应当向海关提交报关单、展览品清单、提货单、发票、装箱单等。展览品中涉及检验检疫等管制的，还应当向海关提交有关许可证件。

（2）出境申报。境内出境举办展览会的办展人，或者参加展览会的参展人应当在展览品出境 20 个工作日前，向主管地海关提交有关部门备案证明，或者批准文件及展览品清单等相关单证办理备案手续。

展览品出境申报手续应当在出境地海关办理。在境外举办展览会或参加国外展览会的企业应当向海关提交国家主管部门的批准文件、报关单、展览品清单等单证。

展览品属于应当缴纳出口关税的，向海关缴纳相当于税款的保证金；属于核用品、核两用品及相关技术出口管制商品的，应当提交出口许可证。

4. 进出境展览品的核销结关

（1）复运进出境。进境展览品按规定期限复运出境，出境展览品按规定期限复运进境后，海关分别签发报关单证明联，展览品所有人或其代理人依据相应的报关单证明联向主管海关办理核销结关手续。

（2）转为正式进出口。进境展览品在展览期间被人购买的，由展览会主办单位或其代理人向海关办理进口申报、纳税手续，其中属于许可证件管理的，应当提交进口许可证件。

出口展览品在境外参加展览会后被销售的，由海关核对展览品清单后要求企业补办有关正式出口手续。

第三节　跨境电商零售商品进出口报关

一、跨境电商零售概述

（一）跨境电商的含义

跨境电商是指分属于不同关境的交易主体，以互联网为媒介，经过电商平台达成交易、进行结算，并通过跨境物流营运来送达商品、完成交易的一种国际商业行为。

从政府监管角度可以将跨境电商分为“批发”和“零售”两类。因为“批发”类电商仍属于“传统贸易”，应按照现有相关贸易政策进行监管，所以本书只介绍“零售”跨境电商的进出口报关。

（二）从事跨境电商交易的企业

从事跨境电商交易的企业包括跨境电商企业、跨境电商平台企业、跨境电商支付企业、跨境电商物流企业和跨境电商企业境内代理人等。

（三）交易服务平台

交易服务平台，即跨境电商通关服务平台，是指由电子口岸搭建，可实现企业、海关及相关管理部门之间数据交换与信息共享的平台。

（四）跨境电商零售进出口业务类型

1. 进口

跨境电商零售进口有网购保税进口和直购进口两种业务类型。

（1）网购保税进口，是指跨境电商企业先以“入区保税”模式整批进口跨境电商零售商品，存入海关特殊监管区域或物流中心（B 型）内，再根据境内消费者的网购订单，办理订单商品的出区申报手续，并配送给消费者的跨境电商零售进口业务。

（2）直购进口，是指跨境电商企业根据境内消费者的网购订单，直接从境外启运订单商品，从跨境电商零售进口监管场所申报进口，并配送给消费者的跨境电商零售进口业务。

2. 出口

跨境电商零售出口有一般出口和特殊区域出口两种业务类型。

（1）一般出口，是指跨境电商企业根据境外消费者的网购订单，直接从境内启运订单商品，从跨境电商零售出口监管场所申报出口，并配送给消费者的跨境电商零售出口业务。

（2）特殊区域出口，是指跨境电商企业以“入区退税”的模式将整批跨境电商零售商品存入海关特殊监管区域物流中心（B 型）内，再根据境外消费者的网购订单，办理订单商品的出口申报手续，并配送给消费者的跨境电商零售出口业务。

二、跨境电商零售商品报关规范

（一）跨境电商企业备案

电商平台企业、物流企业、支付企业等参与跨境电商零售进口业务的企业，应当依据海关报关单位注册登记管理相关规定，向所在地海关办理注册登记；境外电商企业境内代理人应向该代理人所在地海关办理注册登记。

跨境电商企业、物流企业等参与跨境电商零售出口业务的企业，应当向所在地海关办理信息登记；如需办理报关业务的，应向所在地海关办理注册登记。

开展跨境电商零售进出口业务的经营者向海关注册时须提交以下材料：①企业法人营业执照副本复印件；②企业情况登记表，具体包括统一社会信用代码、中文名称、工商注册地址、营业执照注册号，法定代表人（负责人）姓名、身份证件类型、身份证件号码，海关联系人、移动电话、固定电话，跨境电子商务网站网址等。企业按照规定提交复印件的，应当同时向海关交验原件。如需向海关办理报关业务，应当按照海关对报关单位注册登记管理的相关规定办理注册登记。

参与跨境电商零售进出口业务并在海关注册登记的企业，纳入海关信用管理，海关根据信用等级实施差异化的通关管理措施。

（二）跨境电商零售进出口商品报关

海关应对跨境电商零售进出口商品及其装载容器、包装物按照相关法律法规实施检疫，并根据相关规定实施必要的监管措施。除特殊情况外，海关跨境电子商务零售进出口商品申报清单（称“申报清单”）、“进（出）口货物报关单”应当采取通关无纸化作业方式进行申报。

跨境电商零售企业零售进出口商品前，应当分别通过国际贸易“单一窗口”或跨境电商通关服务平台向海关传输交易、支付、物流等电子信息，并对数据真实性承担相应责任。零售商品进出口时，应提交“申报清单”。

1. 进口报关

直购进口商品及适用网购保税进口（监管方式代码 1210）政策的商品，按照个人自用进境物品监管，不执行有关商品首次进口许可批件、注册或备案要求。但对相关部门明令暂停进口的疫区商品和对出现重大质量安全风险的商品启动风险应急处置时除外。

直购进口模式下，邮政企业、进出境快件运营人可以接受跨境电商平台企业或跨境电商企业境内代理人、支付企业的委托，在承诺承担相应法律责任的前提下，向海关传输交易、支付等电子信息。直购进口业务采取“清单核放”方式办理报关手续，其通关流程与网购保税进口业务通关流程的差异主要是少了入境入区报关及电子账册管理，其余流程及监管要求基本相同。

网购保税进口业务通关流程包括：

（1）境外整批货物入境入区报关。参照进口货物报关流程申报入区，并暂缓纳税。海关参照保税加工电子账册管理模式对跨境电商企业及其商品进行管理，进口货物入区后，相应核增电子底账。

（2）“三单信息”推送。境内消费者在跨境电商交易平台下单付款后，跨境电商交易平台及相关企业通过跨境电商通关服务平台如实向海关传输相应的交易、支付、物流“三单信息”。

（3）清单核放。“三单信息”比对通过后，跨境电商企业或其代理人向海关提交“海关跨境电子商务零售进口商品申报清单”，申报出区。海关依法核放后，跨境电商零售进口商品即可被担保放行，并被配送给消费者。

（4）汇总纳税。货物放行后，跨境电商企业的电子账册底账相应核减。海关放行后30日内未发生退货的，代收代缴义务人在放行后第31日至45日内向海关办理汇总纳税手续。申请退货的，退回的商品应在海关放行之日起30日内原状运抵原监管场所，相应税款不予征收。

2. 出口报关

一般跨境电商零售商品出口时，跨境电商企业或其代理人应提交“申报清单”，采取“清单核放、汇总申报”方式办理报关手续；跨境电商综合试验区内符合条件的跨境电商零售商品出口，可采取“清单核放、汇总统计”方式办理报关手续。

以“清单核放、汇总统计”方式报关的通关流程与“清单核放、汇总申报”方式的差异主要是不需要以汇总方式形成“出口货物报关单”。

特殊区域出口，跨境电商企业可充分利用海关特殊区域或保税监管场所“入区退税”的政策优势，其通关流程与一般出口的差异主要是出口退税手续办理时间提前。其报关流程如下：

（1）“三单信息”推送。境外消费者在跨境电商交易平台下单付款后，跨境电商交易平台及相关企业通过跨境电商通关服务平台如实向海关传输相应的交易、支付、物流“三单信息”。

（2）清单核放。“三单信息”比对通过后，报关人员向海关提交“申报清单”申报出口。海关依法核放后，跨境电商零售出口商品即可被担保放行，并被配送给消费者。

（3）汇总申报。商品出口后，报关人员应当于每月15日前（若是法定节假日或者法定休息日的，顺延至其后的第一个工作日），将上月结关的“申报清单”依据清单表头同一收发货人、同一运输方式、同一生产销售单位、同一运抵国（地区）、同一出境关别，以及清单表体同一最终目的国、同一10位海关商品编码、同一币制的规则进行归并，汇总形成“出口货物报关单”向海关申报。

三、跨境电商零售进出口商品海关监管

跨境电商零售进出口商品海关监管包括以下内容：

（一）检疫

对需在入境口岸实施检疫及检疫处理的进口商品，应在完成检疫及检疫处理工作后，方可运至跨境电商监管作业场所。

网购保税进口业务：一线入区时以报关单方式进行申报的，海关可以采取视频监控、联网核查、实地巡查、库存核对等方式加强对网购保税进口商品的实货监管。

（二）查检

海关实施查验时，跨境电商企业或其代理人、跨境电商监管作业场所经营人、仓储企业应当按照有关规定提供便利，配合海关查验。

（三）物流管理

跨境电商零售进出口商品可采用“跨境电商”模式进行转关。其中，跨境电商综合试验区所在地海关可将转关商品品名以总运单形式录入“跨境电子商务商品一批”，并需随附转关商品详细电子清单。

网购保税进口商品可在海关特殊监管区域或保税物流中心（B 型）间流转，按有关规定办理流转手续。以“网购保税进口”（监管方式代码为 1210）海关监管方式进境的商品，不得转入适用“网购保税进口 A”（监管方式代码为 1239）的城市继续开展跨境电子商务零售进口业务。网购保税进口商品可在同一区域（中心）内的企业间进行流转。

跨境电商企业不得进出口涉及危害口岸公共卫生安全、生物安全、进出口食品和商品安全、侵犯知识产权的商品以及其他禁限商品，同时应当建立健全商品溯源机制并承担质量安全主体责任。

第四节　其他进出口货物的报关程序

一、过境、转运、通运货物报关

过境、转运和通运货物的共同特点都是从境外启运，通过我国境内继续运往境外。这类货物，仅在我国境内运输或短暂停留，不在境内销售、加工、使用以及贸易性储存。按照《海关法》第三十六条的规定：“过境、转运和通运货物，运输工具负责人应当向进境地海关如实申报，并应当在规定期限内运输出境。”从这个意义来说，这类货物也具有暂时进境的性质，但我国海关法规定这三类货物不属暂时进出口通关制度的适用范围，适用特别通关制度，这三类货物的异同如表 5-3 所示。

表 5-3　过境、转运、通运货物的异同

类别	运输方式	是否在我国境内换装运输工具	启运地	目的地
过境	通过我国境内陆路运输	不论是否换装运输工具	境外	境外
转运	不通过我国境内陆路运输	换装运输工具		
通运	随原航空器或船舶进出境	不换装运输工具		

（一）过境货物的报关

过境货物是指从国外启运，通过我国境内陆路运输，继续运往境外的货物。过境货物的过境期限为 6 个月，如有特殊原因货主或其代理人可以向海关申请延期，经海关同意后，可延期 3 个月。过境货物超过规定期限 3 个月仍未过境的，海关依法提取变卖，变卖后的货款按有关规定处理。

1. 准许过境货物

准许过境货物包括以下两类：

（1）与我国签有过境货物协定国家的过境货物，或与我国签有铁路联运协定的国家收、发货的过境货物，按有关协定准予过境。

（2）对于未与我国签有上述协定国家的过境货物，应当经国际商务、运输主管部门批准，并向入境地海关备案后准予过境。

准许过境货物的装载运输工具，应具有海关认可的加封条件或装置，必要时，海关可以对过境货物及其装置施加封志，未经海关许可，任何单位和个人不得擅自开拆、提取、交付、发运、调换、抵押、转让或者更换标记。运输部门及过境货物经营人应当持主管部门的批准文件和工商行政管理部门核发的营业执照，向海关申请办理报关注册登记手续，并负责保护海关封志的完整，任何人不得擅自开启或损毁。

2. 禁止过境货物

禁止过境的货物包括以下几类：

（1）来自或运往我国停止或禁止贸易的国家和地区的货物。

（2）各种武器、弹药、爆炸物品及军需品（通过军事途径运输的除外）。

（3）各种烈性毒药、麻醉品和鸦片、吗啡、海洛因、可卡因等毒品。

（4）微生物、人体组织、生物制品、血液及其制品等特殊物品。

（5）我国法律、法规禁止过境的其他货物、物品。

对过境货物实施海关监管的目的：防止过境货物在我国境内运输过程中滞留国内，将我国货物混入过境货物出境；防止禁止过境货物从我国过境。

3. 过境货物的海关监管

一般过境货物的海关监管主要有以下内容：

（1）过境货物进境后因换装运输工具等原因需卸地储存时，应当经海关批准并在海关监管下存入经海关指定或同意的仓库或场所。

（2）过境货物在进境后、出境以前，应当按照运输主管部门规定的路线运输，运输主管部门没有规定的，由海关指定。

（3）海关派员押运过境货物时，经营人或承运人应免费为其提供交通工具和便利。

特殊过境货物的海关监管主要有以下内容：民用爆炸品、医用麻醉品等过境运输，应经海关总署的有关部门批准后，方可过境；有伪造货名和国别，借以运输我国禁止过境的货物以及其他违反我国法令的情形，货物将被海关依法扣留处理；海关在对过境货物的监管过程中，除发现有违法或者可疑情形外，一般在做外形查验后，即予以放行；海关查验过境货物时，经营人或承运人应当到场，负责搬移货物、开拆和重封货物的包装；过境货物在境内发生灭失或短少时（除不可抗力的原因外），经营人应当负责向出境地海关补办进口纳税手续。

4. 过境货物报关程序

过境货物进境时，经营人应当向进境地海关如实申报，并递交“海关过境货物报关单”以及海关规定的其他单证，办理进境手续的过境货物经进境地海关审核无误后，海关在运单上加盖“海关监管货物”戳记，并将过境货物报关单和过境货物清单制作关封后加盖“海关监管货物”专用章，连同上述运单一并交经营人。经营人或承运人应当负责将进境地海关签发的关封完整及时的交出境地海关。

过境货物复出境时，经营人应当向出境地海关申报，并递交进境地海关签发的关封和海关需要的其他单证，经出境地海关审核有关单证、关封和货物无误后，由海关在运单上加盖放行章，在海关监管下出境。

（二）转运货物的报关

转运货物是指由境外启运，通过我国境内设立海关的地点换装运输工具，不通过境内陆路运输，继续运往国外的货物。

1. 转运货物准予办理转运手续的条件

进境运输工具载运的货物必须具备下列条件之一，方可办理转运手续：

（1）持有转运或联运提货单的。

（2）进口载货清单上注明是转运货物的。

（3）持有普通提货单，但在启卸前向海关声明转运的。

（4）启卸的进口货物，经运输工具经理人提供确实证件的。

（5）因特殊情况申请转运，经海关批准的。

2. 转运货物的海关监管

海关对于转运货物的监管主要包括以下几个方面：

（1）外国转运货物在中国口岸存放期间，不得开拆、改换包装或进行加工。

（2）转运货物必须在 3 个月内办理海关手续并转运出境。超过限期的，海关将按规定提取变卖。

（3）海关对转运的外国货物有权检查，如果没有发现违法或可疑情形的，海关将只作外形查验。

3. 转运货物的报关程序

海关对转运货物实施监管，主要是防止货物在口岸换装过程中混卸进口或混装出口。为此，海关规定转运货物的报关程序如下：

（1）转运货物承运人的责任就是确保货物继续运往境外，载有转运货物的运输工具进境后，承运人应当在进口载货清单上载明转运货物的名称、数量、启运地和到达地，并向海关申报进境。

（2）转运货物换装运输工具时，申报经海关同意后，在海关指定的地点接受并配合海关的监装、监卸至货物装运出境为止。

（3）转运货物应当在规定时间内运送出境。

（三）通运货物的报关

通运货物是指从境外启运，不通过我国境内陆路运输，运进境后由原运输工具载运出境的货物。通运货物需要办理以下报关手续：

（1）运输工具进境时，运输工具的负责人应凭注明通运货物名称和数量的“船舶进口报告书”或国际民航机使用的“进口载货舱单”向进境地海关申报。

（2）进境地海关在接受申报后，在运输工具抵、离境时对申报的货物予以核查，并监管货物实际离境。

（3）运输工具因装卸货物需搬运或倒装货物时，应向海关申请并在海关的监管下进行。

二、无代价抵偿货物报关

（一）无代价抵偿货物的含义

无代价抵偿货物是指进口货物在征税或免税放行之后，发现货物残损、短少、品质不良或规格不符，而由境外承运人、发货人或保险公司免费补偿或更换的与原货物相同或与合同相的货物。

（二）无代价抵偿货物的特征

（1）无代价抵偿货物是执行合同的过程中发生的损害赔偿，即买卖双方在执行交易合同中买方根据货物损害的事实状态向卖方请求偿付，而由卖方进行的赔偿。

（2）海关已经放行，即被抵偿进口的货物已办理了进口手续，并已经按规定缴纳了关税或者享受减免税的优惠，经海关放行之后发现损害而索赔进口的。

（3）仅抵偿直接损失部分。根据国际惯例，除合同另有规定外，抵偿一般只限于成交商品所发生的直接损失（如残损、短少、品质不良等）。对于所发生的间接损失（如因设备问题所发生的延误投产所造成的损失），一般不包括在抵偿的范围内。

收发货人申报进出口的无代价抵偿货物，与退运出境或者退运进境的原货物不完全相同或者与合同规定不完全相符的，经收发货人说明理由，海关审核认为理由正当且税则号列未发生改变的，仍属于无代价抵偿货物范围。

收发货人申报进出口的免费补偿或者更换的货物，其税则号列与原进出口货物的税则号列不一致的，不属于无代价抵偿货物范围，属于一般进出口货物范围。

（三）无代价抵偿货物的报关程序

1. 无代价抵偿货物的海关监管

（1）进出口无代价抵偿货物免予交验进出口许可证件。

（2）进口无代价抵偿货物，不征收进口关税和进口环节海关代征税；出口无代价抵偿货物不征收出口关税。但是进出口与原货物或合同规定不完全相符的无代价抵偿货物，应当按规定计算与原进出口货物的税款差额，高出原征收税款数额的应当征收超出部分的税款，低于原征收税款的，原进出口货物的发货人、承运人或者保险公司同时补偿货款的，应当退还补偿货物部分的税款，未补偿货款的，不予退还。

（3）现场放行后，海关不再进行监管。

2. 申报办理无代价抵偿货物进出口手续的期限

向海关申报进出口无代价抵偿货物应当在原进出口合同规定的索赔期内，自原货物进出口之日起不超过 3 年。

3. 无代价抵偿货物报关时应提供的单证

无代价抵偿货物报关时除应当填制报关单和提供基本单证外，还应当提供以下特殊单证：

（1）进口申报单证：①原进口货物报关单；②原进口货物退运出境的出口货物报关单，或原进口货物交由海关处理的货物放弃处理证明，或者已经办理纳税手续的单证（短少抵偿的除外）；③原进口货物税款缴纳书或者进出口货物征免税证明；④买卖双方签订的索赔协议。海关认为必要时，纳税义务人还应当提交具有资质的商品检验机构出具的原进口货物残损、短少、品质不良或者规格不符的检验证明书或者其他有关证明文件。

（2）出口申报单证：①出口货物报关单；②原出口货物退运进境的进口货物报关单或者已经办理纳税手续的单证（短少抵偿的除外）；③出口货物税款缴纳书；④买卖双方签订的索赔协议。海关认为必要时，纳税义务人还应当提交具有资质的商品检验机构出具的原进口货物残损、短少、品质不良或者规格不符的检验证明书或者其他有关证明文件。

4. 残损、品质不良或规格不符的无代价抵偿货物进出口报关

残损、品质不良或规格不符的无代价抵偿货物，进出口前应当先办理被更换的原进出口货物中残损、品质不良或规格不符货物的有关海关手续。

（1）退运进 / 出境。原出口货物的发货人或其代理人应当办理被更换的原出口货物中残损、品质不良或规格不符货物的退运进境的报关手续。被更换的原出口货物退运进境时不征收进口和进口环节海关代征税。被更换的原进口货物退运出境时不征收出口关税。

（2）不退运出境而交由海关处理。被更换的原进口货物中残损、品质不良或规格不符货物不退运出境，原进口货物的收货人愿意放弃，交由海关处理的，海关应当依法处理并向收货人提供依据，凭以申报进口无代价抵偿货物。

（3）不退运出境，也不放弃交由海关处理。被更换的原出口货物中残损、品质不良或规格不符的货物不退运进境，原出口货物的发货人应当按照海关接受无代价抵偿货物申报出口之日适用的有关规定申报出口，并按照海关对原出口货物重新估定的价格计算的税额缴纳出口关税，属于许可证管理的商品还应当交验相应的许可证件。

三、退运货物报关

退运货物是指货物因品质不良或交货时间延迟等原因，被买方拒绝接收退运或因错发、错运造成的溢装、漏卸而退运的货物。退运货物包括一般退运货物和直接退运货物。

一般退运货物是指已办理申报手续且海关已放行出口或进口，因各种原因造成退运进口或退运出口的货物。

直接退运货物是指进口货物收发货人、原运输工具负责人或者其代理人（以下统称当事人）在有关货物进境后，海关放行前，由于各种原因依法向海关申请将全部或者部分货物直接退运，或者海关根据国家有关规定责令直接退运的货物。

（一）一般退运货物的报关

1. 退运出口

进口货物海关放行后，因故退运出口报关时，原收货人或其代理人应填写货物报关单申报

出境，并提供原进境时的进口货物报关单、商品检验证书、保险公司、承运人溢装或漏卸证明，以及与国外发货人索赔的业务函电等有关资料，经海关核实无误后，验放有关货物出境。

因品质或者规格原因，进口货物自进口之日起 1 年内原状复运出境的，不征收出口关税；已征进口关税的货物，因品质或者规格原因，原状退货复运出境的，纳税义务人自缴纳税款之日起 1 年内，可以向海关书面申请并提供原缴税凭证及相关资料办理退税。

2. 已收汇的原出口货物退运进口

出口货物被境外退运进口的，若该批出口货物已收汇、核销，原出口货物的发货人在向海关申报进口时，应提供原出口货物报关单，并提供税务机关的“出口商品退运已补税证明”，以及保险公司证明或境外收货人退运的业务函电、承运人溢装或漏卸的证明等资料，办理退运报关手续，同时海关签发进口货物报关单，经海关核查属实，验放货物进境。

已收汇、核销的原出口货物退运进口的，报关时应提交如下单证：进口货物报关单；原出口货物报关单；国家税务机关出具的“出口商品退税已补税证明”；境外收货人退运的业务函电；税收（出口货物专用）缴款书；海关需要的其他单证。

3. 未收汇的原出口货物退运进口

原出口货物退运进口时，若该批货物未收汇，原出口货物的发货人或其代理人在向海关办理进口报关手续时，应向海关提供原出口货物报关单、报关单退税联、境外收货人退运的函电等资料，经海关核实，签发货物报关单，验放货物进境。

未收汇、核销的原出口货物退运进口时，报关时应提交如下单证：进口货物报关单、原出口货物报关单、原出口退税专用出口货物报关单、税收缴款书、海关需要的其他单证等。

4. 税收

因品质规格原因，进口货物自进口之日起 1 年内原状退运出境的，经海关核实，可不征收出口关税，已经征收进口关税的，自缴纳进口税款之日起 1 年内退还。

（二）直接退运货物的报关

申请办理直接退运手续的进口货物已向海关申报的，当事人应提交“进口货物直接退运表”，原报关单或者转关单和证明进口实际情况的合同、发票、装箱单清单、提运单或者载货清单等相关单证、证明文书等资料，向所在地海关申请批准。

对于申请办理直接退运手续的进口货物未向海关申报的，由当事人提交“进口货物直接退运表”，证明进口实际情况的合同、发票、装箱清单、提运单或者载货清单等相关单证、证明文件，向所在地海关申请批准。

当事人收到海关签发的“海关责令直接退运通知书”之日起 30 日内，应当按照海关要求办理进口货物直接退运的申报手续。

当事人办理进口货物直接退运申报手续的，除另有规定外，应当先行申报出口报关单，然后填写进口报关单办理直接退运申报手续，进口报关单应在“关联报关单”栏填报出口报关单号。由于承运人的责任造成货物错发、误卸或者溢卸的，当事人办理直接退运手续时可以免于填制报关单。

进口货物直接退运应当从原进境地口岸退运出境。由于运输原因需要改变运输方式或者由另一口岸退运出境的，应当经由原进境地海关审核同意后，以转关运输方式监管出境。

四、退关

退关是指向海关申报出口并获准放行的货物，因故未能装上运输工具，经发货人请求，退运境内不再出口。

海关对出口退关货物的监管如下：出口货物的发货人及其代理人应在海关规定的期限内向海关办理申请退关手续；经海关核准且撤销出口申报后方能将货物运出海关监管场所；已缴纳出口关税的退关货物，可在缴纳税款之日起 1 年内向海关申请退税。

综合练习

一、单选题

1. 海关对享受特定减免税收优惠的进口货物，如船舶、飞机、机动车辆、其他货物的监管年限分别为（　　）年。

A. 8、6、3　　B. 6、8、3

C. 3、6、8　　D. 3、8、6

2. 北京某外资企业从美国购进大型机器成套设备，分三批运输进口，其中两批从天津进口，另一批从青岛进口。该企业在向海关申请办理该套设备的减免税手续，下列做法正确的是（　　）。

A. 向北京海关分别申领两份征免税证明

B. 向北京海关分别申领三份征免税证明

C. 向天津海关申领一份征免税证明，向青岛海关申领一份征免税证明

D. 向天津海关申领两份征免税证明，向青岛海关申领一份征免税证明

3. 过境货物的过境期限为（　　）个月，如有特殊原因，货主或其代理人可以向海关申请延期，经海关同意后，可延期 3 个月。

A. 6　　B. 9　　C. 7　　D. 5

4. 转运货物必须在（　　）个月内办理海关手续并转运出境。超过限期的，海关将按规定提取变卖。

A. 3　　B. 4　　C. 5　　D. 6

5. 下列哪项不属于无代价抵偿货物的特征？（　　）

A. 执行合同的过程中发生的损害赔偿　　B. 海关已经放行

C. 仅抵偿直接损失部分　　D 仅抵偿间接损失部分

6. 参与跨境电商零售进口业务的企业，应当向（　　）办理注册登记。

A. 入境地海关　　B. 出境地海关　　C. 所在地海关　　D. 销售地海关

7. （　　）是指从国外启运，通过我国境内陆路运输，继续运往境外的货物。

A. 转运货物　　B. 过境货物　　C. 通运货物　　D. 以上答案都不对

8. (　　) 是指由境外启运，通过我国境内设立海关的地点换装运输工具，不通过境内陆路运输，继续运往国外的货物。

A. 转运货物　　B. 过境货物　　C. 通运货物　　D. 以上答案都不对

9. (　　) 是指从境外启运，不通过我国境内陆路运输，运进境后由原运输工具载运出境的货物。

A. 转运货物　　B. 过境货物　　C. 通运货物　　D. 以上答案都不对

10. 广州海洋进出口有限公司与中东地区客户订立销售60台中型计算机（服务器）的合同；委托广州飞翔报关公司向黄埔老港海关办理出口报关手续；海关放行后，其中2台计算机因故未装上船。因故未装上船的2台计算机应适用的海关监管制度是（　　）。

A. 直接退运　　B. 一般退运　　C. 出口退关　　D. 无代价抵偿

11. 申请出口货物退关的，应当自得知出口货物未装上运输工具，并决定不在出口之日起(　　) 内向海关申请。

A. 24小时　　B. 3天　　C. 14天　　D. 3个月

12. 上海某航运公司完税进口一批驳船，使用不久后发现大部分驳船油漆剥落，向境外供应商提出索赔，供应商同意减价60万美元，并应进口方的要求以等值的驳船用润滑油补偿。该批润滑油进口时应当办理的海关手续是（　　）。

A. 按一般进口货物报关，缴纳进口税

B. 按一般进口货物报关，免纳进口税

C. 按无代价抵偿货物报关，缴纳进口税

D. 按无代价抵偿货物报关，免纳进口税

二、多选题

1. 特定减免税货物的特征有（　　）。

A. 特定条件下免税　　B. 应提交进口许可证

C. 特定的海关监管期限　　D. 免交进口许可证

2. 根据《海关法》《进出口关税条例》的规定，(　　) 的进出口货物可以按照特定减免税货物监管。

A. 特定商品　　B. 特定地区　　C. 特定企业　　D. 特定用途

3. 特定减免税货物的报关程序包括（　　）。

A. 进口前减免税审核确认　　B. 货物进口报关

C. 在海关监管期限内接受监督和核查　　D. 监管期限届满后解除监管，核销结关

4. 暂准进出境货物的特征有（　　）。

A. 免予提交许可证

B. 按货物实际流向办结海关手续

C. 暂时免纳税费

D. 在规定的期限内原状复运出境或复运进境

5. 从事跨境电商交易的企业包括（　　）。

A. 跨境电商企业

B. 跨境电商平台企业

C. 跨境电商支付企业

D. 跨境电商物流企业和跨境电商企业境内代理人

6. “三单信息”包括（　　）。

A. 交易信息　　B. 支付信息　　C. 物流信息　　D. 货物信息

7. 网购保税进口业务通关流程包括（　　）。

A. 境外整批货物入境入区报关　　B. “三单信息”推送

C. 清单核放　　D. 汇总纳税

8. 进口无代价抵偿货物，需提交下列（　　）单证。

A. 须向海关提交原进口报关单　　B. 免于交验进口许可证

C. 无须缴纳进口税费　　D. 海关放行后即结关

9. 禁止过境的货物包括（　　）。

A. 来自或运往我国停止或禁止贸易的国家和地区的货物

B. 各种武器、弹药、爆炸物品及军需品（通过军事途径运输的除外）

C. 各种烈性毒药、麻醉品和鸦片、吗啡、海洛因、可卡因等毒品

D. 微生物、人体组织、生物制品、血液及其制品等特殊物品

10. 适用于 ATA 单证册货物通常包括（　　）。

A. 各类国际博览会、交易会、展览会、国际会议及类似活动上陈列或使用的物品

B. 以寻求境外供货订单为目的向客户展示或演示的商业样品

C. 各类专业人员使用的专业设备，例如赴境外报道、录制节目的摄影设备

D. 以销售为进口目的的货物

三、名词解释

特定减免税货物　　暂准进出境货物　　跨境电商　　交易服务平台

网购保税进口　　直购进口　　特殊区域出口　　过境货物

转运货物　　通运货物　　无代价抵偿货物　　退运货物

四、判断题

1. 特定减免税货物报关在特定条件或规定范围内使用，可减免进口关税和增值税。（　　）

2. 特定减免税货物是实际进口货物，不豁免进口许可证。（　　）

3. 《进出口货物征免税证明》的有效期为 6 个月，且实行“一批一证”的原则，即一份征免税证明上的货物只能在一个进口口岸一次性进口。（　　）

4. 特定减免税货物的监管期限届满后解除监管，核销结关。（　　）

5. 暂准进出境货物免予提交进出口许可凭证。（　　）

6. ATA 单证册既是一种货物进出口的报关单，又是一份国际担保书。（　　）

7. 境外电商企业境内代理人应向该代理人所在地海关办理注册登记。（　　）

8. 广州市某企业进口一批特定减免税货物，分两批装运，向有关部门申领取了“进出口货物征免税证明”，在进口报关的时候，可以凭着一份“进出口货物征免税证明”对进口的货物分两次报关。（　　）

9. 转运货物在中国口岸存放期间，不得开拆、改换包装或进行加工。（　　）

10. 退关是指向海关申报出口并获准放行的货物，因故未能装上运输工具，经发货人请求，退运境内不再出口。（　　）

11. 特定减免税进口设备可以在两个享受特定减免税优惠的企业之间结转，结转手续分别向企业主管海关办理。（　　）

12. 暂时进出货物属于列入海关统计的进出口货物。（　　）

五、简答题

1. 简述特定减免税进口货物与保税货物的区别。
2. 简述特定减免税货物的报关程序。
3. 简述暂准进出境货物的含义和特点。
4. 简述暂准进出境货物的报关程序。
5. 简述跨境电商零售商品的报关规范。
6. 简述过境、转运与通运货物的异同。
7. 简述无代价抵偿物和退运货物的报关规范。

六、实训题

1. 广州甲公司是一家中外合资企业，分别于4年前和1年前免税进口两批机动车辆，现在企业提出解除两批免税进口的机动车辆的监管要求。

请分析对这两批免税进口的机动车辆有哪些海关监管要求。

2. 某加工贸易企业专业从事各种计算机显示器的研发、制造和销售业务，产品80%外销。该企业出口的显示器保修期为3年，保修期间接受客户无理由退货。因此该企业每年均有少量的外销显示器由于各种原因从欧美国家和地区退回工厂维修。

请问：该企业应如何为退货的成品办理报关手续？

3. 查阅相关资料，写出科教用品免税进口业务所指的科学研究机构和学校。

七、案例分析题

华宁集团有限公司以CIF上海USD 9 500/吨从法国进口HHM5502BN薄膜级低压高密度聚乙烯200吨（列入法检范围，属自动进口许可管理并实行“一批一证”制），进口合同还规定了数量装载的机动额度为正负5%。该批货物于2021年7月20日由“汉津”轮载运进口。收货单位申报前看货取样时，发现实际到货的数量为210吨，且其中混有型号为HHMTR-144的同类商品20吨。该公司即与国外商人交涉，外商同意补偿HHM5502BN货物10吨。外商同时要求将型号为HHMTR-144的商品降价留在境内，但收货人未予接受。

根据上述案例，解答下列问题：

1. 该单位向海关办理货物进境申报时应当提交的单证有（　　）。

A. 进口货物报关单　　B. 自动进口许可证
C. 入境货物通关单　　D. 进口合同

2. 该单位向海关办理进口申报时，其申报数量应为（　　）吨。
A. 190　　B. 200　　C. 210　　D. 220

3. 海关对补偿进口的货物可按下列何项管理规定办理：（　　）。
A. 按无代价抵偿货物，免证免税　　B. 按一般进口货物，领证征税
C. 按无代价抵偿货物，领证免税　　D. 按一般进口货物，免证征税

4. 错发的 20 吨货物如不退运境外，（　　）。
A. 可放弃交海关依法处理
B. 可由承运人委托代理人在境内销售
C. 超期未报的，海关可依法提取变卖处理
D. 海关可依法予以扣留

5. 错发的 20 吨货物如退运境外，（　　）。
A. 按一般退运货物处理
B. 按退关货物处理
C. 按暂时进口货物处理
D. 按直接退运货物处理

第六章 进出口税费计征

学习目标

- 了解关税的含义、制定关税税率的原则。
- 掌握进出口关税征税标准、征管方式和缴纳期限。
- 了解关税税率的分类和适用规定。
- 掌握关税减免的范围和退补的条件。
- 掌握出口关税的计算公式和出口货物完税价格的审定。
- 熟练掌握进口关税、环节税、滞报金、滞纳金的征收和计算。

引导案例

青岛海关破获一起海上绕关走私进口成品油案

青岛海关在山东荣成市某非设关码头破获一起海上绕关走私进口成品油案，现场查扣涉案成品油220吨，随后查证走私成品油2 000余吨，抓获犯罪嫌疑人4名。走私进口成品油严重扰乱国家进出口秩序，部分犯罪嫌疑人为牟取暴利，会走私无法通过国家检验的不合格油品，存在较大使用风险。为掩护走私行为，犯罪嫌疑人多采用非法改装或无成品油道路运输许可证的油罐车拉运，是国内道路运输和公共安全的严重隐患。

思考与讨论：

1. 为什么走私成品油会给国家税收造成损失？
2. 什么是出口关税？征收出口关税有什么样的要求？
3. 什么是进口关税？征收进口关税有什么样的要求？

第一节 认识关税

征收关税是《海关法》赋予海关的基本任务之一，我国海关还代替国内税务部门依法征收应税货物进口环节的消费税和增值税。向海关申报纳税、办理有关进出口货物通关手续是进出口货物收发货人向国家履行的法定义务，同时，对进出口货物征收关税及相关税费是国家运用经济手段来调节进出口货物数量的基本方法。

一、关税概述

（一）关税的含义

关税是由海关代表国家，按照国家制定的关税政策和公布实施的税法及进出口税则，对进出境的货物和物品征收的一种流转税。海关征收关税的依据是国家制定的法律和行政法规。关税是国家税收的重要组成部分，是国家中央财政收入的重要来源，也是 WTO 允许缔约方保护其境内经济的一种手段，其基本作用在于体现国家主权，推动国家的经济建设。关税的起征点为人民币 50 元，低于 50 元的免征。

（二）关税的特点

关税征收的对象是进出境的货物和物品，即货物和物品也只有在进出境的时候才能征收关税，在关境内流通时就不再征收关税。其具有如下特点：无偿性、强制性、固定性及涉外性。

（三）关税的要素

（1）关税征税主体，也称关税征收主体，根据《海关法》的规定，行使征收关税职能的国家机关是中华人民共和国海关，征收关税是海关的一项主要任务。未经法律的授权，其他任何单位和个人均无权征收关税。

（2）关税征收对象，也称关税征收客体，法律规定作为征收关税的标的物，是进出一国关境的货物和物品，它是区别关税和其他税种的重要标志。

（3）关税纳税义务人，也称关税纳税人或关税纳税主体，是指依法负有直接向国家缴纳关税义务的法人或自然人。我国关税的纳税义务人是进口货物的收货人、出口货物的发货人、进出境物品的所有人。

（四）进口关税征税标准

进口关税是指一国海关以进境货物和物品为课税对象所征收的关税。在国际贸易中，它一直被各国公认为一种重要的经济保护手段。课税标准就是课税对象的数量化、金额化的标准。

1. 正税

正税是指按照《进出口税则》中的进口税率征收的关税，具有规范性、相对稳定性的特点。进口关税正税一般有从量税、从价税、复合税、滑准税等几种计征方法。

（1）从量税。从量税是以商品的重量、容量、长度、面积、体积、个数等数量单位为依据，按规定的单位数额为税率来计算税款。目前，我国只对啤酒、原油、胶卷等少量进口商品按从量税计征关税。从量税的计算公式为：

从量关税税额 = 商品进口数量 × 从量关税税率（单位税额）

对进口商品征收从量关税时，报关人员应按规定的计量单位如实申报进口商品的数量，如未按规定计量单位成交，并且在有效单证上也没有按规定计量单位标明数量的，应按“从量关税商品计量单位换算表”换算后再申报。

（2）从价税。从价税是以货物的价格或价值作为征收标准，按一定的比例（税率）征收税款。我国关税的计税标准以从价税为主。从价税的关税保护作用不受商品价格变动的影响。从价税是按照进出口商品的价格为标准计征的关税。其税率表现为货物价格的百分率。从价税的计算公式为：

从价关税 = 完税价格 × 从价关税税率

（3）复合税。复合税又称混合税，在税则的同一税目中规定了从价和从量两种税率，征税时同时使用两种税率计征税款。目前，我国对进口价格高于 2 000 美元的广播级录像机、其他磁带录像机、磁带放像机和进口价格高于 5 000 美元的电视摄像机等进口商品征收复合关税。反之，征收单一从价关税。复合关税的计算公式为：

复合关税税额 = 商品进口数量 × 从量关税税率 + 完税价格 × 从价关税税率

（4）滑准税。滑准税在《进出口税则》中预先按商品的价格高低分档制定若干不同的税率，然后根据进口商品价格的变动而增减进口税率的一种关税。当商品价格上涨时采用较低税率，当商品价格下跌时则采用较高税率，其目的是使该种商品的国内市场价格保持稳定。目前，我国对关税配额外进口的一定数量的棉花（税号：5201.0000）实行 5% ~ 40% 的滑准税；对滑准税率低于 5% 的进口棉花按 0.570 元 / 千克的标准计征从量税。

2. 进口附加税

进口附加税是指国家由于特定需要对进口货物除征收关税正税之外另行征收的进口关税。进口附加税包括反倾销税、反补贴税、保障措施关税、报复性关税等特别关税，一般具有临时性。世界贸易组织禁止其成员方在一般情况下征收进口附加税，只有符合世界贸易组织反倾销、反补贴条例等有关规定的，才准许征收进口附加税。

（1）反倾销税，是指对倾销商品所征收的进口附加税。当进口国因出口国对其倾销某种产品，使国内产业受到损害时，而征收的相当于出口国国内市场价格与倾销价格之间差额的进口附加税。反倾销税的计算公式为：

反倾销税税额 = 完税价格 × 反倾销税税率

（2）反补贴税，是指对直接或间接接受出口津贴或补贴的外国商品以低于正常价格进口时所征收的一种特别税。反补贴税的计算公式为：

反补贴税税额 = 完税价格 × 反补贴税税率

（3）保障措施关税，是指由于进口数量激增给生产同类产品的国内产业造成严重损害或威胁时，进口国采取的数量限制和提高关税税率的措施。保障措施关税的计算公式为：

保障措施关税税额 = 完税价格 × 保障措施关税税率

（4）报复性关税，是指为报复他国对本国出口货物的关税歧视，进而对来自相关国家的进口货物征收的一种进口附加税。报复性关税的计算公式为：

报复性关税税额 = 完税价格 × 报复性关税税率

（五）出口关税征税标准

出口关税是指海关以出境货物、物品为课税对象所征收的关税。征收出口关税的主要目的是限制、调控某些商品的过度、无序出口，特别是防止本国一些重要资源和原材料的无序出口。

目前，我国主要对资源性、高耗能类商品征收出口关税。

我国出口关税主要以从价税为计征标准。

（六）关税的征管方式

关税的征管方式有海关审定制和企业自报自缴制两种。

根据海关改革方案的实施，2017年7月1日后，通关一体化在全国海关全面实施，改革后，进出口企业按照自行确定的涉税要素向海关申报。由海关分析验证货物品名、数量、禁限等准入属性，通过安全准入风险排查后，按照企业自行申报对应的税款，由企业自行缴税或在企业提供有效担保后放行货物。货物放行后，再由海关分析验证货物归类、价格、原产地等税收属性，由税收征管中心通过批量抽核与现场验估、核查、稽查等手段，完成货物放行后的税收征管作业。随着该项改革的逐步实施，海关税费征收方式也从以往的“海关审定”制变为“自报自缴”制，由“要我缴税”向“我要缴税”模式转变。

“海关审定”制下，是指纳税义务人按照法律、行政法规和海关规章关于商品归类、价格和原产地管理的有关规定，如实申报进出口货物的商品名称、商品编号、规格型号、价格、运保费及其他相关费用、原产地、数量等关键申报要素，由海关对商品归类，货物价格、原产地等关键涉税要素审核后确定应缴税款，之后由纳税义务人按照规定缴纳，其作业程序是先审核后放行。

企业“自报自缴”制下，即进出口企业、单位自主向海关申报报关单及随附单证、确认随附的税费电子数据，并自行缴纳税费的行为，其作业基本特点是先放行后审核。

按照“自报自缴”模式申报的报关单，海关的管理模式不再是逐票“审定”企业申报要素是否准确，而是由企业自主按照既定规则申报归类、价格、原产地等核心涉税要素，并自行完成应缴税款确认计算，自行办理税款的支付。企业支付税款后，系统自动对申报货物予以放行。海关在放行前仅对安全准入风险进行排查，不再对涉税要素进行审核，进出口企业的货物流将不再受海关行政审核的影响，特殊情况除外。涉及公司定价货物、特案（包括实施反倾销、反补贴措施和保障措施）货物暂不适用自报自缴模式。

企业自报自缴模式下，可以享受以下红利：一是可以选择在任意地点进行报关，消除了申报关区的限制；二是海关执法更统一，全国通关的政策和规定执行标准更加一致；三是简化通关环节手续，海关将重点放在后续审查和处理上，货物在口岸的滞留时间缩短，通关效率大大提高。

（七）关税的缴纳期限

纳税人应当自海关填发“税收缴款书”之日起15日内缴纳税款，逾期未缴纳税款的，按日征收0.5‰的滞纳金。超过3个月仍未缴纳税款的，海关将采取强制措施依法变卖货物等。申请缓缴税款的，纳税人应在货物进口之前或海关办理该货物内销通关申报手续之后的7日内提出申请。关税的缓缴期一般为3个月，因特殊原因超过3个月的，需要向海关总署提出申请。

（八）关税的缴纳凭证

目前，我国进出口关税的缴纳凭证主要是“海关专用缴款书”。

“海关专用缴款书”主要用作进出口关税和进口环节税的缴纳凭证和滞纳金的缴纳凭证。海关征收进出口货物关税和进口货物进口环节税或滞纳金时，应向纳税人或其代理人填发“海关专用缴款书”。

二、关税税率

关税税率是根据课税标准计算关税税额的比率。关税税率的高低直接体现出国家的关税政策，是关税政策中最重要的内容。

（一）关税税率的分类

按照进出口货物的原产地国别不同，我国的关税税率可以分为以下几类：

（1）最惠国关税税率。最惠国关税税率适用于原产于世界贸易组织成员或与我国签订有相互给予最惠国待遇条款的双边贸易协定的国家（地区）的进口货物。对于原产地是我国香港地区、澳门地区和台澎金马关税区的进境货物和经批准的我国内地生产的货物复进口须征税的，按最惠国关税税率征税。

（2）协定关税税率。其适用于我国参加的含有关税优惠条款的区域性贸易协定的有关缔约国（地区）的进口货物。

（3）特惠关税税率。其适用于与我国签订有特殊优惠关税协定的国家（地区）的进口货物。

（4）普通关税税率。其适用于上述国家（地区）以外的国家（地区）的进口货物。

（5）特别关税税率。凡是对进口原产于中国的货物征收歧视性关税或给予其他歧视性待遇的国家（地区），我国可以对原产于该国家（地区）的进口货物征收特别关税，其征税品种、税率和起征、停征的时间，由国务院关税税则委员会决定。

（6）暂定税率。国务院关税税则委员会根据每年我国产业发展状况的需要，对部分进出口货物制定较最惠国关税税率更低的暂定税率。暂定税率只适用于享受最惠国待遇的国家和地区的货物。按照普通税率征税的进口货物，不适用进口货物暂定税率。

（二）关税税率适用规定

我国《进出口关税条例》规定，进出口货物应当按照收发货人或其代理人申报进出口之日实施的税率征税。当事人违反规定须对其补征税款的，适用该行为发生之日实施的税率；该行为发生之日不能确定的，适用海关发现该行为发生之日实施的税率。

对于同时适用多种税率的进口货物，在选择适用的税率时，基本原则是“从低适用”，特殊情况除外。同时有两种及两种以上税率可适用的进口货物最终适用的税率见表 6-1。

表 6-1　同时有两种及两种以上税率可适用的进口货物最终适用的税率汇总表

进口货物可选用的税率	税率适用的规定
同时适用最惠国税率、进口暂定税率	应当适用暂定税率
同时适用协定税率、特惠税率、进口暂定税率	应当从低适用税率
同时适用国家优惠政策、进口暂定税率	按国家优惠政策进口暂定税率商品时，以优惠政策计算确定的税率与暂定税率，两者取低计征关税，但不得在暂定税率基础上再进行减免
适用关税配额税率、其他税率	关税配额内的，适用关税配额税率；关税配额外的，适用其他税率
同时适用 ITA 税率、其他税率	适用 ITA 税率（信息技术产品税率）
反倾销税、反补贴税、保障措施关税、报复性关税	反倾销税率、反补贴税率、保障措施关税率、报复性关税率

对于出口货物，在计算出口关税时，出口暂定税率的执行优先于出口税率。

三、关税减免与退补

关税政策具有一定的灵活性，国家对某些纳税义务人、某些课税对象根据具体情况实施税收优惠政策。降低适用的关税税率是常用的一种形式，它与对纳税义务人的豁免和对课税对象的豁免等共同构成关税减免制度。

（一）关税减免

关税减免包括法定减免和特定减免两种情况。

1. 法定减免税

法定减免税是指进出口货物按照《海关法》《进出口关税条例》和其他法律法规的规定可以享受的减免关税优惠。享受法定减免税的范围如下：

（1）对关税税额在人民币 50 元以下的一票货物免征关税。

（2）无商业价值的广告品和货样。

（3）外国政府、国际组织无偿赠送的物资。

（4）在海关放行前遭受损坏或者损失的货物。

（5）进出境运输工具装载的途中必需的燃料、物料和饮食用品。

（6）我国缔结或者参加的国际条约规定减征、免征关税的货物、物品。

（7）法律规定的其他免征或者减征关税的货物，海关可以根据规定免征或者减征。

2. 特定减免税

特定减免税是指海关根据国家规定，对特定地区、特定用途和特定企业给予的减免关税的优惠，也称政策性减免税。

特定减免税的范围主要是外商投资项目投资额度内进口自用设备、外商投资企业投资总额外进口自用设备、国内投资项目进口自用设备、贷款项目证明进口物资、特定区域物资、科教用品、科技开发用品、无偿援助项目进口物资、残疾人专用品、远洋渔业项目进口自捕水产品、远洋船舶及设备部件项目、集成电路项目、海上及陆上石油项目、贷款中标项目进口零部件、救灾捐赠物资、扶贫慈善捐赠物资。

3. 关税减免的申请及审理

申请特定减免税的单位或企业，应在货物进出口前向海关提出申请，由海关按照规定的程序进行审理。符合关税减免规定的，由海关发给一定形式的减免税证明，受惠单位或企业凭该证明申报办理进出口业务。由于特定减免税货物有地区、企业和用途上的限制，海关需要对其进行后续管理。

（二）关税退补

1. 退税条件

退税是指纳税义务人或其代理人缴纳税款后，由海关依法退还误征、溢征和其他应退还款项的行为。可以办理退税的条件如下：

（1）已缴纳进口环节代征税款的进口货物，因品质或者规格原因原状退货复运出境的。

（2）已缴纳出口关税的出口货物，因品质或者规格原因原状退货复运进境的，并重新缴纳因出口而退还的国内环节有关税收的。

（3）已缴纳出口关税的货物，因故未装运出口，已退关的。

（4）已征税放行的散装进出口货物发生短卸、短装，如果该货物的发货人、承运人或者保险公司已对短卸、短装部分退还或者赔偿相应货款，纳税义务人可以向海关申请退还进口或者出口短卸、短装部分的相应税款。

（5）进出口货物因残损、品质不良、规格不符等原因，由进出口货物的发货人、海运承运人或者保险公司赔偿相应货款的，纳税义务人可以向海关申请退还赔偿货款部分的相应税款。

（6）因海关误征，致使纳税义务人多缴的税款。

2. 税款追征和补征

税款追征和补征的条件：①进出口货物放行后，海关发现少征或者漏征税款的；②因纳税义务人违反规定造成少征或者漏征税款的；③海关监管货物在海关监管期内因故改变用途，按照规定需要补征税款的。

税款追征、补征的期限和要求：①进出口货物放行后，海关发现少征或者漏征税款的，应当自缴纳税款或者货物放行之日起 1 年内，向纳税义务人补征税款；②因纳税义务人违反规定造成少征或者漏征税款的，海关可以自缴纳税款或者货物放行之日起 3 年内追征税款，并按规定加收滞纳金；③海关发现海关监管货物因故改变用途需要补征税款的，应自纳税义务人应缴纳税款之日起 3 年内追征，并按规定加收滞纳金。

第二节　关税的征收与计算

一、出口关税的计算公式

国家征收出口关税的主要目的是限制、调控某些商品的出口，特别是防止一些重要自然资源和原材料的出口数量过大而损害本国利益。目前我国征收的出口关税都是从价税。应征出口关税税额的计算公式为：

出口关税税额 = 出口货物完税价格 × 出口关税税率

公式中，以离岸价格（FOB 价）成交的出口货物完税价格计算公式为：

出口货物完税价格 = FOB 价 ÷（1+ 出口关税税率）

以境外口岸到岸价格（CIF 价）成交的出口货物完税价格计算公式为：

出口货物完税价格 =（CIF 价 – 国际运输相关费用、保险费）÷（1+ 出口关税税率）

以货价加运费价格（CFR 价）成交的出口货物完税价格计算公式为：

出口货物完税价格 =（CFR 价 – 国际运输相关费用）÷（1+ 出口关税税率）

上述公式中的运费及保险费均指在我国境内输出地点装载后发生的相关费用。

二、出口货物完税价格的审定

海关审定的出口货物成交价格是指该项货物的买方为购买该货物向卖方实际支付或应当支付的价格。进出口货物的收发货人要举证证明申报价格的真实性和准确性，或举证证明交易价格没有受到与卖方之间的特殊关系的影响。若纳税人向海关申报的出口货物成交价格明显偏低或经查明成交双方具有特殊经济关系，海关则对申报价格不予承认并另行估价征税。

以下发生的费用应计入出口货物完税价格：

（1）出口货物应以海关审定的货物售给境外的离岸价格，扣除出口关税后，作为完税价格。

（2）如离岸价格内包括了向国外支付的佣金，对这部分佣金应先予以扣除后，再按规定扣除出口关税后计算完税价格。

（3）出口货物在离岸价格以外，买方另行支付的货物包装费，应计入完税价格。

以下发生的费用不能计入出口货物完税价格：

（1）离岸价格应以该项货物运离关境前的最后一个口岸的离岸价格为实际离岸价格。若该项货物从国内启运，则从国内口岸至最后出境口岸所支付的国内段运输费用应予以扣除。

（2）离岸价格需扣除出口关税。这是因为出口关税作为出口的成本，必然会被出口商或生产商作为出口价格的一部分，但在完税价格中不应包括出口关税。

（3）离岸价格不包括装船以后发生的费用，因此，出口货物成交价格如为境外口岸到岸价格或货价加运费价格时，应先扣除运费、保险费等越过船舷后的一切费用，包括佣金。

三、出口关税税额的计算步骤

需要特别注意的是：进出口货物的完税价格、进出口关税、进口环节代征税一律以人民币计征，均采用四舍五入法计算至“分”。

计算出口关税税额的步骤如下：

（1）按照归类原则确定税则归类，将应税货物归入恰当的税目税号。

（2）根据完税价格审定办法、规定，确定应税货物的完税价格。

（3）根据汇率使用原则，将外币折算成人民币。

（4）按照相应的计算公式正确计算应征税款。

【例 6-1】国内某企业于 2017 年 10 月向印度出口未精炼铜一批，合同采用 CIF 贸易术语成交。成交总价为 1 750 000 美元，海运运费为 12 500 美元，保险费用为 350 美元，已知适用的外汇折算价为 1 美元 =6.863 2 元人民币，计算出口关税。

【解】计算过程为：

（1）运用出口货物完税价格审定的方法，依题意，审定 FOB 美元价格为：

FOB 美元价格 =1 750 000−12 500−350=1 737 150（美元）

（2）按照归类总则相关规定，确定该货物归入税则号列 7402.0000。

（3）经查阅《税则》，该商品出口从价税率为 30%，出口暂定税率 15%，根据暂定税率优先于正常税率执行规定，应适用 15% 的出口暂定税率。

（4）根据税率适用规定，将外币价格折算为人民币价格，换算如下：

FOB 人民币价格 =1 737 150.00 × 6.863 2=11 922 407.88（元）

（5）按照公式计算应缴税款：

出口关税税额 =［FOB 价 ÷（1+ 出口关税税率）］× 出口关税税率

=［11 922 407.88 ÷（1+15%）］× 15%

=10 367 311.20 × 15%

=1 555 096.68（元）

第三节　进口关税、环节税及其他税费的征收和计算

一、进口关税

海关依照《中华人民共和国进出口税则》对进口货物和从境外采购进口的原产于中国境内的货物征收进口关税。

（一）进口货物完税价格的审定

进口货物的完税价格，以海关审定的以实际成交价格或正常成交价格为基础的到岸价格为完税价格。

正常成交价格是指成交双方不具有特殊经济关系，且该项货物在公开市场可以采购到的正常价格。到岸价格包括货价，再加上货物运抵中国关境内输入地起卸前的包装、运输、保险和其他劳务等费用。对于卖方付给我方的、佣金等，在合同内订明的，应从成交价格内扣除。在成交价格外，买方另行付给卖方的佣金，应计入成交价格。

进口货物的收货人应当向海关如实申报进口货物的成交价格，提供包括发票、合同、装箱清单及其他证明申报价格真实、完整的单证、书面资料和电子数据。海关认为必要时，进口货物的收货人还应当向海关补充申报反映买卖双方关系和成交活动的情况以及其他与成交价格有关的资料。

进口货物的成交价格经海关审查未能确定的，应以从该货物的同一出口国（地区）购进的相同或类似货物的正常成交价格为基础的到岸价格作为完税价格。

（二）进口货物完税价格的计算

进口货物以 CIF 价成交的，完税价格的计算公式为：

进口货物完税价格 =CIF 价

进口货物以境外口岸 FOB 价成交价的，完税价格的计算公式为：

进口货物完税价格 =（FOB 价 + 运费）/（1– 保险费费率）

以我国口岸 CFR 价成交的，进口货物完税价格的计算公式为：

进口货物完税价格 =CFR 价 /（1– 保险费费率）

【例 6-2】某进出口公司从日本以 FOB 形式购进一批圆钢，共计 500 吨，其申报的发票价格及有关费用如下：申报运费 60 元（人民币）/ 吨；保险费费率为 0.1%；总额为 190 000 美元；当时的外汇牌价为 100 美元 =640 元人民币。计算进口关税完税价格。

【解】进口关税的完税价格计算过程如下：

（1）以美元计价的 FOB 价折合成人民币价格 =190 000 × 6.4=1 216 000（元）

（2）经核查，实际支出运费 =500 × 60=30 000（元）

（3）保险费费率已知为 0.1% 时：

进口关税完税价格 =（FOB 价 + 运费）/（1– 保险费费率）

=（1 216 000+30 000）/（1–0.1%）=1 247 247.25（元）

（三）进口关税的计算

1. 从价税

从价关税的计算过程如下：

（1）按照归类原则确定进口货物的税则归类，将应税货物归入恰当的税目税号。

（2）根据原产地规则，确定应税货物所适用的税率。

（3）根据完税价格审定办法和规定，确定应税货物的完税价格。

（4）根据汇率使用原则，将外币折算成人民币。

（5）按照相应的计算公式计算应征税款。

从价关税的计算公式为：应征进口关税税额 = 完税价格 × 关税税率

【例 6-3】国内某公司于 2018 年 2 月购进德国产模压成型机 1 台，申报价格为 FOB 汉堡 1 100 000 欧元。已知运费 3 000 欧元，保险费率 0.25%，适用的外汇折算为 1 欧元 =7.261 8 元人民币，计算应征进口关税。

【解】计算过程如下：

（1）运用进口货物完税价格的审定方法，依题意，审定 CIF 价格为：

CIF 价格 =（1 100 000+3 000）÷（1–0.25%）=1 105 764.41（欧元）

（2）按照归类总则相关规定，确定其税则归类，归入税号 8474.8020。

（3）根据题意，货物原产国为德国。经查《税则》相关规定，应适用最惠国税率为 5%。

（4）根据汇率适用规定，最终确定完税价格如下：

完税价格 =1 105 764.41（欧元）× 7.261 8=8 029 839.99（元）

（5）按照公司计算应缴税款：

应征进口关税税额 = 完税价格 × 关税税率

=8 029 839.99 × 5%=401 492.00（元）

2. 从量税

从量关税的计算过程如下：

（1）按照归类原则确定应税货物税则归类，将应税货物归入恰当的税目税号。

（2）根据原产地规则，确定应税货物所适用的税率。

（3）确定应税货物的实际进口量。

（4）根据完税价格审定办法的规定，确定应税货物的完税价格。

（5）根据汇率使用原则，将外币折算成人民币。

（6）按照相应的公式计算应征税款。

从量关税的计算公式为：

进口关税税额 = 商品进口数量 × 单位税额

【例 6-4】国内某公司于 2017 年 9 月进口日本彩色摄影用胶片（宽度不超过 16 mm）61 820 m^2，成交价格为 CIF 境内某口岸 602 日元 /m^2。已知适用的外汇折算价为 1 日元 =0.058 403 元人民币，计算应征进口关税。

【解】计算过程如下：

（1）按照归类总则相关规定，确定彩色胶片归入税则号列为 3702.5200。

（2）经查《税则》相关规定，应适用最惠国税率，其税率为 95 元 /m^2。

（3）根据相关单证，确定其实际进口量为 61 820 m^2。

（4）按照公式计算应征关税税款为：

进口关税税额 = 商品进口数量 × 单位税额

=61 820 × 95=5 872 900（元）

3. 复合关税

复合关税的计算过程如下：

（1）按照归类原则确定进口货物的税则归类，将应税货物归入恰当的税目税号。

（2）根据原产地规则，确定应税货物所适用的税率。

（3）确定进口货物的实际进口数量。

（4）根据完税价格审定办法规定，确定应税货物的完税价格。

（5）根据汇率使用原则，将外币折算成人民币。

（6）按照相应的计算公式计算应征税款。

复合关税计算公式为：

复合进口关税税额 = 进口货物数量 × 单位税额 + 完税价格 × 从价关税税率

【例 6-5】国内某公司于 2017 年 6 月进口日本特种用途广播级电视摄像机 8 台，成交价格为 CIF 境内某口岸 5 200 美元 / 台。已知适用的外汇折算价为 1 美元 =6.863 2 元人民币，计算应征进口关税。

【解】计算过程如下：

（1）运用进口货物完税价格审定的方法，依题意，审定 CIF 价格为：

CIF 价格 =8 × 5 200=41 600（美元）

（2）按照归类总则相关规定，确定该批广播级电视摄像机归入税则号列 8525.8012。

（3）经查《税则》相关规定，该广播级电视摄像机对应有信息技术产品最惠国税率（29.2%）及复合税率（完税价格不高于 5 000 美元 / 台，35%；完税价格高于 5 000 美元 / 台，3%，另加 9 728 元 / 台），两者从低计征。

（4）根据汇率适用规定，确定完税价格如下：

完税价格 =41 600 美元 ×6.863 2=285 509.12（元）

（5）按照计算公式分别计算进口关税税款：

8 台从价进口关税税额 = 完税价格 × 关税税率

=285 509.12×29.2%=83 368.66（元）

8 台复合进口关税税额 = 进口货物数量 × 单位税额 + 完税价格 × 从价关税税率

=8×9 728+285 509.12×3%

=77 824+8 565.27

=86 389.27（元）

两者经过比较，从价关税率更低，应适用信息技术产品最惠国税率计征关税。

二、进口环节税

进口货物、物品在办理海关手续放行后，进入国内流通领域，与国内货物同等对待，所以应缴纳应征的国内税。进口货物、物品的国内税依法由海关征收。目前，进口环节海关代征税主要有增值税、消费税两种。

（一）增值税

自 2019 年 4 月 1 日起，进口货物增值税由 16% 和 10% 分别降至 13% 和 9%。

进口环节增值税的计算公式为：

应纳增值税税额 = 组成计税价格 × 增值税税率

组成计税价格 = 关税完税价格 + 关税税额 + 消费税税额

计算过程如下：

（1）按照归类原则确定进口货物的税则归类，将应税货物归入适当的税目税号。

（2）根据有关规定，确定应税货物所适用的增值税税率。

（3）根据审定完税价格的有关规定，确定应税货物的 CIF 价。

（4）根据汇率适用规定，将外币折算成人民币（完税价格）。

（5）按照相应的计算公式计算关税完税价格。

（6）按照相应的计算公式计算消费税税额。

（7）按照相应的计算公式计算增值税税额。

【例 6-6】国内某公司于 2019 年 4 月进口德国产排量为 6 升的汽油动力四轮驱动越野车 3 台，经海关审核其成交价格总值为 CIF 境内某口岸 460 000 欧元。适用汇率为 1 欧元 =7.5 元人民币，计算应征增值税税额。

【解】计算过程如下：

（1）运用进口货物完税价格审定的方法，其 CIF 价格为 460 000 欧元。

（2）按照归类总则相关规定，确定该货物归入税则号列 8703.2422.10。

（3）根据题意，货物原产国为德国，经查询《税则》，排除普通税率后应适用 15% 最惠国税率，对应 6.0 升排气量的消费税税率为 40%，增值税税率为 13%。

（4）根据汇率适用，其完税价格 =460 000 × 7.5=3 450 000（元）

（5）应征关税税额 = 关税完税价格 × 关税税率

=3 450 000 × 15%=517 500（元）

（6）应征消费税税额 =［（关税完税价格 + 关税税额）÷（1– 消费税比例税率）］× 消费税税率

=［（3 450 000+517 500）÷（1–40%）］× 40%

=6 612 500 × 40%=2 645 000（元）

（7）应征增值税税额 =（关税完税价格 + 关税税额 + 消费税税额）× 增值税税率

=（3 450 000+517 500+2 645 000）× 13%

=6 612 500 × 13%=859 625（元）

（二）消费税

消费税是以特定消费品为课税对象而征收的一种流转税。我国的消费税是在对商品普遍征收增值税的基础上，对特定应税消费品再征收的税。进口的应税消费品的消费税由海关征收。进口环节消费税除国务院另有规定外，一律不得给予减税、免税。进口的应税消费品，由纳税人向报关地海关申报纳税。进口环节消费税的缴纳期限与关税相同。

根据《消费税暂行条例》的规定，我国纳入消费税征收范围的仅限于少数特殊消费品，具体包括：过度消费会对人的身体健康、社会秩序、生态环境造成危害的烟、酒、酒精、鞭炮、焰火；属于奢侈品和非生活必需品的贵重首饰及珠宝玉石、化妆品；高能耗的汽车轮胎、摩托车、小汽车等；不可再生的汽油、柴油等。

我国消费税的税额可按从价、从量、复合征收的方法进行计算。

（1）从价消费税的计算公式为：

消费税应纳税额 = 消费税组成计税价格 × 消费税比例税率

消费税组成计税价格 =（关税完税价格 + 关税税额）÷（1– 消费税比例税率）

注意：从价消费税，采用价内税的计税方法，即计税价格的组成中包括了消费税税额。

（2）从量消费税计算公式为：

消费税应纳税额 = 应征消费税商品进口数量 × 消费税定额税率

（3）从价、从量复合消费税税额的计算公式为：

应纳税额 = 消费税组成计税价格 × 消费税比例税率 + 应征消费税商品进口数量 × 消费税定额税率

组成计税价格 =（关税完税价格 + 关税税额 + 应征消费税商品进口数量 × 消费税定额税率）÷（1– 消费税税率）

【例 6-7】国内某公司于 2019 年 2 月进口俄罗斯产伏特加酒 600 瓶（单瓶酒容量为 1 000 毫升），成交价格为 CIF 国内某口岸 18 美元 / 瓶。假设适用的外汇折算价为 1 美元 =6.863 2 元人民币。计算应征的进口环节消费税税款。

【解】计算过程如下：

（1）运用进口货物完税价格审定方法：

审定 CIF 总价 =18（美元 / 瓶）×600（瓶）

=10 800（美元）

（2）按照归类总则相关规定，确定该货物归入税则号列 2208.6000。

（3）根据题意，货物原产国为俄罗斯，经查《税则》，该货物税号除了正常征收从价关税及进口环节海关代征增值税外，还应征收消费税且采用复合计税方式征收。根据规定，排除普通税率后应适用 10% 的最惠国税率，并征收复合消费税（20% 从价消费税率、0.912 元 / 升从量消费税）。

（4）根据汇率适用规定，计算完税价格 =10 800（美元）×6.863 2=74 122.56（元）

（5）应征关税税额 = 完税价额 × 关税税率 =74 122.56×10%=7 412.26（元）

（6）复合方式下计算消费税税额为：

应纳税额 = 消费税组成计税价格 × 消费税比例税率 + 应征消费税商品进口数量 × 消费税定额税率

其中，应征消费税进口数量 × 消费税完税价格 =600×1（升）×0.912（元 / 升）

=547.20（元）

组成计税价格 =（关税完税价格 + 关税税额 + 应征消费税商品进口数量 × 消费税定额税率）÷（1– 消费税税率）

=（74 122.56+7 412.26+547.20）÷（1–20%）=102 602.52（元）

由此，消费税应纳税额 = 消费税组成计税价格 × 消费税比例税率 + 应征消费税商品进口数量 × 消费税定额税率

=102 602.52×20%+547.20=21 067.70（元）

（三）进口关税及代征税的合并计算

前面对进口关税及进口环节代征税税款的核算采取分步计算的方式，实际上在日常工作中，对进口应税货物最常见的税款核算方式是合并计算，即通过税率常数公式（常数在小数点后保留 4 位尾数，第 5 位四舍五入）计算出综合税率的形式一步计算出应缴的关税及进口环节代征税税额总和。

需要注意，此处的关税仅指关税正税税额，不包括附加关税税额，如遇有征收附加关税的情况，仍需分步计算各税种税款，最终累加得出全部应缴税款。

其中，对不征收消费税商品，在确定好该商品的关税税率和增值税税率后，采用以下常数计算公式：

常数 = 进口关税税率 + 增值税税率 + 进口关税税率 × 增值税税率

之后用进口货物完税价格乘以该常数即为应缴进口全部税额。

对于应征消费税商品，在确定好该商品的关税税率和增值税税率后，采用以下常数计算公式：

常数 =（进口关税税率 + 消费税税率 + 增值税税率 + 进口关税税率 × 增值税税率）÷（1– 消费税税率）

之后用进口货物完税价格乘以该常数即为应缴进口全部税额。

同理，在税款核算时也可以通过查找《中华人民共和国进出口税则对照使用手册》常数附表确定综合税率。在通过常数表确定时，选取关税及代征税税率交叉栏内的常数，用进口货物完税价格乘以该常数即为应缴进口全部税额。

三、滞报金

进口货物未能按海关规定期限向海关申报产生滞报的，由海关按照规定征收滞报金。进口货物收货人要求在缴清滞报金前先放行货物的，海关可以在其提供与应缴纳滞报金等额的保证金后放行。

进口货物滞报金按日计征，自运输工具申报入境之日起 14 日内向海关申报。

实操作中，自 14 日申报期限届满次日起计算滞报期间，即以自运输工具申报入境之日第 15 日为起征日，以海关接受申报之日为截止日，起征日截止日均计入滞报期间，滞报金的起征日如遇双休日或者法定节假日的，应当顺延到双休日或者法定节假日之后的第一个工作日。

进口货物因收货人在运输工具申报入境之日起超过 3 个月未向海关申报，被海关依法提取作变卖处理后，收货人申请发还余款的，滞报金的征收，以自运输工具申报入境之日起第 15 日为起征日，以 3 个月期限的最后 1 日为截止日。滞报金的起征点为人民币 50 元。滞报金的计算公式为：

滞报金金额 = 进口货物完税价格 ×0.05%× 滞报天数

【例 6-8】国内某公司从法国购进瓶装葡萄酒一批，货物于 2018 年 2 月 8 日（星期四）进境。该公司于 2018 年 2 月 28 日向海关发送数据申报，同日，海关审核通过接受申报。已知该批货物的成交价格为 CIF 国内某口岸 852 636 欧元，其适用外汇为 1 欧元 =8.340 3 元人民币。计算应征滞报金。

【解】计算过程如下：

（1）审定完税价格 =852 636 欧元

（2）根据滞报金管理规定确定滞报天数。货物进境日期 2 月 8 日（星期四），法定申报日期为 14 天，即 2 月 22 日（自 2 月 9 日起算，含 2 月 9 日，连加 14 天）前申报均不滞报。自 2 月 23 日（星期五）开始计算滞报期间，2 月 28 日海关接受申报，起、止均计算为滞报期间，共滞报 6 天。

（3）根据汇率适用，完税价格 =852 636×8.340 3=7 111 240.03（元）

（4）应征滞报金 = 进口货物完税价格 × 滞报天数 ×0.05%

=7 111 240.03×6×0.05%=21 333（元）

四、滞纳金

滞纳金是指应缴纳关税的单位或个人因在规定期限内未向海关缴纳应缴税款而被海关依法课以应缴纳税额一定比例的货币。进口关税、进口环节增值税、消费税、船舶吨税等的纳税人或其代理人，应当自海关填发“税收缴款书”之日起 15 日内缴纳税款，逾期缴纳的，海关依法在原税款的基础上加收每日 0.05% 的滞纳金。

海关对滞纳金的征收是自缴纳期限届满次日起，至进出口货物的纳税（费）义务人缴纳税费之日止，其中的法定节假日不予扣除。缴纳期限届满日遇双休日或者法定节假日的，应当顺延到双休日或者法定节假日之后的第一个工作。

滞纳金按每票货物的关税、进口环节增值税、消费税单独计算，起征点为人民币 50 元，不足 50 元的免予征收。滞纳金的计算公式为：

关税滞纳金 = 滞纳关税税额 ×0.05%× 滞纳天数

增值税滞纳金金额 = 滞纳代征税税额 ×0.05%× 滞纳天数

消费税滞纳金金额 = 滞纳监管手续费金额 ×0.05%× 滞纳天数

【例 6-9】国内某公司从韩国购进软玉毛石一批，已知该批货物应征关税为 132 058.32 元人民币，应征进口环节消费税为 5 037 780.4 元人民币，进口环节增值税为 856 422.66 元人民币。海关于 2019 年 1 月 4 日（星期五）填发海关专用缴款书，该公司于 2019 年 1 月 25 日缴纳税款。计算应征滞纳金。

【解】计算过程如下：

（1）确定滞纳关税税额和代征税税额。关税为 132 058.32 元人民币，进口环节消费税为 5 037 780.4 元人民币，进口环节增值税为 856 422.66 元人民币。

（2）确定滞纳期间。海关于 2019 年 1 月 4 日（星期五）填发海关专用缴款书，正常情况下税款缴纳期限截止日为 1 月 19 日（星期六），按照规定，顺延至其后第一个工作日，即 1 月 21 日为最后缴款期限，自 1 月 22 日起计算滞纳时间，该公司于 1 月 25 日缴纳税款，共滞纳 4 天。

（3）按照公式分别计算应缴纳的关税、进口环节消费税、增值税的滞纳金。

关税滞纳金 = 滞纳关税税额 × 滞纳天数 ×0.05%=132 058.32×4×0.05%=264.12（元）

进口环节消费税滞纳金 = 滞纳消费税税额 × 滞纳天数 ×0.05%

=503 778.04×4×0.05%=1 007.56（元）

进口环节增值税滞纳金 = 滞纳增值税税额 × 滞纳天数 ×0.05%

=856 422.66×4×0.05%=1 712.85（元）

五、担保金

根据《海关事务担保条例》的规定，进出口通关环节，进出口单位为申请提前放行货物及申请办理特定海关业务时可办理担保手续。

下列情形海关将收取担保金：海关尚未确定商品归类、完税价格、原产地、进口货物数量等征税要件的；正在海关办理减免税审批手续的；申请延期缴纳税款的；暂时进出境的；进境修理和出境加工的；因货物残损、品质不良或者规格不符，纳税义务人申报进口或者出口无代价抵偿货物时，原进口货物尚未退运出境或者尚未放弃交由海关处理的，或者原出口货物尚未退运入境的。

上述海关事务担保可采取交付担保金或保函的形式，其担保金金额不得超过可能承担的最高税款总额。税款担保不超过 6 个月，特殊情况下经直属海关关长批准或授权的隶属海关关长批准可酌情延长。

综合练习

一、单选题

1. （　　）是以商品的重量、容量、长度、面积、体积、个数等数量单位为依据，按规定的单位数额为税率来计算税款。

A. 从量税　　B. 从价税　　C. 复合税　　D. 滑准税

2. （　　）是以货物的价格或价值作为征收标准，按一定的比例（税率）征收税款。

A. 从量税　　B. 从价税　　C. 复合税　　D. 滑准税

3. 在税则的同一税目中规定了从价和从量两种税率，征税时同时使用两种税率计征税款，称为（　　）。

A. 从量税　　B. 从价税　　C. 复合税　　D. 滑准税

4. （　　）指对直接或间接接受出口津贴或补贴的外国商品以低于正常价格进口时所征收的一种特别税。

A. 反倾销税　　B. 反补贴税　　C. 保障措施关税　　D. 报复性关税

5. （　　）是指由于进口数量激增给生产同类产品的国内产业造成严重损害或威胁时，进口国采取的数量限制和提高关税税率的措施。

A. 反倾销税　　B. 反补贴税　　C. 保障措施关税　　D. 报复性关税

6. 我国关税的客体即征税对象是（　　）。

A. 进出口货物的货主

B. 办理通关手续的海关

C. 准许进出境的货物和物品

D. 各类进出境人员、运输工具、货物和物品

7. （　　）是指海关根据国家规定，对特定地区、特定用途和特定企业给予的减免关税的优惠，也称政策性减免税。

A. 特定减免税　　B. 法定减免税　　C. 协定减免税　　D. 意定减免税

8. 目前我国征收的出口关税都是（　　）。

A. 从价税　　B. 从量税　　C. 复合税　　D. 滑准税

9. 进口货物滞报金按日计征，自运输工具申报入境之日起（　　）日内向海关申报。

A. 14　　B. 7　　C. 21　　D. 5

10. 在我国不属于海关征收的税种是（　　）。

A. 营业税　　B. 关税

C. 进口环节增值税、消费税　　D. 船舶吨税

11. 对关税税额在人民币（　　）元以下的一票货物免征关税。

A. 50　　B. 80　　C. 100　　D. 30

12. 某单位货物进境日期为某年2月8日（星期四），海关2月28日接受该单位的申报。该单位的滞报期是（　　）天。

A. 5　　B. 6　　C. 7　　D. 8

13. 出口货物的完税价格由海关以该货物的成交价格为基础审查确定，如果成交价格包含有出口关税，则出口货物的完税价格为（　　）。

A. FOB 价　　B. CIF 价

C. FOB 价 - 出口关税　　D. CIF 价 - 出口关税

二、多选题

1. 进口关税正税一般有哪几种计征方法？（　　）

A. 从量税　　B. 从价税　　C. 复合税　　D. 滑准税

2. 进口附加税包括（　　）。

A. 反倾销税　　B. 反补贴税　　C. 保障措施关税　　D. 报复性关税

3. 进口附加税包括（　　）。

A. 反倾销税　　B. 反补贴税　　C. 保障措施关税　　D. 报复性关税

4. 企业自报自缴模式下，可以享受以下哪些红利？（　　）

A. 可以选择在任意地点进行报关，消除了申报关区的限制

B. 海关执法更统一，全国通关的政策和规定执行标准更加一致

C. 简化通关环节手续，海关将重点放在后续审查和处理上

D. 货物在口岸的滞留时间缩短，通关效率大大提高

5. 下列哪些属于法定减免税？（　　）

A. 对关税税额在人民币50元以下的一票货物免征关税

B. 无商业价值的广告品和货样

C. 进出境运输工具装载的途中必需的燃料、物料和饮食用品

D. 外国政府、国际组织无偿赠送的物资

6. 下列哪些属于特定减免税的范围？（　　）

A. 外商投资项目投资额度内进口自用设备

B. 科教用品、科技开发用品

C. 残疾人专用品

D. 救灾捐赠物资

7. 下列（　　）情况可以办理退税。

A. 已缴纳出口关税的货物，因故未装运出口，已退关的

B. 因海关误征，致使纳税义务人多缴的税款

C. 已缴纳进口环节代征税款的进口货物，因品质或者规格原因原状退货复运出境的

D. 已缴纳出口关税的出口货物，因品质或者规格原因原状退货复运进境的，并重新缴纳因出口而退还的国内环节有关税收的

8. 以下发生的费用应计入出口货物完税价格：（　　）。

A. 出口货物在离岸价格以外，买方另行支付的货物包装费，应计入完税价格

B. 出口货物应以海关审定的货物售给境外的离岸价格，扣除出口关税后，作为完税价格

C. 离岸价格应以该项货物运离关境前的最后一个口岸的离岸价格为实际离岸价格

D. 离岸价格需扣除出口关税，不包括装船以后发生的费用

9. 下列情形海关将收取担保金（　　）。

A. 进境加工和出境修理的　　B. 正在海关办理减免税审批手续的

C. 申请延期缴纳税款的　　D. 暂时进出境的

10. 下面是有关运用我国《进出口税则》规定征收关税的表述，其中表述正确的是（　　）。

A. 执行国家有关税率减征政策时，在暂定最惠国关税税率基础上再进行减免

B. 对于原产于中国境内的进口货物，适用最惠国关税税率

C. 对于原产地不明的进口货物，按照普通税率计征

D. 对于同时适用多种税率的进口货物，在选择适用的税率时，基本的原则是“从高计征”

11. 关于进出口货物税费的计算，下列表述正确的是（　　）。

A. 海关按照该货物适用税率之日所适用的计征汇率折合为人民币计算完税价格

B. 关税税额采用四舍五入法计算至人民币“分”

C. 完税价格采用四舍五入法计算至人民币“元”

D. 滞纳金的起征点为人民币 50 元

12. （　　）等关税属于关税的正税。

A. 进口关税　　B. 反倾销税　　C. 出口关税　　D. 特别关税

三、名词解释

从价税　　从量税　　复合税　　滑准税　　进口附加税

反倾销税　　反补贴税　　保障措施关税　　报复性关税

海关审定制　　滞纳金　　最惠国关税税率　　退税

四、判断题

1. 进口附加税包括反倾销税、反补贴税、保障措施关税、报复性关税等特别关税，一般具有永久性的特点。（　　）

2. 滑准税当商品价格上涨时采用较低税率，当商品价格下跌时则采用较高税率。（　　）

3. 报复性，关税是指为报复他国对本国出口货物的关税歧视，进而对来自相关国家的进口货物征收的一种进口附加税。（　　）

4. 目前，我国主要对资源性、高耗能类商品征收进口关税。（　　）

5. 关税的征管方式有海关审定制和企业自报自缴制两种。（　　）

6. 纳税人应当自海关填发“税收缴款书”之日起 15 日内缴纳税款，逾期未缴纳税款的，按日征收 0.5% 的滞纳金。（　　）

7. 目前，我国进出口关税的缴纳凭证主要是“海关专用缴款书”。（　　）

8. 按照普通税率征税的进口货物，不适用进口货物暂定税率。（　　）

9. 对于出口货物，在计算出口关税时，出口暂定税率的执行优先于出口税率。（　　）

10. 因海关误征，致使纳税义务人多缴的税款，可以退补。（　　）

11. 出口货物在离岸价格以外，买方另行支付的货物包装费，不计入完税价格。（　　）

12. 进口货物的完税价格，以海关审定的以实际成交价格或正常成交价格为基础的到岸价格为完税价格。（　　）

五、简答题

1. 对于进口货物，如何审定其完税价格？

2. 简述关税的征管方式。

3. 简述关税税率的分类。

4. 简述法定减免关税范围。

5. 简述哪些情况可以办理退税。

六、计算题

1. 国内某企业于2021年1月向美国出口机械设备一批，合同采用CIF贸易术语成交。成交总价为2 000 000美元，海运运费为22 500美元，保险费用为600美元，已知适用的外汇折算价为1美元=6.863 2元人民币，计算出口关税。

2. 国内某公司于2021年3月购进德国产模压成型机2台，申报价格为FOB汉堡2 200 000欧元。已知运费6 000欧元，保险费率0.25%，适用的外汇折算为1欧元=7.261 8元人民币，计算应征进口关税。

3. 国内某公司于2021年9月进口日本彩色摄影用胶片（宽度不超过16 mm）80 000 mm^2，成交价格为CIF境内某口岸800日元/m^2。已知适用的外汇折算价为1日元=0.058 403元人民币，计算应征进口关税。

4. 国内某公司于2021年10月进口日本特种用途广播级电视摄像机10台，成交价格为CIF境内某口岸6 000美元/台。已知适用的外汇折算价为1美元=6.863 2元人民币，计算应征进口关税。

5. 国内某公司于2021年2月进口俄罗斯产伏特加酒600瓶（单瓶酒容量为1 000毫升），成交价格为CIF国内某口岸30美元/瓶。假设适用的外汇折算价为1美元=6.863 2元人民币。计算应征的进口环节消费税税款。

6. 国内某公司于2021年4月进口德国产排量为8升的汽油动力四轮驱动越野车8台，经海关审核其成交价格总值为CIF境内某口岸3 200 000欧元。适用汇率为1欧元=7.5元人民币，计算应征增值税税额。

7. 国内某公司从法国购进瓶装葡萄酒一批，货物于2021年3月8日（星期一）进境。该公司于2021年3月30日向海关发送数据申报，同日，海关审核通过接受申报。已知该批货物的成交价格为CIF国内某口岸900 000欧元，其适用外汇为1欧元=8.340 3元人民币。计算应征滞报金。

8. 国内某公司从韩国购进玉石一批，已知该批货物应征关税为600 000元人民币，应征进口环节消费税为 560 000 元人民币，进口环节增值税为 850 000 元人民币。海关于 2021 年 1 月 4 日（星期五）填发海关专用缴款书，该公司于 2021 年 1 月 30 日缴纳税款。计算应征滞纳金。

七、案例分析题

1. 假设甲、乙两国是世界贸易组织的成员，丙国不是世界贸易组织的成员。丙国生产的服装对乙国出口，乙国再将服装出口到甲国，甲国对此笔贸易征收了 13% 的关税，若甲国在世界贸易组织中的承诺关税是 10%，那么它是否违反了最惠国待遇原则？为什么？

2. 当一个企业需要进口机械设备用于生产某种产品时，除了设备本身的成本外，还要考虑进口报关时是否要缴纳进口关税。如果需要缴纳进口关税，应该以何种价格为基准计算进口关税？如果产品生产出来后又希望打入国际市场，在核算产品价格时，是否要缴纳出口关税？又应该以何种价格为基准计算出口关税？

第七章 进出口货物报关单填制

学习目标

- 熟练掌握进出口货物报关单的基本格式、填报内容和填报要求。
- 熟练掌握检验检疫主动触发申报栏目的填报。
- 熟练掌握进出口货物报关单草单表头和表体栏目的填报。
- 熟记一些主要的报关单填报代码。

引导案例

眉山丹棱查获全省首例篡改海关报关单造假案

2016年4月27日，四川在线眉山频道记者从眉山市丹棱县工商质监局获悉，县工商质监局查获了一起全省首例涉嫌通过篡改海关报关单内容来伪造产地、冒用他人厂名的两款“假进口”肥料产品，总价值15万余元。

思考与讨论：

1. 篡改、伪造报关单的“假进口”会对社会造成什么影响？
2. 海关对进出口货物报关单填报的基本要求是什么？
3. 报关人员在填报进出口货物报关单时需注意哪些要求？

第一节　进出口货物报关单概述

进出境货物收发货人或其代理人向海关申报进出口货物时必须按海关要求填写并递交进出口货物报关单。进出口货物报关单是进出境货物的收发货人或其代理人向海关报告其进出口货物情况证明，是海关审查、放行货物的必要法律文书，是对进出口货物进行全面监控处理的主要依据，是海关统计的原始资料。申报人在填报进出口货物报关单时，必须做到真实、准确、齐全、清楚，并对所填报的进出口货物报关单的真实性和准确性承担法律责任。

一、进出口货物报关单的分类

（一）按进出口货物的流向分类

按进出口货物的流向，可以分为进口货物报关单和出口货物报关单。

《海关法》规定：“办理进出口货物的海关申报程序，应当采用纸质报关单和电子数据报关单的形式。”这两种报关都具有相同的法律效力。目前，进出口货物收发货人或其代理人大多采用电子数据报关单，纸质报关单的使用已经很少了，可以在需要时向海关申请。进出口货物报关单的格式见表 7-1 和表 7-2 所示。

表 7-1 中华人民共和国进口货物报关单

预录入编号： 海关编号：

<table>
<tr><td>境内收货人</td><td colspan="2">进境关别</td><td colspan="2">进口日期</td><td colspan="2">申报日期</td><td>备案号</td></tr>
<tr><td>境外发货人</td><td colspan="2">运输方式</td><td colspan="2">运输工具名称及航次号</td><td colspan="2">提运单号</td><td>货物存放地点</td></tr>
<tr><td>消费使用单位</td><td colspan="2">监管方式</td><td colspan="2">征免性质</td><td colspan="2">许可证号</td><td>启运港</td></tr>
<tr><td>合同协议号</td><td colspan="2">贸易国（地区）</td><td colspan="2">启运国（地区）</td><td colspan="2">经停港</td><td>入境口岸</td></tr>
<tr><td>包装种类</td><td>件数</td><td>毛重</td><td>净重（千克）</td><td>成交方式</td><td>运费</td><td>保费</td><td>杂费</td></tr>
<tr><td colspan="8">随附单证</td></tr>
<tr><td colspan="8">标记唛码及备注</td></tr>
<tr><td colspan="8">项号 商品编号 商品名称及规格型号 数量及单位 单价 / 总价 / 币制 原产国 最终目的国 境内目的地 征免</td></tr>
<tr><td colspan="8">特殊关系确认： 价格影响确认： 支付特许权使用费确认： 自报自缴：</td></tr>
<tr><td colspan="7">申报人员 申报人员证号 电话 兹申明对以上内容承担如实申报、依法承担纳税责任
申报单位 申报单位（签章）</td><td>海关批注及签章</td></tr>
</table>

表 7-2　中华人民共和国出口货物报关单

预录入编号：　　　　　　　　　　　　　　　　　海关编号：

<table>
<tr><td>境内发货人</td><td colspan="2">出境关别</td><td colspan="2">出口日期</td><td colspan="2">申报日期</td><td>备案号</td></tr>
<tr><td>境外收货人</td><td colspan="2">运输方式</td><td colspan="2">运输工具名称及航次号</td><td colspan="3">提运单号</td></tr>
<tr><td>生产销售单位</td><td colspan="2">监管方式</td><td colspan="2">征免性质</td><td colspan="3">许可证号</td></tr>
<tr><td>合同协议号</td><td colspan="2">贸易国(地区)</td><td colspan="2">运抵国(地区)</td><td colspan="2">指运港</td><td>离境口岸</td></tr>
<tr><td>包装种类</td><td>件数</td><td>毛重</td><td>净重(千克)</td><td>成交方式</td><td>运费</td><td>保费</td><td>杂费</td></tr>
<tr><td colspan="8">随附单证</td></tr>
<tr><td colspan="8">标记唛码及备注</td></tr>
<tr><td colspan="8">项号　商品编号　商品名称及规格型号　数量及单位　单价 / 总价 / 币制　原产国　最终目的国　境内货源地　征免</td></tr>
<tr><td colspan="8">特殊关系确认：　　　价格影响确认：　　　支付特许权使用费确认：　　　自报自缴：</td></tr>
<tr><td colspan="7">申报人员　申报人员证号　电话　兹申明对以上内容承担如实申报、依法承担纳税责任
申报单位　　　　　　　　申报单位(签章)</td><td>海关批注及签章</td></tr>
</table>

（二）按表现形式分类

按表现形式，可以分为电子报关单和纸质报关单

1. 电子报关单

为全面推进关检业务融合改革，从 2018 年 8 月 1 日起，海关进出口货物实行整合申报，报关单、报检单合并为一张报关单。此次整合申报主要是对海关原报关单申报项目和检验检疫原报检单申报项目进行梳理，报关报检面向企业端整合形成“四个一”，即“一张报关单、一套随附单证、一组参数代码一个申报系统”。此次整合申报将改变企业原有报关流程和作业模式，实现报关报检“一张大表”申报。

在实际操作中，一般通过计算机系统先申报电子数据报关单，再根据需要打印纸质报关单提交给海关。

电子报关单共有 100 余个录入项目，包括基本申报项目、表头折叠项目和表体折叠项目（见图 7-1）。其中，基本申报项目包括表头项目（见图 7-2）、表体项目（见图 7-3）、集装箱表体项目（见图 7-4）、随附单据项目（见图 7-5）。表头折叠项目和表体折叠项目为检务申报项目。

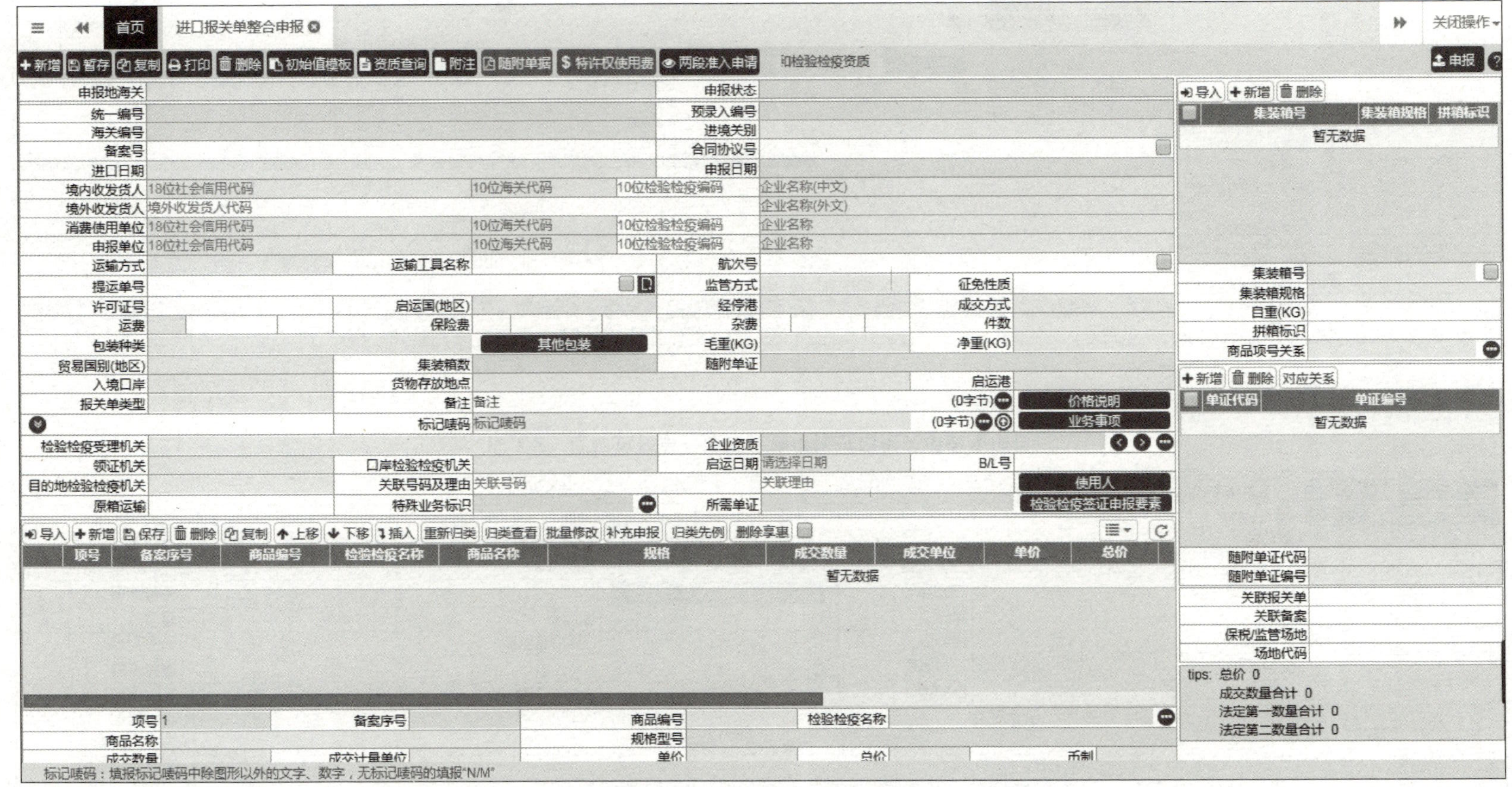

图 7-1　国际贸易单一窗口货物申报进口报关单申报页面结构

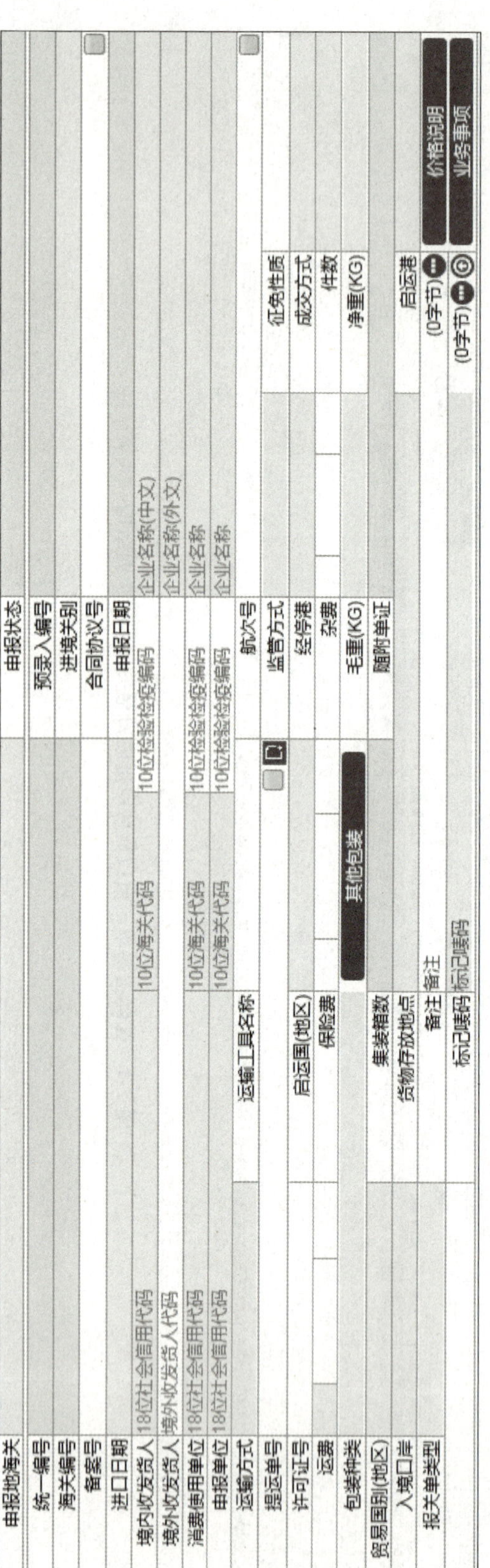

图 7-2　国际贸易单一窗口货物申报进口报关单表头项目

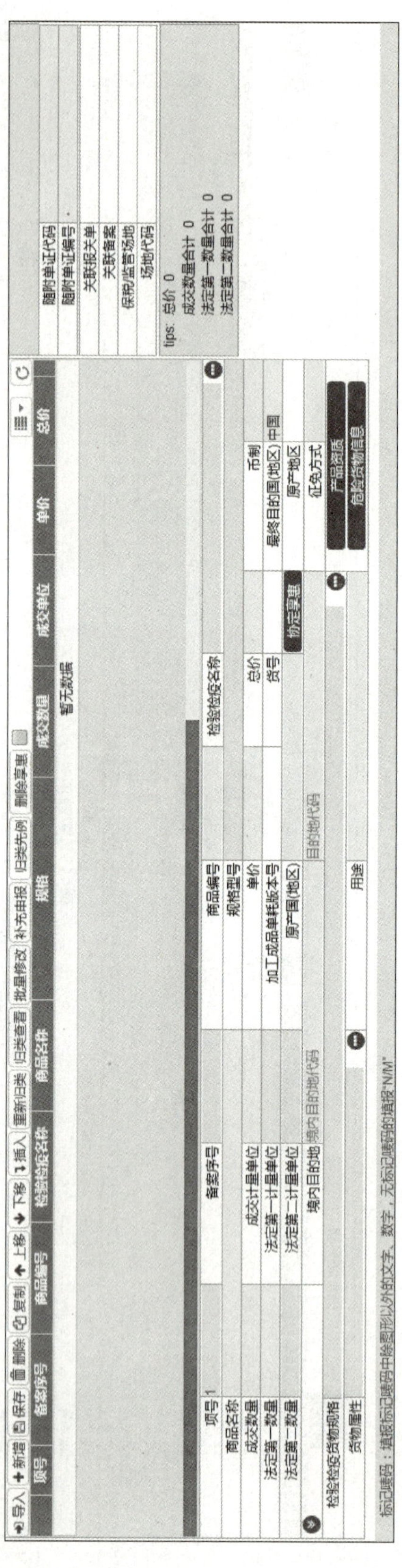

图 7-3　国际贸易单一窗口货物申报进口报关单表体项目

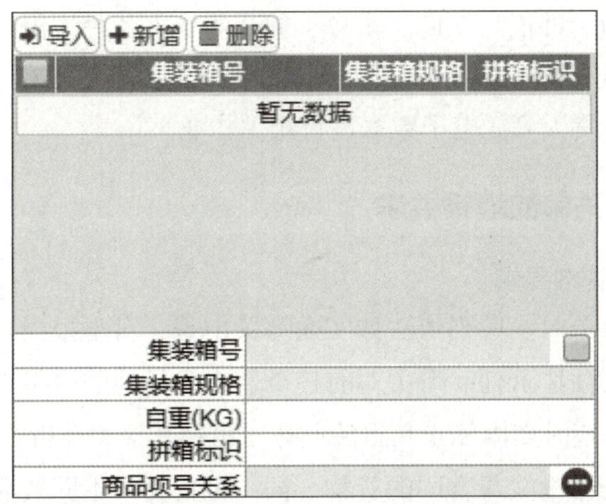

图 7-4　国际贸易单一窗口货物申报进口报关单集装箱表体项目

随附单据编辑

随附单据文件类别	代理报关委托协议（电子）
随附单据编号	自动生成代理报关委托协议
选择随附单据文件	添加文件（提示：只可上传后缀名为pdf的文件，单个文件大小不能超过4M，且每页不超过400K）
标记唛码附件	标记唛码上传

类别	文件名称	单据编号	操作
暂无数据			

图 7-5　国际贸易单一窗口货物申报进口报关单随附单据项目

其中，表头折叠项目主要包括：检验检疫受理机关；企业资质类别；企业资质编号；领证机关，口岸检验检疫机关；启运日期；B/L 号；目的地检验检疫机关；关联号码及理由；使用单位联系人；使用单位联系电话；原箱运输；特殊业务标识；所需单证；检验检疫签证申报要素。

表体折叠项目主要包括：检验检疫货物规格；产品资质（产品许可 / 审批 / 备案）；货物属性；用途；危险货物信息。

以上各栏目数据的填报可按照海关总署发布的《进出口货物申报项目录人指南》填报。通关参数可以登录海关总署网站查询。目前的查询路径为：海关总署门户网站首页互联网 + 海关我要查通关参数。

2. 纸质报关单

纸质报关单并不是电子报关单所有数据的打印版，纸质报关单的内容主要是根据海关监管、征税及统计等工作需要而设置的，纸质报关单的主要内容见表 7-1 和表 7-2。

（三）按使用性质分类

按使用性质，可以分为进料加工进（出）口货物报关单、来料加工及补偿贸易进（出）口货物报关单和一般贸易及其他贸易进（出）口货物报关单。

目前，进出口货物报关单通过中国电子口岸向海关申报，实现了进出口货物报关单在各行政管理部门之间的数据联网核查，进出口货物收发货人或其代理人使用电子口岸平台，在网上直接向海关、国检、外贸、外汇、工商、税务、银行等申办各种进出口手续。因此，进出口货物报关单具有“海关作业、加工贸易核销、进口货物付汇、出口退税、海关留存、企业留存”等用途。进出口货物收发货人可凭电子数据进行相关作业。

二、进出口货物报关单的填报要求

（一）报关单填报的基本要求

报关人员在填制报关单时，应当依法如实向海关申报，对申报内容的真实性、准确性、完整性和规范性承担相应的法律责任。海关对有违章、走私行为的申报人除依法处理外，还将根据违法行为的轻重，在一定时期内停止其报关业务、吊销其报关资格。

（1）分单填报。不同的批文或合同的货物、同一批货物中不同贸易方式的货物、不同备案号的货物、不同提运单的货物、不同的运输方式或相同的运输方式但不同航次的货物，均应该分单填报。另需要注意：一份原产地证书只能对应一份报关单；同一份报关单上的商品不能够同时享受协定税率和减免税；在一批货物中，对于实行原产地证书联网管理的，如涉及多份原产地证书或含有非原产地证书商品，亦应分单填报。

（2）分项或分栏填报。在反映进出口商品情况的项目中，商品编号不同（即商品编码不同）的，商品名称不同的，原产国（地区）/最终目的国（地区）不同的，计量单位不同的，征免性质不同的，也需分项填报。

（二）报关单填报的具体要求

（1）填报必须真实。报关单填报时必须真实，应做到两个相符：一是单证相符，即报关单中所列各项填报内容与合同、发票、装箱单、提单以及批文等相符；二是单货相符，即报关单中所列各项填报内容与实际进出口货物情况相符，特别是货物的品名、数（重）量、原产国、价格等内容必须真实，不得出现伪报、瞒报或虚报等情形。

（2）填报要完整、清楚。填报的内容要准确、齐全，字迹要清楚、整洁、端正。

（3）填报后不可随意修改。海关接受申报后，报关单及其内容不得修改或者撤销；确有正当理由的，须经海关同意方可修改或者撤销。

（4）填报确实有误时须向海关提出更正。向海关申报的进出口货物报关单，事后由于各种原因而出现实际进出口货物与原来填报的内容不一致时，须立即向海关办理更正手续，填写报关单更正单，更改内容必须清楚。

第二节 进出口货物报关单的填制

一、检验检疫主动触发申报栏目

当进出口货物属于实施检验检疫的进出境商品目录内货物和其他按照有关法律法规须实施检验检疫的情况时，系统会自动触发以下检验检疫申报栏目。

（一）检验检疫受理机关

根据海关规定的检验检疫机关代码表中的相应检验检疫机关的名称及代码，填报提交报关单和随附单据的检验检疫机关。

（二）企业资质类别及编号

第一，选择填报货物的生产商/进出口商/代理商必须取得的资质类别。

第二，进口货物有多个资质的填报要求：

（1）进口食品、食品原料类货物填写：进口食品境外出口商代理商备案、进口食品进口商备案。

（2）进口水产品填写：进口食品境外出口商代理商备案、进口食品进口商备案、进口水产品储存冷库备案。

（3）进口肉产品填写：进口肉类储存冷库备案、进口食品境外出口商代理商备案、进口食品进口商备案、进口肉类收货人备案。

（4）进口化妆品填写：进口化妆品收货人备案。

（5）进口水果填写：进境水果境外果园/包装厂注册登记。

（6）进口非食用动物产品填写：进口非食用动物产品生产、加工、存放企业注册登记。

（7）进口饲料及饲料添加剂填写：饲料进口企业备案、进口饲料及饲料添加剂生产企业注册登记。

（8）进口可用作原料的固体废物填写：进口可用作原料的固体废物国内收货人注册登记、国外供货商注册登记号及名称，两者须对应准确。

（9）其他填写：进境植物繁殖材料隔离检疫圃申请、进出境动物指定隔离场使用申请、进境栽培介质单位注册、进境动物遗传物质进口代理及使用单位备案、进境动物及动物产品国外生产单位注册、进境粮食加工储存单位注册、境外医疗器械捐赠机构登记、进出境集装箱场站登记、进口棉花境外供货商登记注册、对出口食品包装生产企业和进口食品包装的进口商实行备案。

（三）领证机关

根据海关规定的检验检疫机关代码表中的相应检验检疫机关的名称及代码，填报领取证单的检验检疫机关。

（四）口岸检验检疫机关

根据海关规定的检验检疫机关代码表中的相应检验检疫机关的名称及代码，填报检验检疫机关。入境填报入境第一口岸所在地检验检疫机关，出境填报货物离境口岸的检验检疫机关。

（五）启运日期

载入境货物的运输工具离开启运口岸的日期。本栏目需填8位数字，顺序为年（4位）、月（2位）、日（2位）。

（六）B/L号

填报入境货物的承运人开出的提单/运单号的总单号或直单号。该项目不得为空，如空时系统自动提取提运单号返填。

（七）目的地检验检疫机关

根据海关规定的检验检疫机关代码表中的相应检验检疫机关的名称及代码，需要在目的地实施检验检疫的，填报对应的检验检疫机关。

（八）关联号码及理由

若货物不涉及检验检疫，免予填报。进出口货物报关单有关联报关单时，在本栏目中填报关联报关单号码，并在下拉菜单中选择关联报关单的关联理由。

（九）使用单位联系人及使用单位联系电话

本栏目为选填项目。填报进境涉检货物销售、使用单位联系人名字和电话。

（十）原箱运输

本栏目为选填项目。申报使用集装箱的涉检货物，根据是否是原集装箱运输，勾选“是”或“否”。

（十一）特殊业务标识

本栏目为选填项目。属于国际赛事、特殊进出军工物资、国际援助物资、国际会议、直通放行、外交礼遇、转关等特殊业务，报关人员根据实际情况勾选。

（十二）所需单证

本栏目为选填项目。进出口企业申请出具检验检疫单证时，根据相关需要，在“所需单证”项下的“检验检疫签证申报要素”中，勾选申请出具的检验检疫单证类型。

（十三）检验检疫签证申报要素

报关人员在确认境内收发货人名称（外文）、境外收发货人名称（中文）、境外收发货人地址、卸毕日期和商品英文名称后，根据现行相关规定和实际需要，勾选申请单证类型，确认申请单证正本数和申请单证副本数后保存数据。

（十四）检验检疫货物规格

申请检验检疫商品时，在“检验检疫货物规格”项下，填报“成分/原料/组分”“产品有效期”“产品保质期”“境外生产企业”“货物规格”“货物型号”“货物品牌”“生产日期”“生产批次”“生产单位代码”等栏目。

注意检验检疫货物规格的填报具体要求如下：

（1）“成分/原料/组分”栏：填报货物含有的成分、货物原料或化学品组分。

（2）“产品有效期”栏：有质量保证期的填写质量保证的截止日期。

（3）“产品保质期”栏：有质量保证期的填写质量保证的天数，天数按照生产日期计算。

（4）“境外生产企业”栏：填写入境货物的国外生产厂商名称，默认为境外发货人。

（5）“货物规格”栏：填写货物的规格。

（6）“货物型号”栏：填写货物的所有型号，多个型号的，以“；”分隔。

（7）“货物品牌”栏：填写货物的品牌名称，品牌以合同或装箱单为准，需要录入中英文品牌的，录入方式为“中文品牌/英文品牌”。

（8）“生产日期”栏：填写货物的生产加工日期。

（9）“生产批次”栏：填写本批货物的生产批次，多个批次的，以“；”分隔。

（十五）产品资质

对国家实施进出口许可 / 审批 / 备案等管理的进出境货物，填写本项货物必须取得的许可 / 审批 / 备案名称、编号，需要核销的须填写核销货物序号、核销数量、核销数量单位。

（十六）货物属性

根据进出口货物的商品编码和货物的实际情况，报关人员按照海关规定的货物属性代码表，在本栏目下拉菜单中勾选货物属性的对应代码，有多种属性的要同时选择。

（十七）用途

根据进出境货物的使用范围或目的，按照海关规定的货物用途代码表在本栏目下拉菜单中填报。

（十八）危险货物信息

危险货物信息申报项目为项目组。申报商品编号涉及危险品时为必填。危险货物按照系统提示填写 UN 编码、危险货物名称、危险类别及包装规格。

二、进出口货物报关单草单表头栏目的填报

根据《中华人民共和国海关进出口货物报关单填制规范》（海关总署公告 2019 年第 18 号），下面介绍新版进出口货物报关单主要栏目的填制要求。注意新版报关单由竖版变成了横版，纸质单证全部采用普通打印方式，取消套打，不再印制空白格式单证。具体格式如表 7-1 和表 7-2 所示。

（一）预录入编号

本栏目填报预录入报关单的编号，由系统自动生成 18 位编号。一份报关单对应一个海关编号。

（二）海关编号

本栏目填报海关接受申报时给予报关单的编号。一份报关单对应一个海关编号。一般来说，海关编号就是预录入编号，由计算机自动生成，不需要填写。

报关单海关编号由 18 位数组成，其中前 4 位为接受申报海关的编号（关区代码表中相应关区代码），第 5~8 位为海关接受申报的公历年份，第 9 位为进出口标志（ “1” 为进口，“0” 为出口；集中申报清单 “I” 为进口，“E” 为出口），第 10~18 位为报关单顺序编号。例如：

5302	2022	0	025914150
罗湖海关	年份	出口	报关单顺序编号

（三）境内收 / 发货人

本栏目填报在海关备案的对外签订并执行进出口贸易合同的公司或个体工商户的名称及编码。编码可选填 18 位统一社会信用代码，没有统一社会信用代码的，填报其在海关备案的 10 位编码。

特殊情况下填制要求如下：

（1）进出口货物合同的签订者和执行者非同一企业的，填报执行合同的企业。

（2）外商投资企业委托进出口企业进口投资设备、物品的，填报外商投资企业，并在标记唛码及备注栏注明“委托某进出口企业进口”，同时注明被委托企业的18位统一社会信用代码。

（3）有代理报关资格的报关企业代理其他进出口企业办理进出口报关手续时，填报委托的进出口企业。

（4）海关特殊监管区域收发货人填报该货物的实际经营单位或海关特殊监管区域内经营企业。

（5）免税品经营单位经营出口退税国产商品的，填报免税品经营单位名称。

（四）进 / 出境关别

本栏目填报货物实际进（出）我国关境的口岸海关的名称及代码，二者缺一不可。即：进口口岸栏填报货物进入我国关境第一口岸海关的名称和代码。出口口岸栏填报的是货物运离我国关境前最后一个口岸海关的名称和代码。

例如：货物由横滨起运，途经釜山转船，最终运抵后向青岛大港海关（关区代码4227）申报。进口口岸应填：“青岛大港海关4227”。

无实际进出境的货物，进 / 出境关别栏填报接受申报的海关名称及代码。

无实际进出境货物是相对于实际进出关境的货物而言的，是指所申报的货物并不是要在这次申报后离开我国关境 [如，特殊监管区域（场所）货物卖到国内市场] 或者是已申报进境并放行的货物需要再次申报办理海关的有关手续（如，保税加工货物项下，其加工贸易料件内销国内市场）。

（五）进口日期 / 出口日期

进口日期填报运载所申报进口货物的运输工具申报进境的日期。

出口日期填报运载所申报出口货物的运输工具办结出境手续的日期，在申报时免予填报。

无实际进出境的报关单填报海关接受申报的日期。

本栏目填报格式为8位数字连着，中间不用逗点隔开，其顺序为年（4位）、月（2位）、日（2位）。例如，2022年3月15日某企业申报进口一批货物，运输工具申报进境日期为3月10日，则“进口日期”栏填报为“20220310”。

注意：如果海关与运输企业实行舱单数据联网监管的，系统会自动生成进出口日期。

（六）申报日期

申报日期是指海关接受进出口货物收发货人或者其代理人申请办理货物进出口手续的日期。以电子数据报关单方式申报的，申报日期为海关计算机系统接受申报数据时记录的日期。以纸质报关单方式申报的，申报日期为海关接受纸质报关单并对报关单进行登记处理的日期。

申报日期为8位数字，顺序为年（4位）、月（2位）、日（2位）。本栏目在申报时免予填报。

（七）备案号

备案号是指进出口货物收发货人、消费使用单位、生产销售单位在海关办理加工贸易合同备案或征、减、免税备案审批等手续时，海关核发的《加工贸易手册》、“征免税证明”或其他备案审批文件的编号。备案号的字头为备案号或审批文件的标记，如表7-3所示。

表 7-3　常用备案号字头代码

首位代码	备案审批文件	首位代码	备案审批文件
B	加工贸易手册（来料加工）	H	出口加工区电子账册
C	加工贸易手册（进料加工）	Z	征免税证明
D	加工贸易不作价设备	K	保税仓库备案式电子账册
E	加工贸易电子账册	Y	原产地证书

一份报关单只允许填报一个备案号。无备案审批文件的报关单，本栏目免予填报。具体填报要求如下：

（1）加工贸易项下货物，本栏目填报加工贸易手册编号，不得为空，如“D578206811800”。加工贸易成品凭“征免税证明”转为减免税进口货物的，进口报关单填报征免税证明编号，出口报关单填报加工贸易手册编号。并在进口货物报关单“标记唛码及备注”栏填报加工贸易手册编号。在出口货物报关单“标记唛码及备注”栏填报征免税证明编号（关联备案号），以及进口报关单号（关联报关单号）。

对加工贸易设备之间的结转，转入和转出企业分别填制进、出口报关单，在报关单“备案号”栏目填报加工贸易手册编号。

（2）涉及征、减、免税备案审批货物的报关单，填报“征免税证明”编号。

（3）涉及优惠贸易协定项下实行原产地证书联网管理（如香港 CEPA、澳门 CEPA）的报关单，填报原产地证书代码“Y”和原产地证书编号，如“Y3M03A000001”，并在随附单据栏填有关的内容，如填写为 Y：<03>。其他未实行原产地证书联网管理的优惠贸易协定项下，进口货物均不在本栏填报原产地证书编号，但作为监管证件需要填报在“随附单据”栏。

（4）免税品经营单位经营出口退税国产商品的，免予填报。

注意：备案号的标记码必须与报关单中的“贸易方式”“征免性质”“征免”“项号”等栏目之间存在逻辑关系，具体见表 7-4 和表 7-5。

表 7-4　出口报关单主要贸易方式、备案号与征免性质等栏目间的逻辑关系

贸易方式（代码）	备案号（首字母）	征免性质（代码）	征免（代码）	说　明
一般贸易（0110）		一般征税（101）	照章征税（1）	外资企业使用国产料件加工的产品出口
		中外合资（601）		
		中外合作（602）		
		外资企业（603）		
来料加工（0214）	B（登记手册）		全免（3）	来料加工的成品出口
进料对口（0615）	C（登记手册）		全免（3）	进料加工的成品出口
无代价抵偿(3100)		其他法定（299）	全免（3）	无代价抵偿出口货物

表 7-5　进口报关单主要贸易方式、备案号与征免性质等栏目间的逻辑关系

贸易方式（代码）	备案号（首字母）	征免性质（代码）	征免（代码）	用途（代码）
一般贸易（0110）	空	一般征税（101）	照章征税（1）	外贸自营内销
	Z（征免税证明）	鼓励项目（789）	全免（3）	企业自用（4）
		自有资金（799）		
		科教用品（401）		
来料加工（0214）	B（登记手册）	来料加工（502）	全免（3）	加工返销（5）
进料对口（0615）	C（登记手册）	进料加工（503）	全免（3）	加工返销（5）
合资合作设备（2025）	Z（征免税证明）	鼓励项目（789）	特案（4）	企业自用（4）
外资设备物品（2225）	Z（征免税证明）	鼓励项目（789）	特案（4）	企业自用（4）
不作价设备（0320）	D（加工贸易手册）	加工设备（501）	特案（4）	企业自用（4）
无代价抵偿（3100）		其他法定（299）	全免（3）	

（八）境外收／发货人

境外收货人通常是指签订并执行出口贸易合同中的买方或合同指定的收货人，境外发货人通常是指签订并执行进口贸易合同中的卖方。

此栏目应填报境外收发货人的名称及编码。名称一般填报英文名称，检验检疫要求填报其他外文名称的，在英文名称后填报，以半角分隔；境外收发货人为中国海关已互认国家（地区）海关 AEO 企业的，编码填报 AEO 编码，填报样式按照海关总署发布的相关公告要求填报（如新加坡 AEO 企业填报样式为 SG123456789123，韩国 AEO 企业填报样式为 KR1234567，具体见相关公告要求）；境外收 / 发货人为非互认国家（地区）AEO 企业的，AEO 企业编码免予填报。

特殊情况下无境外收发货人的，名称及编码填报“NO”。

（九）运输方式

进出口货物报关单所列的“运输方式”栏包括实际进出境的运输方式和海关规定的特殊运输方式。实际进出境的运输方式，主要有水路运输、铁路运输、公路运输、航空运输、其他运输（人力、兽力、管道、输送带和输电网络等方式）；特殊运输方式即指货物无实际进出境的运输方式，按货物在境内的流向分类。

海关规定的“运输方式代码表”及说明，如表 7-6 所示。

表 7-6　运输方式代码表及说明

代码	名　称	运输方式说明
0	非保税区	境内非保税区运入保税区货物和保税区退区
1	监管仓库	境内存入出口监管仓库和出口监管仓库退仓
2	水路运输	
3	铁路运输	
4	公路运输	

续表

代码	名　　称	运输方式说明
5	航空运输	
6	邮件运输	
7	保税区	保税区运往境内非保税区
8	保税仓库	保税仓库转内销
9	其他运输	人扛、驮畜、管道等方式
H	边境特殊海关作业区	境内运入深港西部通道港方口岸区;境内进出中哈霍尔果斯边境合作中心中方区域
T	综合实验区	经综合试验区指定申报通道运往境内区外或从境内申报通道进入综合试验区,以及综合试验区内按选择性征收关税申报
W	物流中心	从境内区外运入保税物流中心或从中心运往境内区外
X	物流园区	从境内保税物流园区外运入园区或从园区运往境内园区外
Y	保税港区	保税港区(不包括直通港区)运往区外和区外运入保税港区
Z	出口加工区	出口加工区与境内区外之间进出

(十) 运输工具名称及航次号

运输工具名称是指载运货物进出境的运输工具名称或运输工具编号。无实际进出境的，此栏目免予填报。填报内容应与运输部门向海关申报的舱单（载货清单）所列相应内容一致。一份报关单只允许填报一个运输工具名称。

（1）实际进出境的情况下，本栏目的具体填报要求如下：

①水路运输填船舶英文名称或船舶编号 / 航次号。例如：Vessel：EAST EXPRESS　Voyage：801E，则运输工具名称栏填：EAST EXPRESS/801E

②公路运输填报跨境运输车辆的国内行驶车牌号 / 进出境日期。

③铁路运输填报车厢编号或交接单号 / 进出境日期。

④航空运输填报航班号。

（2）采用“集中申报”通关方式办理报关手续的，本栏目填报“集中申报”。

（3）转关运输货物本栏目填报按照海关总署 2016 年第 51 号公告执行。

(十一) 提运单号

提运单号是指进出口货物提单或运单的编号，且内容必须与舱单电子数据一致。一份报关单只允许填报一个提运单号，一票货物对应多个提运单时，应分单填报。无实际进出境货物的，本栏目免予填报。实际进出境的不同运输方式下该栏目的具体填报要求如下：

（1）水路运输：填报进出口提单号。如有分提单的，填报进出口提单号 + “*” + 分提单号。

（2）公路运输：免予填报。

（3）铁路运输：填报运单号。

（4）航空运输：填报总运单号 + “_” + 分运单号，无分运单的填报总运单号。

（十二）货物存放地点

货物存放地点栏目下填报进境后存放的场所或地点，包括海关监管场所、分拨仓库、定点加工厂、隔离检疫场、企业自有库等。进口报关单中，本栏目为必填项，出口报关单中，本栏目为选填项。

（十三）消费使用单位 / 生产销售单位

消费使用单位是指已知的进口货物在境内的最终消费或使用单位，包括：自行进口货物的单位、委托进出口企业进口货物的单位。

生产销售单位是指出口货物在境内的生产或销售单位，包括自行出口货物的单位、委托进出口企业出口货物的单位。免税品经营单位经营出口退税国产商品的，填报该免税品经营单位统一管理的免税店名称。

此栏目填报企业中文名称、18 位统一社会信用代码（或 10 位海关注册编码、加工生产登记编码），没有代码的应填报“NO”。

进口货物在境内的最终消费或使用以及出口货物在境内的生产或销售的对象为自然人的，填报身份证号、护照号等有效证件号码及姓名。

（十四）监管方式

监管方式是以国际贸易中进出口货物的交易方式为基础，结合海关对进出口货物的征税、统计及监管条件综合设定的海关对进出口货物的管理方式。本栏目应根据实际情况，并按照海关规定的《监管方式代码表》选择填报相应的监管方式简称及代码。一份报关单只允许填报一种监管方式，同一批货物涉及多个监管方式的，应分单填报。

常见贸易方式的名称、代码、适用范围及主要填报要求如下：

1. 一般贸易

一般贸易是指我国境内有进出口经营权的企业单边进口或单边出口的贸易。本监管方式代码为“0110”，简称“一般贸易”。

需要注意的是，外商投资企业为加工内销产品而进口的料件，属于非保税加工的，填报“一般贸易”。外商投资企业全部使用国产料件而加工的出口产品，也应该填报“一般贸易”。

2. 加工贸易项下进口料件和出口成品

（1）来料加工。本监管方式代码为“0214”，简称“来料加工”，主要适用于来料加工项下进口的料件和加工出口的成品。

来料加工进出口货物报关单“备案号”栏目，应填报加工贸易手册或电子账册编号。成品出口报关单“征免”栏方式应填报“全免”，应征出口税的，应填报“照章征税”。

（2）进料加工。本监管方式代码为“0615”，简称“进料对口”，主要适用于进料加工项下进口料件和出口成品，以及进料加工贸易中外商免费提供进口的主、辅料和零部件。

（3）进料加工进出口货物报关单“备案号”栏目应填报加工贸易手册或电子账册编号。成品出口报关单“征免”栏应填报“全免”，应征出口税的，应填报“照章征税”。

3. 外商投资企业进口自用设备、物品

（1）投资总额内进口设备、物品。外商投资企业作为投资进口的设备、物品，是指外商投

资企业投资总额内的资金（包括中方投资）进口的机器设备、零部件和其他建厂物料，以及进口本企业自用合理数量的交通工具、生产用车辆、办公用品。

合资合作企业作为投资进口设备物品，监管方式代码为“2025”，简称“合资合作设备”；外商独资企业（简称外资企业）进口设备、物品，监管方式代码为“2225”，简称“外资设备物品”。

（2）投资总额外自有资金税进口设备。鼓励类和限制类外商投资企业、外商投资研究开发中心、先进技术型和产品出口型外商投资企业，以及符合中西部利用外资优势产业和优势项目目录的项目，利用企业投资总额以外的自有资金，在原批准的生产经营范围内，对设备进行更新维修，进口国内不能生产或性能不能满足需要的自用设备及其配套的技术、配件、备件，进口报关单监管方式应为“一般贸易”（0110），对应征免性质为“自有金”（799）。

（3）减免税设备结转。减免税设备结转是指海关监管年限内的减免税设备，从进口企业结转到另一享受减免税待遇的企业，监管方式代码为“0500”，简称“减免设备结转”。减免设备结转的转入、转出企业应分别填写进、出口报关单向海关申报。

需要注意的是，加工贸易项下免税进口的不作价设备结转给另一加工贸易企业，不适用本贸易方式，应适用“加工设备结转”（0456）。

4. 暂准进出境货物

（1）进出境展览品。本监管方式代码为“2700”，简称“展览品”，对应征免性质为“其他法定”（299）。

不复运出入境而留在境内外销售的进出境展览品，应按实际监管方式填报，不适用本监管方式。ATA单证册项下的暂准进出境展览品，持证人免填报关单，无须适用本监管方式。

（2）暂时进出境货物。本监管方式代码为“2600”，简称“暂时进出货物”，对应征免性质为“其他法定”（299）。

5. 无代价抵偿进出口货物

本监管方式代码为“3100”，简称“无代价抵偿”。无代价抵偿进出口货物相关申报要求如下：

（1）如原进出口货物退运出、进境，其报关单的“贸易方式”栏应填报“其他”（9900）。补偿进口货物的报关单监管方式填报“无代价抵偿”（3100），“征免性质”填报“其他法定”（299）或“一般征税”（101）。补偿出口货物的报关单“征免性质”填报“其他法定”（299）。

（2）退运出、进境货物报关单，以及补偿进出口货物报关单，均应在“标记唛码及备注”栏内填报原进出口货物报关单号。

6. 退运货物

退运进出口货物是指原进、出口货物因残损、缺少、品质不良、规格不符、延误交货或其他原因退运出、进境的货物。本监管方式代码“4561”，简称“退运货物”。

1）适用范围

本监管方式适用于以下货物的退运出、进境：一般贸易（0110）、易货贸易（0130）、旅游购物商品（0139）、租赁贸易（1523）、寄售代销（1616）、合资合作设备（2025）、外资设备物品

（2225）、外汇商品（1831）、货样广告品（3010）/（3039）、其他进出口免费（3339）、承包工程进口（3410）、对外承包出口（3422）、援助物资（3511）、捐赠物资（3612）、边境小额（4019）、对台小额（4039）、其他贸易（9739）。

本监管方式不适用于以下货物：

（1）加工贸易项下料件、成品维修退换，监管方式为“来料料件退换”（0300）、“进料料件退换”（0700）、“来料成品退换”（4400）、“进料成品退换”（4600）。

（2）加工贸易项下料件、边角料退运，监管方式为“来料料件复出”（0265）、“来料边角料复出”（0865）、“进料料件复出”（0664）、“进料边角料复出”（0864）。

（3）加工贸易设备退运，监管方式为“加工设备退运”（0466）。

（4）货物进境后、放行结关前退运的货物，监管方式为“直接退运”（4500）。

（5）“租赁不满一年”货物退运，监管方式为“租赁不满一年”（1500）。

（6）进出口无代价抵偿货物，被更换的原进口货物退运出境，监管方式为“其他”（9900）。

2）相关申报要求

退运货物进出口时，应随附原出（进）口货物报关单，并将原出（进）口货物报关单号填报在“标记唛码及备注”栏内。

常见的监管方式代码，如表 7-7 所示。

表 7-7　常见监管方式代码表

代　码	简　称	全　称
0110	一般贸易	一般贸易
0214	来料加工	来料加工装配贸易进口料件及加工出口货物
0245	来料料件内销	来料加工料件转内销
0255	来料深加工	来料深加工结转货物
0258	来料余料结转	来料加工余料结转
0265	来料料件复出	来料加工复运出境的原进口料件
0320	不作价设备	加工贸易外商提供的不作价进口设备
0345	来料成品减免	来料加工成品凭征免税证明转减免税
0420	加工贸易设备	加工贸易项下外商提供的进口设备
0500	减免设备结转	用于监管年限内减免税设备的结转
0513	补偿贸易	补偿贸易
0615	进料对口	进料加工(对口合同)
0644	进料料件内销	进料加工料件转内销
0654	进料深加工	进料深加工结转货物
0657	进料余料结转	进料加工余料结转
0664	进料料件复出	进料加工复运出境的原进口料件
0700	进料料件退换	进料加工料件退换

续表

代　码	简　称	全　称
0715	进料非对口	进料加工(非对口合同)
0744	进料成品减免	进料加工成品凭征免税证明转减免税
0815	低值辅料	低值辅料
1210	保税电商	海关保税场所及保税区域之间往来的货物
1233	保税仓库货物	保税仓库进出境货物
1239	保税电商 A	保税跨境贸易电子商务 A
1300	修理物品	进出境修理物品
1427	出料加工	出料加工
1523	租赁贸易	租期在一年及以上的租赁贸易货物
2025	合资合作设备	合资合作企业作为投资进口设备物品
2225	外资设备物品	外资企业作为投资进口的设备物品
2600	暂时进出货物	暂时进出口货物
2700	展览品	进出境展览品
3010	货样广告品 A	有经营权单位进出口的货样广告品
3039	货样广告品 B	无经营权单位进出口的货样广告品
3100	无代价抵偿	无代价抵偿进出口货物
4400	来料成品退换	来料加工成品退换
4500	直接退运	直接退运
4561	退运货物	因质量不符、延误交货等原因退运进出境货物
4600	进料成品退换	进料成品退换
5000	料件进出区	料件进出海关特殊监管区域
5034	区内物流货物	海关特殊监管区域与境外之间进出的物流货物
9610	电子商务	跨境贸易电子商务

（十五）征免性质

征免性质是指海关根据《海关法》《关税条例》及国家有关政策对进出口货物实施的征、减、免税管理的性质类别。应根据实际情况按海关规定的《征免性质代码表》选择填报相应的征免性质简称及代码，一份报关单只允许填报一种征免性质，一批货物涉及多个征免性质的，应分单填报。

持有海关核发的《征免税证明》的，按照《征免税证明》中批注的征免性质填报。加工贸易货物报关单按照海关核发的《加工贸易手册》中批注的征免性质简称及代码填报。特殊情况填报要求如下：

（1）外商投资企业为加工内销产品而进口料件，填报“一般征税”（101）。

（2）加工贸易转内销货物，按实际应享受的征免性质填报，如“一般征税”（101）、“科教用品”（401）、“其他法定”（299）等。

（3）加工贸易料件退运出口（料件复出）、成品退运进口的货物填报“其他法定”（299）。

（4）加工贸易料件退换、成品退换的货物，此栏免予填报。

（5）加工贸易结转货物，本栏目为空。

常见的征免性质及其适用范围如下：

（1）一般征税（101），适用于依照《海关法》《关税条例》《进出口税则》及其他法律、行政法规和规章所规定的税率征收进出口关税、进口环节增值税和其他税费的进出口货物，包括除其他征免性质另有规定外的一般照章（包括按照公开暂定税率、关税配额、反倾销、反补贴、保障措施等）征税或补税的进出口货物。

（2）其他法定（299），适用于依照《海关法》《关税条例》，对除无偿援助进出口物资外的其他实行法定减免税的进出口货物，以及根据有关规定不按全额货值征税的部分进出口货物。具体适用范围如下：

①无代价抵偿进出口货物（照章征税的除外）。

②无商业价值的广告品和货样。

③进出境运输工具装载的途中必需的燃料、物料和饮食用品。

④因故退还的境外进口货物。

⑤因故退还的我国出口货物。

⑥暂准进出境货物。

⑦展览会货物。

③进出境的修理物品。

⑨租赁期不满1年的进出口货物。

（3）科教用品（401），适用于为促进科学研究和教育事业的发展，科学研究机构和学校以科学研究、教学为目的按照有关征减免税政策，在合理数量范围内，进口国内不能生产的或性能不能满足需要的、直接用于科学研究或教学的货物。

（4）中外合资（601），目前一般适用于中外合资经营企业自产的出口货物。

（5）中外合作（602），目前一般适用于中外合作经营企业自产的出口货物。

（6）外资企业（603），目前一般适用于外商独资企业自产的出口货物。

（7）鼓励项目（789），适用于1998年1月1日后经主管部门审批并确认的国家鼓励发展的国内投资项目、外商投资项目、利用外国政府贷款和国际金融组织贷款项目，从1999年9月1日起按国家规定程序审批的外商投资研究开发中心及中西部省、自治区、直辖市利用外资优势产业和优势项目目录的项目，在投资总额内进口的自用设备，以及按合同随设备进口的技术及数量合理的配套件、备件。

（8）自有资金（799），适用于已设立的鼓励类和原限制乙类外商投资企业（外国投资者的投资比例不低于25%）、外商投资研究开发中心、先进技术型和产品出口型外商投资企业，以及符合中西部利用外资优势产业和优势项目目录的项目，在投资总额以外利用自有资金（包括企业储备基金、发展基金、折旧和税后利润），在原批准的生产经营范围内进口国内不能生产或性能不能满足需要的（不属于《国内投资项目不予免税的进口商品目录》的）自用设备及其配套的技术、配件、备件，用于本企业原有设备更新（不包括成套设备和生产线）或维修。

“鼓励项目”和“自有资金”的使用，需按程序取得海关核发的征免税证明，并与之“征免性质”栏批注内容相符。

常见的征免性质代码如表 7-8 所示。

表 7-8 常见征免性质代码

代码	征免性质简称	征免性质全称
101	一般征税	一般征税进出口货物
299	其他法定	其他法定减免税进出口货物
307	保税区	保税区进口自用物资
401	科教用品	大专院校及科研机构进口科教用品
405	科技开发用品	科学研究、技术开发机构进口科技开发用品
406	重大项目	国家重大项目进口货物
412	基础设施	通信、港口、铁路、公路、机场建设进口设备
413	残疾人	残疾人组织和企业进出口货物
501	加工设备	加工贸易外商提供的不作价进口设备
502	来料加工	来料加工装配和补偿贸易进口料件及出口成品
503	进料加工	进料加工贸易进口料件及出口成品
510	港澳 O P A	港澳在内地加工的纺织品获证出口
601	中外合资	中外合资经营企业进出口货物
602	中外合作	中外合作经营企业进出口货物
603	外资企业	外商独资企业进出口货物
789	鼓励项目	国家鼓励发展的内外资项目进口设备
799	自有资金	外商投资额度外利用自有资金进口设备、备件、配件
801	救灾捐赠	救灾捐赠进口物资
802	扶贫慈善	境外向我境内无偿捐赠用于扶贫慈善的免税进口物资
819	科教图书	进口科研教学用图书资料
898	国批减免	国务院特准减免税的进出口货物

（十六）许可证号

许可证号栏目项下填报许可证编号。一份报关单只允许填报一个许可证号。

本栏目只能填报进（出）口许可证（代码为 1、4、x、y）、两用物项和技术进（出）口许可证（代码为 2、3、G）、纺织品临时出口许可证、出口许可证（加工贸易）、出口许可证（边境小额贸易）的编号，具体见表 7-9。

表 7-9 许可证编号

代码	监管证件名称
1	进口许可证
2	两用物项和技术进口许可证
3	两用物项和技术出口许可证
4	出口许可证
G	两用物项和技术出口许可证(定向)
x	出口许可证(加工贸易)
y	出口许可证(边境小额贸易)

(十七)启运港

启运港栏目下填报进口货物在运抵我国关境前的第一个境外装运港。

根据实际情况，按海关规定的《港口代码表》填报相应的港口名称及代码，未在《港口代码表》列明的，填报相应的国家名称及代码。货物从海关特殊监管区域或保税监管场所运至境内区外的，填报《港口代码表》中相应海关特殊监管区域或保税监管场所的名称及代码，未在《港口代码表》中列明的，填报“未列出的特殊监管区”及代码。

其他无实际进境的货物，填报“中国境内”及代码。

(十八)合同协议号

本栏目下填报进出口货物合同(包括协议或订单)的编号。未发生商业性交易的免予填报。

(十九)贸易国(地区)

本栏目填报对外贸易中与境内企业签订贸易合同的外方所属的国家(地区)。进口的填报购自国，出口的填报售予国。未发生商业性交易的填报货物所有权拥有者所属的国家(地区)。本栏目应按海关规定的《国别(地区)代码表》填报相应的贸易国(地区)或贸易国(地区)中文名称及代码。无实际进出境的，填报“中国”(代码 142)。

(二十)启运国(地区)/运抵国(地区)

启运国(地区)栏目下填报进口货物起始发出后直接运抵我国或者在运输中转国(地区)未发生任何商业性交易的情况下运抵我国的国家(地区)。

运抵国(地区)栏下填报出口货物离开我国关境直接运抵或者在运中转国(地区)未发生任何商业性交易的情况下最后运抵的国家(地区)。

不经过第三国(地区)转运的直接运输进出口货物，以进口货物的装货港所在国(地区)为启运国(地区)，以出口货物的指运港所在国(地区)为运抵国(地区)。

经过第三国(地区)转运的进出口货物，如在中转国(地区)发生商业性交易，则以中转国(地区)作为启运国(地区)/运抵国(地区)。如在中转地未发生商业性交易，则启运国(地区)运抵国(地区)不变。

货物是否中转，可以根据运输单据中的有关信息来判断，例如，“from London to Paris via Dover”意为从伦敦经多佛中转运往巴黎；又如“Hamburg in transit to Zurich Switzerland”意为经汉堡中转运至瑞士苏黎世。

按海关规定的《国别（地区）代码表》[主要国别（地区）代码见表 7-10] 选择填报相应的启运国（地区）/ 运抵国（地区）中文名称及代码。无实际进出境的货物，该栏目填报“中国”。

表 7-10　主要国别（地区）代码

代码	中文名称	英文名称	代码	中文名称	英文名称
116	日本	Japan	331	瑞士	Switzerland
132	新加坡	Singapore	344	俄罗斯联邦	Russia Federation (the)
133	韩国	Korea (the Republic of)	501	加拿大	Canada
142	中国	China	502	美国	United States of America (the)
303	英国	United Kingdom of Great Britain and Northern Ireland (the)	601	澳大利亚	Australia
307	意大利	Italy	609	新西兰	New Zealand

注：①中国香港（Hong Kong）的代码是 110，中国澳门（Macao）的代码是 121。
②本表摘自中华人民共和国海关总署官方网站。

关于中转货物下，启运国（地区）、运抵国（地区）的填报如下：

中转货物是指船舶、飞机等运输工具从装运港将货物装运后，不直接驶往目的港，而在中途的港口卸下后，再换装另外的船舶、飞机等运输工具转运往目的港。

货物是否中转，可根据随附单据中的有关信息来判断，如随附单据中出现“VIA”或“IN TRANSII TO”字样，则可确定货物发生了中转。但“VIA”后面跟的是中转地，“IN TRANSIT TO”后面跟的是目的地。

对于中转货物，启运国（地区）或运抵国（地区）分两种不同情况填报：

（1）中转而未发生任何买卖关系的货物，其启运国（地区）或运抵国（地区）不变，即以进口货物的始发国（地区）为启运国（地区）填报，以出口货物的终目的国（地区）为运抵国（地区）填报。

（2）中转并发生了买卖关系的货物，其中转地为启运国（地区）或运抵国（地区）。可通过提单、发票等单证来判断货物中转时是否发生了买卖关系。

（二十一）经停港 / 指运港

经停港是指进口货物在运抵我国关境前的最后一个境外装运港。

指运港是指出口货物运往境外的最终目的港；最终目的港不可预知的，可按尽可能预知的目的港填报。

本栏目应根据实际情况按海关规定的《港口代码表》填报相应的港口的中文名称及代码。经停港 / 指运港在《港口代码表》中无港口中文名称及代码的，可选择填报相应的国家中文名称及代码。

对于直接运抵货物，以货物实际装货的港口为装货港，货物直接运抵的港口为指运港。

对于发生运输中转的货物，最后一个中转港就是装货港，指运港不受中转影响。

对于无实际进出境的货物，填报“中国境内”及代码。

（二十二）入境口岸 / 离境口岸

入境口岸栏目下填报进境货物从跨境运输工具卸离的第一个境内口岸的中文名称及代码；采用多式联运跨境运输的货物，填报多式联运货物最终卸离的境内口岸中文名称及代码；过境货物填报货物进入境内的第一个口岸的中文名称及代码；从海关特殊监管区域或保税监管场所进境的货物，填报海关特殊监管区域或保税监管场所的中文名称及代码。其他无实际进境货物的，填报货物所在地的城市名称及代码。

离境口岸栏目下填报装运出境货物的跨境运输工具离境的第一个境内口岸的中文名称及代码；采取多式联运跨境运输的货物，填报多式联运货物最初离境的境内口岸中文名称及代码；过境货物填报货物离境的第一个境内口岸的中文名称及代码；从海关特殊监管区域或保税监管场离境的货物，填报海关特殊监管区域或保税监管场所的中文名称及代码。其他无实际出境货物的，填报货物所在地的城市名称及代码。

入境口岸 / 离境口岸的类型包括港口、码头、机场、机场货运通道、边境口岸、火车站、车装卸点、车检场、陆路港、坐落在口岸的海关特殊监管区域等。按海关规定的《国内口岸编码表》填报相应的境内口岸中文名称及代码。

入境口岸 / 离境口岸的代码由 6 位数字组成，例如北京口岸代码为“110001”，本栏目为原报检栏目“入境 / 离境口岸”。

（二十三）包装种类

本栏目填报进出口货物的所有包装材料，包括运输包装和其他包装，按海关规定的《包装种类代码表》选择填报相应的包装种类名称及代码。运输包装是指提运单所列货物件数单位对应的包装，其他包装包括货物的各类包装以及植物性铺垫材料等。

部分包装的代码对照如表 7-11 所示。

表 7-11　部分包装的代码对照

代码	中文名称	代码	中文名称
00	散装	39	其他材料制桶
01	裸装	04	球状罐装
22	纸质或纤维板制盒 / 箱	06	包 / 袋
23	木制或竹藤等植物性材料制盒 / 箱	92	再生木托
29	其他材料制盒 / 箱	93	天然木托
32	纸制或纤维板制桶	98	植物性铺垫材料
33	木制或竹藤等植物性材料制桶	99	其他包装

本栏目应根据进出口货物的实际外包装种类和材质，选择填报相应的包装种类及代码。例如“TOTAL FIVE（5）WOODEN CASES ONLY”，表明共有 5 个木箱，件数填报为“5”，包装种类填报为“木箱”。

（二十四）件数

件数是指有外包装的进出口货物的实际件数（按运输包装计）。

填报要求：

（1）“件数”栏填报有外包装的进出口货物的实际件数。

（2）报关单件数填报数量要求与舱单件数相同。件数填报数量大于舱单数量时，海关系统会做退单处理，须修改后重新发送；件数填报数量小于舱单数量时，舱单核销将出现异常。

（3）同一提运单下，需要多个报关单申报时，要求所有报关单的件数合计数量与舱单件数相同。舱单件数为集装箱的，填报集装箱个数；舱单件数为托盘的，填报托盘数。本栏目不得填报为“0”。

（4）裸装、散装货物，“件数”栏填报为“1”。

（二十五）毛重（千克）

毛重是指商品重量加上商品的外包装物料的重量。

填报要求：

（1）“毛重”栏填报进出口货物及包装材料的重量之和，计量单位为千克，不足 1 千克的填报为“1”。

（2）应以合同、发票、提（运）单、装箱单等有关单证所显示的重量确定进出口货物的毛重填报。

（3）如货物的毛重在 1 千克以上且非整数，其小数点后保留 4 位，第 5 位及以后略去。

（4）报关单的毛重栏不得为空，毛重应大于或等于 1。

（二十六）净重（千克）

净重是指货物的毛重扣除外包装材料后的商品重量。部分商品的净重还包括直接接触商品的销售包装物料的重量（如罐头、化妆品、药品等）。

填报要求：

（1）净重的计量单位为千克，不足 1 千克的填报为“1”。

（2）本栏目填报进出口货物的实际净重，不得为空。

（3）以毛重作为净重计价的，可填毛重，如大宗散装或裸装货物。

（4）按照国际惯例以公量重计价的货物，如未脱脂羊毛、羊毛条等，填报公量重。

（5）对采用零售包装的酒类、饮料，应按照液体部分的重量填报。

（二十七）成交方式

本栏目应根据实际成交价格条款按海关规定的《成交方式代码表》（见表 7-12）选择填报相应的成交方式的代码。无实际进出境的，进口填报 CIF 价或其代码，出口填报 FOB 价或其代码。《2000 通则》13 种贸易术语与报关单“成交方式”栏的对应关系、《2010 通则》11 种贸易术语与报关单“成交方式”栏的对应关系，分别如表 7-13 和表 7-14 所示。

表 7-12　成交方式代码

成交方式代码	成交方式名称	成交方式代码	成交方式名称
1	CIF	5	市场价
2	C & F	6	垫仓
3	FOB	7	EXW
4	C & I		

表 7-13 《2000 通则》13 种贸易术语与报关单“成交方式”栏目的对应关系

组别	E 组	F 组			C 组				D 组				
术语	EXW	FCA	FAS	FOB	CFR	CPT	CIF	CIP	DAF	DES	DEQ	DDU	DDP
成交方式	EXW	FOB			CFR		CIF						

表 7-14 《2010 通则》11 种贸易术语与报关单“成交方式”栏目的对应关系

组别	E 组	F 组			C 组				D 组		
术语	EXW	FCA	FAS	FOB	CFR	CPT	CIF	CIP	DAT	DAP	DDP
成交方式	FOB				CFR		CIF				

（二十八）运费

本栏目填报进口货物运抵我国境内输入地点起卸前的运输费用、出口货物运至我国境内输出地点装载后的运输费用。运保费合并计算的，运保费填报在本栏目，保费栏免填。

本栏目用于成交价格中不包含运费的进口货物或成交价格中含有运费的出口货物，即进口成交方式为 FOB 或出口方式为 CIF、CFR 的，应在本栏目填报运费，填报该份报关单所含全部货物的国际运费。

本栏目根据具体情况选择运费单价、运费总价或运费率三种方式之一填报，同时注明运费标记，并按海关规定的“货币代码表”选择填报相应的币种代码。运费标记“1”表示运费率，“2”表示每吨货物的运费单价，“3”表示运费总价。

例如，5% 的运费率填报为 5/1；24 美元的运费单价填报为 502/24/2，7 000 港元运费总价填报为 110/7000/3。

（二十九）保费

本栏目填报进口货物运抵我国境内输入地点起卸前的保险费用、出口货物运至我国境内输出地点装载后的保险费用。

本栏目用于成交价格中不包含保费的进口货物或成交价格中含有保费的出口货物，即进口成交方式为 FOB、CFR 或者出口方式为 CIF 的，应在本栏目填报保费，应填报该份报关单所含全部货物的国际运输保费。

保费可按保险费总价或保险费率两种方式之一填报，注明保险费标记（保险费标记“1”表示保险费率，“3”表示保险费总价），并按海关规定的《货币代码表》选择填报相应的币种代码。

例如，3‰ 的保费率填报为 0.3/1；100 欧元的保费总价填报为 300/100/3。

（三十）杂费

本栏目填报成交价格以外的、按照《中华人民共和国进出口关税条例》相关规定应计入完税价格或应从完税价格中扣除的费用。可按杂费总价或杂费率两种方式之一填报，注明杂费标记（杂费标记“1”表示杂费率，“3”表示杂费总价），并按海关规定的《货币代码表》选择填报相应的币种代码。

应计入完税价格的杂费填报为正值或正率，应从完税价格中扣除的杂费填报为负值或负率。

例如，应计入完税价格的1.5%的杂费率填报为1.5/1；应从完税价格中扣除的1%的杂费率填报为-1/1；应计入完税价格的500英镑杂费总价填报为303/500/3。综上所述，运费、保费、杂费填写示例如表7-15所示。

表7-15 运费、保费、杂费填写示例

项　目	费　率	单　价	总　价
运费	5% → 5/1	USD50/MT → 502/50/2	HKD5000 → 110/5000/3
保费	0027% → 0.27/1	/	EUR5000 → 300/5000/3
应计入的杂费	1% → 1/1	/	GBP5000 → 303/5000/3
应扣除的杂费	1% → -1/1	/	JPY5000 → 116/-5000/3

（三十一）随附单证及编号

本栏目根据海关规定的《监管证件代码表》选择填报除许可证件以外的其他进出口许可证件或监管证件代码及编号。

本栏目分为随附单证代码和随附单证编号两栏，其中代码栏应按海关规定的“监管证件代码表”（见表7-16）选择填报相应证件代码；编号栏应填报证件编号。

表7-16 主要监管证件代码表

监管证件代码	监管证件名称	监管证件代码	监管证件名称
1	进口许可证	A	两用物项和技术进口许可证
2	两用物项和技术出口许可证	B	出口许可证
3	纺织品临时出口许可证	C	旧机电产品禁止进口
4	自动进口许可证	D	禁止出口商品
5	禁止进口商品	E	检验检疫
6	电子底账	F	濒危物质允许出口证明书
7	濒危物质允许进口证明书	G	自动进口许可证（新旧机电产品）
8	固体废物进口许可证	H	原产地证
9	关税配额证	I	自动进口许可证（加工贸易）
10	出口许可证（加工贸易）	J	出口许可证（边境小额贸易）

尤其注意，该栏目在优惠贸易协定项下进出口货物的填制规范。一份报关单仅对应一份原产地证书或原产地声明。有关优惠贸易协定项下报关单填制要求按照海关总署 2016 年第 51 号公告执行。具体填报要求如下：

（1）适用CEPA香港、澳门的原产地证书，已和我国海关联网，此栏目填“Y”+“：”+“〈优惠贸易协定代码〉”。例如，适用 CEPA 香港的原产地证书填“Y:〈03〉”。适用 CEPA 澳门的原产地证书填“Y:〈04〉”。而 CEPA 香港、澳门的原产地证书的编号要填写在“备案号栏”。

（2）适用其他优惠贸易协定的原产地证书，由于这些国家都没有和我国的海关计算机系统联网，其填写不同于 CEPA 香港、澳门的原产地证书。具体的应填“Y”+“：”+“〈优惠贸易协定代码：需证商品序号〉”。例如，《亚太贸易协定》项下提供原产地证书进口报关单中，将商品项号第一项到第三项及第五项列为优惠贸易协定项下商品，因此，此栏应该填报“Y:〈01：1-3，5〉”。其中“01”为《亚太贸易协定》的代码。

常见的进口货物优惠贸易协定代码如表 7-17 所示。

表 7-17　优惠贸易协定代码表

代码	优惠贸易协定
01	亚太贸易协定
02	中国—东盟自贸区
03	香港 CEPA
04	澳门 CEPA

（3）对于不适用优惠贸易协定的进口货物，其原产地证书不必填写。

（三十二）标记唛码及备注

1. 标记唛码

标记唛码是运输标志的俗称，除图形以外的所有文字和数学都应填报在本栏中。无标记唛码的填报 N/M。

2. 备注

备注是指除按照报关单固定栏目申报进出口货物有关情况外，需要补充或特别说明的事项，包括关联备案号、关联报关单号，以及其他需要补充或特别说明的事项。

常见的备注内容如下：

（1）接受外商投资企业委托，代理其进口投资设备、物品的进出口企业名称，如“托 ××× 公司进口”。

（2）关联备案号，即与本报关单有关联关系的，同时在业务管理规范方面又要求填报的备案号，填报在电子数据报关单中“关联备案”栏。

保税间流转货物、加工贸易结转货物及凭《征免税证明》转内销货物，其对应的备案号填报在“关联备案”栏。

减免税货物结转进口（转入），“关联备案”栏填报本次减免税货物结转所申请的《中华人民共和国海关进口减免税货物结转联系函》的编号。

减免税货物结转出口（转出），“关联备案”栏填报与其相对应的进口（转入）报关单“备案号”栏中《征免税证明》的编号。

（3）关联报关单号，即与本报关单有关联关系的，同时在业务管理规范方面又要求填报的报关单号，填报在电子数据报关单中“关联报关单”栏。

保税间流转、加工贸易结转类的报关单，应先办理进口报关，并将进口报关单号填入出口报关单的“关联报关单”栏。

办理进口货物直接退运手续的，除另有规定外，应先填制出口报关单，再填制进口报关单，并将出口报关单号填报在进口报关单的“关联报关单”栏。

减免税货物结转出口（转出），应先办理进口报关，并将进口（转入）报关单号填入出口（转出）报关单的“关联报关单”栏。

（4）办理进口货物直接退运手续的，填报“< ZT”+“海关审核联系单号或者《海关责令进口货物直接退运通知书》编号”+“>”。

（5）跨境电子商务进出口货物，在本栏目内填报“跨境电子商务”。

（6）集装箱箱体信息填报集装箱号、集装箱规格、集装箱商品项号关系、集装箱货重（集装箱箱体自重 + 装载货物重量，法定计量单位为千克）。

（7）企业提供 ATA 单证册的货物，填报“ATA 单证册”字样。

（8）申报时其他必须说明的事项填报在本栏目中。

三、进出口货物报关单草单表体栏目的填报

（一）项号

项号是指申报货物在报关单中的商品排列序号及该项商品在加工贸易手册、征免税证明等备案单证中的顺序编号。

本栏目分两行填报及打印。第一行填报报关单中的商品顺序编号；第二行专用于加工贸易、减免税等已备案、审批的货物，填报和打印该项货物在《加工贸易手册》或《征免税证明》等备案、审批单证中的顺序编号。

例：某公司进口一批货物（包括 2 种商品），第一种商品布料在加工贸易手册为第 7 项，第二种商品为纽扣，在加工贸易手册为第 8 项，那么填写格式如表 7-18 所示。

表 7-18　加工贸易合同项下的登记手册第 7 项和第 8 项的填写

项　　号	商 品 编 号	商品名称、规格型号
01（第一行：商品序号） 07（第二行：该料件在手册中的商品序号）	××××××××××	布料
02（第一行：商品序号） 08（第二行：该料件在手册中的商品序号）	××××××××××	纽扣

（二）商品编号

本栏目填报由 13 位数字组成的商品编号。前 8 位为《中华人民共和国进出口税则》和《中华人民共和国海关统计商品目录》确定的编码，第 9、10 位为监管附加编号；第 11~13 位为检验检疫附加编码。

（三）商品名称、规格型号

商品名称就是所申报的进出口商品的规范的中文名称。

商品的规格型号是指反映商品性能、品质和规格的一系列指标，如品牌、等级、成分、含量、纯度、大小、长短、粗细等。

本栏目分两行填报及打印，第一行填报进出口货物规范的中文商品名称，第二行填报规格型号。商品名称及规格型号应据实填报，并与所提供合同、商业发票等相关单证相符。

商品名称及规格型号通常体现在发票的“Description of Goods”“Product and Description”等栏目。

（四）数量及单位

数量是指进出口商品的实际数量。

单位是指针对数量的计量单位。它包括成交计量单位和法定计量单位。数量和单位是相对的，报关单中的数量既包括成交计量单位的数量，也包括法定计量单位的数量。

成交计量单位是指买卖双方在交易过程中所确定的计量单位（用以确定成交数量或者价格的单位）。法定计量单位以《海关统计商品目录》中规定的计量单位为准。法定计量单位又分为海关法定第一计量单位和海关法定第二计量单位。

例如，天然水应填报为“千升／吨”，牛皮为“千克／张”，毛皮衣服为“千克／件”，等等。上述计量单位中的斜线前者为法定第一计量单位，后者为法定第二计量单位。

本栏目分三行填报：第一行应按进出口货物的第一法定计量单位填报数量和单位；凡是列明有第二法定计量单位的，应在第二行按照第二法定计量单位填报数量和单位。没有法定第二计量单位的，本栏目第二行为空；成交计量单位及数量应填报在第三行。

（五）单价

单价是指进出口货物实际成交的商品单位价格的金额部分。

本栏目填报同一项号下进出口货物实际成交的商品单位价格的金额。无实际成交价格的，填报货值。

（六）总价

总价是指进出口货物实际成交的商品总价的金额部分。本栏目填报同一项号下进出口货物实际成交的商品总价。无实际成交价格的，填报货值。

（七）币值

币值指进出口货物实际成交价格的计价货币的名称。本栏目应按海关规定的《货币代码表》选择填报相应的货币名称或代码或符号。如《货币代码表》中无实际成交币种，需将实际成交货币按申报日外汇折算率折算成《货币代码表》列明的货币填报，常用货币代码表见表 7-19。

表 7-19　常用货币代码表

货币代码	货币符号	货币名称	货币代码	货币符号	货币名称	货币代码	货币符合	货币名称
116	JPY	日元	302	DKK	丹麦克朗	501	CAD	加拿大元
132	SGD	新加坡元	303	GBP	英镑	502	USD	美元
142	CNY	人民币	330	SEK	瑞典克朗	601	AUD	澳大利亚元
133	KRW	韩国元	331	CHF	瑞士法郎	609	NZD	新西兰元
300	EUR	欧元	344	RUB	俄罗斯卢布			

（八）原产国（地区）

原产国（地区）是指进口货物的生产、开采或加工制造的国家或地区。

进口报关单“原产国（地区）”栏目按《国内（地区）代码表》选择填报相应的国家（地区）名称及代码。

原产国（地区）应依据《中华人民共和国进出口货物原产地条例》《中华人民共和国海关关于执行〈非优惠原产地规则中实质性改变标准〉的规定》，以及海关总署关于各项优惠贸易协定原产地管理规章规定的原产地确定标准填报。同一批进出口货物的原产地不同的，应分别填报原产国（地区）。进出口货物原产国（地区）无法确定的，填报“国别不详”（代码 701）。

在进口报关单证（发票或原产地证书）上，原产国一般表示为“Made in”（在……制造）、“Origin/Country of Origin”（原产于）或“Manufacture”（制造商）等。

加工贸易报关单中料件结转货物，出口报关单填报“中国”（代码“142”），进口报关单填报原料件生产国。深加工结转货物，进出口报关单均填报“中国”（代码“142”）。

（九）最终目的国（地区）

最终目的国（地区）是指已知的出口货物最后交付的国家或地区，也即最终实际消费、使用或作进一步加工制造的国家或地区。

本栏目按规定的《国内（地区）代码表》选择填报相应的国家（地区）名称及代码。

最终目的国（地区）填报已知的进出口货物的最终实际消费、使用或进一步加工制造国家（地区）。不经过第三国（地区）转运的直接运输货物，以运抵国（地区）为最终目的国（地区）；经过第三国（地区）转运的货物，以最后运往国（地区）为最终目的国（地区）。同一批进出口货物的最终目的国（地区）不同的，应分别填报最终目的国（地区）。进出口货物不能确定最终目的国（地区）时，以尽可能预知的最后运往国（地区）为最终目的国（地区）。

（十）征免

本栏目应按照海关核发的《征免税证明》或有关政策规定，对报关单所列每项商品选择海关规定的《征减免税方式代码表》（见表 7-20）中相应的征减免税方式填报。

表 7-20 征减免税方式代码表

代码	名　称	代码	名　称
1	照章征税	5	随征免性质
2	折半征税	6	保证金
3	全免	7	保函
4	特案	8	折半补税

加工贸易货物报关单应根据《加工贸易手册》中备案的征免规定填报；《加工贸易手册》中备案的征免规定为“保金”或“保函”的，应填报“全免”。

常见的征减免方式如下：

（1）照章征税：是指对进出口货物依照法定税率计征各类税费。

（2）全免：是指依照主管海关签发的征免税证明或海关总署的通知，对进出口货物免征关税和增值税，但消费税是否征收应按有关批文的规定办理。

（3）特案：是指依照主管海关签发的征免税证明或海关总署通知规定的税率或完税价格计征各类税费。

（十一）特殊关系确认

本栏目根据《中华人民共和国海关审定进出口货物完税价格办法》(以下简称《审价办法》)第十六条，填报确认进出口行为中买卖双方是否存在特殊关系，有下列情况之一的，应当认为买卖双方存在特殊关系，在本栏目应填报“是”，反之则填报“否”。

①买卖双方为同一家族成员的。

②买卖双方互为商业上的高级职员或者董事的。

③一方直接或者间接地受另一方控制的。

④买卖双方都直接或者间接地受第三方控制的。

⑤买卖双方共同直接或者间接地控制第三方的。

⑥一方直接或者间接地拥有、控制或者持有对方 5% 以上（含 5%）公开发行的有表决权的股票或者股份的。

⑦一方是另一方的雇员、高级职员或者董事的。

⑧买卖双方是同一合伙的成员的。

本栏目出口货物免于填报，加工贸易及保税监管货物（内销保税货物除外）免于填报。

（十二）价格影响确认

本栏目根据《审价办法》第十七条，填报确认进出口行为中买卖双方存在的特殊关系是否影响成交价格，特殊关系对进出口货物的成交价格产生影响的，在本栏目应填报“是”，反之则填报“否”。出口货物免于填报，加工贸易及保税监管货物（内销保税货物除外）免于填报。

（十三）支付特许权使用费确认

如果进出口行为中买方存在向卖方或者有关方直接或者间接支付特许权使用费的，在本栏目应填报“是”，反之则填报“否”。出口货物免于填报，加工贸易及保税监管货物（内销保税货物除外）免于填报。

（十四）自报自缴

进出口企业、单位采用“自主申报、自行缴税”（自报自缴）模式向海关申报时，自报自缴栏目下填报“是”；反之则填报“否”。

（十五）申报单位

自理报关的，填报进出口企业的名称及编码；委托代理报关的，填报报关企业名称及编码（统一社会信用代码）。编码填报 18 位法人和其他组织统一社会信用代码。

报关人员填报在海关备案的姓名、编码、电话，并加盖申报单位印章。

（十六）海关批注及签章

本栏目供海关作业时签注。

综合练习

一、选择题

请结合案例，回答下列问题：

广东机电进出口有限公司从国外进口一批摩托车（海关监管证件代码为 46Axy），该公司完成电子申报后，备齐相关的随附单证办理海关手续。

1. 通过海关监管证件代码（　　）可以判断该批摩托车为入境法定检验检疫货物。

A. 4　　B. x　　C. A　　D. y

2. 该货物的申报期限为（　　）。

A. 自装载货物的运输工具申报进境之日起 14 日内

B. 货物运抵海关监管区后的 24 小时前

C. 自装载货物的运输工具申报进境之日起 7 日内

D. 货物运抵海关监管区后的 48 小时前

3. 如该公司未在海关规定的申报期限申报，海关将按照进口货物完税价格的（　　）计征滞报金的日征收金额。

A. 0.01%　　B. 0.03%　　C. 0.05%　　D. 0.05‰

4. 海关在对该批摩托车查验过程中，由于该公司搬移不慎而损坏了一辆摩托车，则此损失应由（　　）承担赔偿责任。

A. 海关　　B. 负责查验的海关关员

C. 该公司　　D. 报关员

5. 若该公司为获得海关暂缓征税，可选择将进口的摩托车存储在（　　）。

A. 境内区外　　B. 出口加工区　　C. 出口监管仓库　　D. 保税区

6. 若该批摩托车在一年以内因质量问题退还给国外供货商，可按（　　）办理出口报关手续。

A. 一般进出口货物　　B. 退运货物　　C. 暂准进出境货物　　D. 退关货物

二、实操题

1. “境内收发货人”栏目的填报信息查询。

（1）请在“国家企业信用信息公示系统”查询境内收发货人的统一社会信用代码。

（2）请在“中国海关企业进出口信用信息公示平台”查询境内收发货人在海关的注册代码。

2. 访问广州粤兴报关公司网址，查看进出口货物报关单，了解其所填写的内容，学会填制。

三、以下一些报关单栏目的填制，匹配了背景资料（资料为虚拟），请判断是否正确，若不对请改正。

1. 浙江江南服装进出口公司（3313910194）在合同项下进口蓝湿牛皮，委托浙江好嘉皮革有限公司（3313420237）加工牛皮沙发等。境内收货人栏填报“浙江江南服装进出口公司 3313910194”，消费使用单位栏应填报“浙江好嘉皮革有限公司”。

2. 某企业用汽车将一批物资运往出口加工区，向海关申报出口，运输方式栏应填报“汽车运输”。

3. 浙江某外资出口企业按 CIP 贸易术语出口一批货物，则出口货物报关单成交方式栏应填报“CIP”。

4. PACKING LIST 上显示 PACKING：270KGS NET IN GALVANIZED IRON DRON DRUMS; QUANTITY：680DRUMS，IN 170 PALLETS；共 10 个集装箱。则件数栏应填报“10”，包装种类栏应填报“集装箱”。

5. 某企业进口适用日产天籁 2.3L 的日产品牌发动机总成若干套，其编号为 101009Y4AW，商品名称、规格型号栏第一行填报“发动机总成 / 日产”，第二行填报“S/101009Y4AW/ 日产天籁 2.3L”。

6. 某中国合资企业利用国产料件生产后出口美国，出口报关单征免性质应填报为“中外合资”。

7. 某企业一般贸易海运进口超声波诊断仪 3 台，单价 2 000 美元；心电图记录仪 4 台，单价 1 500 美元。进口报关单的总价应填报“12 000”美元。

8. 广州某纺织进出口公司出口纺织品一批，成交价格为 CFR 横滨 40 万美元，保费为 1 200 美元。其保费栏应填报“502/1 200/3”。

9. 杭州某公司进口布料一批，加工后出口英国，监管方式栏填报“进料加工”，征免性质栏填报“一般征税”，征免栏填报“全免”。

下篇

报检篇

第八章

报检基础知识

学习目标

- 了解出入境检验检疫货物通关制度。
- 了解报检的含义和《法检商品目录》的基本结构。
- 掌握进出境检验检疫报检范围。
- 熟练掌握进出境检验检疫业务流程。

引导案例

海关流程的整合

从海关总署获悉，自 2018 年 4 月 20 日开始，原出入境检验检疫系统统一以海关名义对外开展工作，口岸一线旅检、查验和窗口实现了统一上岗、统一着海关制服、统一佩戴关衔。口岸通关实现一口对外、一次办理。

在首都机场旅客查验现场发现，旅客进出境原有的 8 个环节整合优化为卫生检疫、申报、现场调研、查验、处置 5 个环节，旅客通关速度进一步加快。首都机场海关旅检处表示："实现一口对外、一次办理，从原来的两次开箱、分别查验到现在的一次开箱、统一查验，可以说为旅客带来的是实实在在的便利。"

同时，海关与检验检疫的原旅客通道进行了合并，监管检查设备统一使用，行李物品只接受一次查验。

首都机场海关物流监控处表示："六个步骤整合为一次申报、一次查验、一次放行三个步骤，从而大大优化了原有的查验流程和模式。"

我们看到：这个转隶不是简单地合并，而是通过职责、人员的整合，人员的融合整合流程，简化手续，充分释放改革红利。

思考与讨论：

1. 什么是报检？
2. 进出口货物的报检范围、报检流程有哪些规定？

第一节 出入境检验检疫概述

一、出入境检验检疫货物通关制度

我国自2000年1月1日起，一直实行“先报检、后报关”的检验检疫货物通关制度。但到了2018年4月，为了贯彻落实国务院机构改革的要求，进一步优化营商环境，促进贸易便利化，海关全面接管原国家质量监督检验检疫总局下的出入境检验检疫工作，新的检验检疫制度按照《海关总署关于修改部分规章的决定》（海关总署令2018年第238号）执行。报关报检全面实现“三个一”的融合，企业可以通过“国际贸易单一窗口”（包括通过“互联网+海关”接入“单一窗口”）报关报检合一界面（即“关检合并”）向海关一次申报、一次查验、一次放行。

海关总署主管全国报检企业的管理工作，主管海关负责所辖区域报检企业的日常监督管理工作。

二、出入境检验检疫工作内容

（一）法定检验检疫

法定检验检疫是海关依照国家法律、行政法规和规定，对必须检验检疫的出入境货物、交通运输工具、人员及其他事项等依照规定的程序实施强制性的检验检疫。法定检验检疫的范围主要有以下几类：

- 对《法检商品目录》中规定的商品进行检验检疫。
- 对进出口食品的卫生检验。
- 进出境动植物的检疫。
- 对装运进出口易腐烂变质食品、冷冻食品的船舱、集装箱等运输工具的适载检验。
- 对出口危险货物包装容器的性能检验和使用鉴定。
- 对有关国际条约规定或其他法律、行政法规规定须经检验检疫的进出口商品实施检验检疫。

国际贸易合同中规定对贸易货物实施出入境检验时，当事人应及时提出申请，由海关按照合同规定，对货物实施检验并出具检验证书。

海关依法对指定的进出口商品实施法定检验，检验的内容包括商品的质量、规格、重量、数量、包装及安全卫生等。

进口商品未经检验的，不准销售、使用；出口商品未经检验合格的，不准出口。

《法检商品目录》全称是《必须实施进出境检验检疫的进出境商品目录》。《法检商品目录》是海关执法的基础。它的基本结构由“商品编码”、“商品名称及备注”、“计量单位”、“海关监管条件”和“检验检疫类别”5项组成。《法检商品目录》内容举例见表8-1。海关监管条件与检验检疫类别代码见表8-2。

表 8-1 《法检商品目录》内容举例

商品编码	商品名称及备注	计量单位	海关监管条件	检验检疫类别
0810903000	鲜龙眼	千克	A/B	P.R/Q.S
6110110029	羊毛针织制品	件	/B	/N

表 8-2 海关监管条件与检验检疫类别代码

进口检验检疫类别	出口检验检疫类别
M:进口商品检验	N:出口商品检验
P:进境动植物、动植物产品检疫	Q:出境动植物、动植物产品检疫
R:进口食品卫生监督检验	S:出口食品卫生监督检验
V:进境卫生检疫	W:出境卫生检疫
L:民用商品入境验证	

（二）进出口商品检验

进出口商品检验是指由商检机构对进出口货物的质量、规格、卫生、安全、数量等进行检验、鉴定，并出具证书的工作。

凡列入《法检商品目录》的进出口商品和其他法律、法规规定须经检验的进出口商品，必须经过海关或其指定的检验机构检验。海关根据需要，对检验合格的进出口商品可以加施检验检疫标志或封识。

（三）动植物检疫

（1）对入境、出境、过境的动植物及其他检疫物实施检疫。

（2）对装载动植物及其他检疫物的装载容器、包装物、铺垫材料实施检疫。

（3）对来自动植物疫区的运输工具实施检疫。

（4）对入境拆解的废旧船舶实施检疫。

（5）对有关法律、行政法规、国际条约规定或者贸易合同约定应当实施出入境动植物检疫的其他货物、物品实施检疫。

（四）卫生检疫

（1）对出入境的人员、交通工具、集装箱、行李、货物、邮包等实施医学检查和卫生检查。对未染有检疫传染病或者已实施卫生处理的交通工具，签发入境或者出境检疫证。

（2）对入境、出境人员实施传染病监测，海关有权要求出入境人员填写健康申明书，出示预防接种证书、健康证书或其他有关证件。

（3）对患有鼠疫、霍乱、黄热病的出入境人员，应实施隔离留验。

（4）对患有艾滋病、性病、麻风病、精神病、开放性肺结核的外国人应阻止入境。

（5）对患有监测传染病的出入境人员，视情况分别采取留验、发就诊方便卡等措施。

（6）对国境口岸和停留在国境口岸的出入境交通工具的卫生状况实施卫生监督。

（7）对发现的患有检疫传染病、监测传染病、疑似检疫传染病的入境人员实施隔离、留验和就地诊验等医学措施。对来自疫区，被传染病污染、发现传染病媒介的出入境交通工具、集装箱、行李、货物、邮包等物品进行消毒、除鼠、除虫等卫生处理。

（五）进出口食品卫生监管

食品卫生监管是针对进出口预包装食品、食品添加剂、动植物源性食品等不同属性及类别的食品、食品原料、保健功能食品及境外食品生产企业等制定的相关的管理办法。

海关总署对进口食品的境外生产企业实施注册管理，对向中国境内出口食品的出口商或者代理商实施备案管理，对进口食品实施检验，对出口食品生产企业实施备案管理，对出口食品原料种植、养殖场实施备案管理，对出口食品实施监督、抽查，对进出口食品实施分类管理、对进出口食品生产经营者实施诚信管理。海关总署对向中国境内出口食品的境外食品生产企业实施注册登记制度，注册和备案名单由海关总署网站对外公布。

（六）出口货物运输包装检验

我国对出口商品的运输包装进行性能检验，未经检验或检验不合格的，不准用于盛装出口商品。对出口危险货物包装容器实行危险货物出口质量许可制度，危险货物包装容器必须经检验检疫机构进行性能鉴定和使用鉴定后，方能生产和使用。

（七）外商投资财产鉴定

外商投资财产鉴定包括价值鉴定，损失鉴定，品种、质量、数量鉴定等。各地海关凭财产关系人或代理人及经济利益有关各方的申请或司法、仲裁、验资等机构的指定或委托，办理外商投资财产的鉴定工作。

（八）货物装载和残损鉴定

用船舶和集装箱装运粮油食品、冷冻品等易腐食品出口的，应向口岸检验检疫机构申请检验船舱和集装箱，经检验符合装运技术条件并发给证书后，方准装运；对外贸易关系人及仲裁、司法等机构，对海运进口商品可向检验检疫机构申请办理检视、载损鉴定、监视卸载、海损鉴定、验残等残损鉴定。

（九）对涉外检验检疫、鉴定、认证机构的审核和监督认可

对拟设立的中外合资、合作进出口商品检验、鉴定、认证公司，由海关负责对其资格、信誉、技术力量、装备设施及业务范围进行审查。海关审查合格后出具“外商投资检验公司资格审定意见书”，然后交由商务部批准。申请人在工商行政管理部门办理登记手续领取营业执照后，再到海关办理“外商投资检验公司资格证书”，而后可开展经营活动。

我国海关对从事进出口商品检验、鉴定、认证业务的中外合资 / 合作机构、公司及中资企业的经营活动实行统一监督管理；对于境内外检验、鉴定、认证公司设在各地的办事处，实行备案管理。

（十）与外国和国际组织开展合作

海关负责对外签订政府部门间的检验检疫合作协议、认证认可合作协议、检验检疫协议执行议定书等并组织实施；承担国际组织在标准与一致化和检验检疫领域的联络点工作等。

第二节 检验检疫业务流程

一、报检 / 申报

海关接受申请人报检，是检验检疫工作的开始。报检范围主要包括：①国家法律、法规规定必须由海关检验检疫的；②输入国家或地区规定必须凭检验检疫证书方准入境的；③有关国际条约规定须经检验检疫的；④申请签发普惠制原产地证或一般原产地证的；⑤对外贸易关系人申请的鉴定业务和委托检验；⑥对外贸易合同、信用证规定由检验检疫机构或官方机构出具证书的；⑦未列入《法检商品目录》的入境货物，经收、发货单位验收发现质量不合格或残损、短缺，需向商检机构出证索赔的；⑧涉及出入境检验检疫内容的司法和行政机关委托的鉴定业务。

二、计 / 收费

对已受理报检的，海关工作人员按照《出入境检验检疫收费办法及标准》的规定计收检验检疫费。

三、抽样 / 制样

对需要实施检验检疫并出具结果的出入境货物，检验检疫工作人员需要到现场抽取样品。抽取的样品不能直接进行检验的，需要对样品进行一定的加工，称为制样。抽取的样品必须具有代表性、准确性、科学性。制样工作一般在检验检疫机构的实验室内进行，无制样条件的可在社会认可的实验室制样。根据样品管理的规定，样品及制备的小样经检验检疫后应重新封识，超过样品保存期后方可销毁。

四、检验检疫

海关对已报检的出入境货物，通过感官、物理、化学、微生物等方法进行检验检疫，以判定所检对象的各项指标是否符合有关强制性标准或合同及买方所在国官方机构的有关规定。目前，检验检疫的方式包括全数检验、抽样检验、过程检验、登记备案、复合型验证、符合性评估、合格保证和免予检验等。

根据《出口工业产品企业分类管理办法》，对出口工业产品，海关按照不同的企业类别和产品风险等级分别采用特别监管、严密监管、一般监管、验证监管、信用监管五种不同的检验监管方式。

五、出入境检疫处理（卫生除害处理）

按照《国境卫生检疫法》及其实施则、《食品卫生法》和《进出境动植物检疫法》及其实施条例的有关规定，检验检疫机构所涉及的卫生处理的范围和对象是非常广泛的，它包括出入境的货物、动植物、运输工具、交通工具的卫生除害处理以及公共场所、病源地和疫源地的卫生除害处理等。

卫生除害处理的方法包括物理方法和化学方法。

出入境检疫处理按照实施方式和技术要求，分为A类、B类、C类、D类、E类、F类和G类。具体为：

A类：熏蒸（出入境船舶熏蒸、疫麦及其他大宗货物熏蒸）。

B类：熏蒸（A类熏蒸方式除外）。

C类：消毒处理（熏蒸方式除外）。

D类：药物及器械除虫灭鼠（熏蒸方式除外）。

E类：热处理。

F类：辐照处理。

G类：除上述类别外，采用冷处理、微波处理、除污处理等方式实施的出入境检疫处理。

六、签证与放行

出/入境货物经检验检疫合格的，由海关签发“检验证书”或“出/入境货物检验检疫证明”，准予销售使用或提离。经检验检疫或口岸核查货证不合格的，签发《出/入境货物不合格通知单》。

检验检疫证书分别使用英文、中文、中英文合并签发。

报关人员有特殊要求使用其他语种签证的，应由申请人提出申请，经检验检疫机构审批后予以签发。一般情况下，检验检疫机构只签发一份正本。特殊情况下，申请人提出合同或信用证要求两份或两份以上正本，且难以更改合同或信用证的，经检验检疫机构审批同意，可以签发，但在第二份签发的正本上须注明“本证书是××号证书正体的重本”。

签发的证单一般以验讫日期作为签发日期。出境货物的出运期限及有关检验检疫证单的有效期：一般货物为60天；植物及其产品为21天，北方冬季可适当延长至35天；鲜活类货物为14天。交通工具卫生证书用于船舶的有效期为12个月，用于飞机、列车的有效期为6个月，除鼠/免予除鼠证书有效期为6个月。国际旅行健康证明书有效期为12个月，预防接种证书的有效时限参照有关标准执行。换证凭单以标明的检验检疫有效期为准。信用证要求装运港装船时检验，签发证单日期为提单日期3天内（含提单日）。

七、更改、撤销和重新报检

（一）更改

（1）已报检的出入境货物，海关尚未实施检验检疫或虽已实施检验检疫但尚未出具证单的，由于某种原因报检人员需要更改报检信息的，可以向受理报检的海关申请，经海关有关部门审核批准后按照规定进行更改。

（2）检验检疫证单发出后，报检人员提出更改或补充内容的，应填写更改申请单，经海关有关部门审核批准后，予以办理。

（3）品名、数（重）量、包装、发货人、收货人等重要项目更改后与合同、信用证不符的，或者更改后与输入国法律法规规定不符的，均不能更改。

超过检验检疫证单有效期的，不予更改、补充或重发。

（4）办理更改应提供以下单据：

①填写更改申请单，说明更改的事项和理由。

②提供有关函电等证明文件，交还原发检验检疫证单。

③变更合同或信用证的，须提供新的合同或信用证。

④更改的检验检疫证单，应交还原发证单（含正副本）。确有特殊情况不能交还的，申请人应书面说明理由，经法定代表人签字、加盖公章，在指定的报纸上声明作废，并各海关审批后，方可重新签发。

（二）撤销

报检人向海关报检后因故撤销报检的，可提出申请，并书面说明理由，经检验检疫机构批准后按规定办理撤销手续。

报检后30天内未联系检验检疫事宜的，作自动撤销报检处理。

办理撤销应填写《更改申请单》，说明撤销理由并提供有关证明材料。

（三）重新报检

1. 重新报检范围

报检人在向海关办理报检手续并领取检验检疫证单后，有下列情况之一的，应重新报检：

（1）超过检验检疫有效期或证单报运出口期限的。

（2）变更输入国家或地区，并又有不同检验检疫要求的。

（3）改换包装或重拼装的。

（4）已撤销报检的。

（5）其他不符合更改条件，需要重新报检的。

2. 重新报检的要求

（1）按规定填制《出口货物报关单》或《进口货物报关单》，交附有关函电等证明单据。

（2）交还原发证单，不能交还的应按有关规定办理登报声明作废的手续。

综合练习

一、单选题

1.（　　）主管全国报检企业的管理工作，主管海关负责所辖区域报检企业的日常监督管理工作。

A. 海关总署　　B. 商务部　　C. 国务院　　D. 国家检验检疫局

2.（　　）主管全国检疫处理单位和检疫处理人员的管理工作。

A. 海关总署　　B. 直属海关　　C. 国务院　　D. 国家检验检疫局

3. 消毒处理（熏蒸方式除外）属于检疫处理技术中的哪类？（　　）

A. A 类　　B. B 类　　C. C 类　　D. D 类

4. 检验检疫证书的签发一般以（　　）日期作为签发日期。

A. 验讫　　B. 装船完毕　　C. 信用证规定　　D. 合同成立

5. 报检后（　　）天内未联系检验检疫事宜的，作自动撤销报检处理。

A. 30　　B. 3、14　　C. 7　　D. 60

二、多选题

1. 根据法律、行政法规规定，以下哪些货物在进出境时必须向海关报检？（　　）

A. 列入《法检商品目录》内的货物

B. 入境废物、进口旧机电产品

C. 进口危险货物包装容器的性能检验和使用鉴定

D. 进境、出境、过境的动植物，动植物产品及其他检疫物

2. 检验检疫证书分别使用（　　）签发。

A. 中文　　B. 英文　　C. 中英文合并　　D. 日语

3. 检验检疫证书办理更改应提供以下哪些单据？（　　）

A. 填写更改申请单，说明更改的事项和理由

B. 提供有关函电等证明文件，交还原发检验检疫证单

C. 变更合同或信用证的，须提供新的合同或信用证

D. 更改的检验检疫证单，应交还原发证单（含正副本）

4. 报检人在向海关办理报检手续并领取检验检疫证单后，下列哪些情况，应重新报检？（　　）

A. 超过检验检疫有效期或证单报运出口期限的

B. 变更输入国家或地区，并又有不同检验检疫要求的

C. 改换包装或重拼装的

D. 已撤销报检的

三、名词解释

报检　　报检 / 申报　　制样　　出入境检疫处理

四、判断题

1. 我国自 2000 年 1 月 1 日起，一直实行“先报检、后报关”的检验检疫货物通关制度。（　　）

2. 进境拆解的废旧船舶必须进行法定报检。（　　）

3. 热处理属于检疫处理技术中的 F 类。（　　）

4. 一般情况下，检验检疫机构只签发一份正本。（　　）

五、简答题

1. 简述我国出入境检验检疫货物通关制度的主要内容。

2. 什么是报检？简述《法检商品目录》的基本结构。

3. 简述报检的范围。

4. 简述进出境检验检疫业务流程。

第九章 出入境动植物及其产品报检

学习目标

- 掌握出境动物及其产品的报检范围、报检时间和地点、报检附随单证。
- 掌握入境动物及其产品的报检范围、审批、申报、检疫。
- 掌握出境动物及其产品报检范围和检验检疫。
- 掌握入境植物及其产品应符合的条件、检疫审批、报检与检疫。
- 了解种子、苗木的检疫审批、报检与检疫。

引导案例

携带燕窝制品入境是国家禁止的行为

2021 年 8 月，某机场检验检疫局工作人员对来自中国香港的航班进行查验时，从一名马来西亚籍旅客的行李中截获大量燕窝，重约 10 千克，价值约 20 万元。检验检疫工作人员依法对截获的燕窝实施退回处理。

返境人员携带燕窝等相关产品入境的现象屡见不鲜，其潜在风险不容小觑。由于燕窝主产地如马来西亚、印度尼西亚、越南等地区多为禽流感疫区，而携带入境的燕窝未经检疫、来源不明，其携带高致病性禽流感疫情的风险极高，且存在一定的食品安全（亚硝酸盐超标）问题。大部分旅客在携带燕窝制品入境时缺乏向检疫部门主动申报的责任意识，存在侥幸心理，企图逃避检疫，或者未意识到携带燕窝制品入境是国家禁止的行为。

思考与讨论:

1. 动物产品入境是否需要办理检疫审批手续？
2. 动物产品入境在报检时限、地点、随附单证上有什么要求？

第一节 出入境动物及其产品报检

一、出境动物及其产品报检

出境动物及其产品的检疫包括动物检疫、动物产品检疫及其他检疫物检疫。凡是出境的动物及其产品和其他检疫物，装载动物及其产品和其他检疫物的装载容器、包装物以及来自动物疫区的运输工具，均属于实施检疫的范围。

（一）出境动物报检

出境动物是指我国向境外国家（或地区）输出供屠宰食用、种用、养殖、观赏、科研实验等用途的家畜禽鸟类、伴侣动物、观赏动物、水生动物、两栖动物、爬行动物、野生动物和实验动物等。

国家对出境动物企业实行生产企业注册制度，所有出境的动物都必须来自经检验检疫机构注册登记的生产加工企业。

1. 检验检疫的范围

出境动物实施启运地隔离检疫、抽样检验，离境口岸作临床检查、必要时复检的制度。动物出境前应根据《进出境动植物检疫法》和《进出境动植物检疫法实施条例》及有关规定进行检疫。检疫内容根据双边动物检疫协议、协定或动物检疫议定书、输入国（地区）兽医卫生要求，并对照贸易合同中订明的检疫要求确定。

2. 出境动物检疫的主要程序

出境动物检疫的主要程序是：报检—现场检验检疫—隔离检疫（如果需要）—实验室检验检疫—合格的出证放行 / 不合格的检疫处理—国内运输监管—中转仓检验检疫（如果需要）—离境检验检疫。

3. 报检的时间和地点

出境动物不同，报检的时间和地点规定也不同。出境动物报检时间和地点的具体规定如下：

（1）出境动物，应在动物计划离境前 60 天向启运地海关预报检，隔离检疫前 7 天向启运地海关正式报检。

（2）出境观赏动物（观赏鱼除外），应在动物出境前 30 天，持贸易合同或展出合约、产地检疫证书、国家濒危物种进出口管理办公室出具的许可证及信用证到出境口岸的海关报检。

（3）出境野生水生动物，应在出境前 3 天向出境口岸的海关报检。

（4）出境养殖水生动物（包括观赏鱼），应在出境前 7 天向注册登记养殖场、中转场所在地海关报检。

4. 报检时随附单证

除了应提供《出口货物报关单》、买卖合同、信用证、发票、装箱单等有关外贸单证外，以下出境动物报检还需要提供其他相应的证件：

（1）实行检疫监管的输出动物，生产企业须出示输出动物检疫许可证。

（2）输出国家规定为保护动物的，应有国家濒危物种进出口管理办公室出具的许可。

（3）输出非供屠宰的畜禽，应有农牧部门品种审批单。

（4）输出实验动物，应有中国生物技术发展中心的审批单。

（5）输出观赏鱼类，须有养殖场供货证明、养殖场或中转包装场注册登记证和委托书。

5. 检验检疫

海关受理报检后，对出口动物饲养场备案证明、出口公司备案资料、合同或信用证、发票及其他必要的单证进行审核，经审核符合出境检验检疫报检规定的，接受报检；否则，不予受理。

海关根据进口国（地区）要求、贸易合同的规定以及其他法规实施隔离检疫、实验室检验，对出境动物进行检验检疫。对检验检疫合格的出境动物签发动物卫生证书。输入国家或地区没有检验检疫要求，不需要出具证书的，予以放行。

海关对检验检疫合格的动物施加检验检疫标志。

6. 离境检验检疫

经启运地海关检验检疫合格的出口动物运抵口岸后，还要由离境地海关实施临床检查或者复检，其步骤有：

（1）离境申报。出口动物运抵出境口岸后，应向离境地海关申报，并在离境申报时递交启运地海关出具的动物卫生证书。首次申报的，还要递交出口动物饲养场检疫注册登记证，并向离境地海关申请备案。

（2）离境查验。离境地海关受理申报后，核定出口动物数量，核对货证是否相符，查验检验检疫标志，并按照隔离检疫的要求实施群体临床检查和个体临床检查。

（3）签证放行。离境地海关对经离境查验合格的出境动物，在启运地海关签发的动物卫生证书上加签出境日期、数量、检疫员姓名，加盖检验检疫专用章后放行。

（二）出境动物产品报检

1. 检验检疫范围和程序

动物产品是指来源于动物、未经加工或者虽经加工但仍有可能传播疫病的产品，如毛类、脏器、油脂、动物水产品、奶制品、血液、精液、胚胎、骨、蹄、角等。我国对生产出境动物产品的相关企业（包括加工厂、屠宰厂、冷库、仓库等）实施卫生注册登记制度。货主或其代理人报检的出境动物产品，必须产自经注册登记的生产企业并存放于经注册登记的冷库或仓库。

凡我国法律、法规规定必须检验检疫的，或进口国家（地区）规定必须凭检验检疫机构出具的证书方可入境的，或有关国际条约规定须经检验检疫的出境动物产品，均应向海关报检。

出境动物产品检疫的主要程序是：报检—产地检疫—启运地和出境口岸检疫—出证/放行。

2. 报检的地点

货主或其代理人出境动物产品时，除属野生濒危动物产品外，其他动物产品，货主可直接到口岸海关报检。

3. 报检的时间

不同的动物产品，报检的时间略有不同：

（1）饲养动物内脏类、野生动物内脏类、动物水产品、蛋类、奶制品、蜂蜜及其他须经加工的动物产品，在加工前向屠宰、加工单位所在地口岸海关报检。

（2）其他动物产品应在出境前 7 天报检；须作熏蒸消毒处理的，应提前 15 天报检。

（3）不需要进行加工的原毛类动物产品，货主或其代理人可于出境前向口岸海关报检。

4. 报检时随附的单证

出境动物产品报检时随附的单证主要有以下几类：

（1）按规定填写的出境货物检验检疫申请，以及合同或销售确认书、信用证、发票、装箱单等相关外贸单据。

（2）生产出境动物产品的相关企业（包括加工厂、屠宰厂、冷库、仓库）的卫生备案证明。

（3）生产企业检验报告（出厂合格证明）、出货清单。

（4）凭样成交的出境非食用性动物产品，应提供经买卖双方确认的样品。

（5）特殊单证。如果出境动物产品来源于国内某种属于国家级保护或濒危物种的动物，报检时还必须递交国家濒危物种进出口管理办公室出具的允许出口证明书。

出口水产品的检验检疫有效期：冷却（保鲜）产品为 7 天；干冻、单冻产品为 4 个月；其他产品为 6 个月。

有关单证不全，或者动物、动物产品来自疫区，原产地疫情不明，或者出境产品的生产、加工、存放的兽医卫生条件达不到要求的，口岸海关不接受报检。

启运地原车（含陆运、空运、海运）直运出境的，由出境口岸海关验证放行；输出动物产品到达出境口岸后拼装的，因变更输入国家或者地区而有不同检疫要求的，或者超过规定的检疫有效期的，应当重新报检。

二、入境动物及其产品报检

（一）入境动物报检范围

入境动物是指饲养、野生的活动物，如畜、禽、兽、蛇、龟、鱼、虾、蟹、贝、蚕、蜂等。入境动物产品包括向我国输入未经加工或虽经加工仍有可能传播有害生物，危害农牧渔业生产和人类健康的，来自家养或野生的动物、禽鸟类、动物性水产品、软体及无脊椎动物、甲壳类等动物的毛、羽、绒、皮、骨、蹄、肉、脏类及制品、哺乳动物的奶及奶制品、蛋及蛋制品、油脂和动物粉类、其他动物产品和动物检疫物。

凡是入境的动物及其产品和其他检疫物，装载动物及其产品和其他检疫物的装载容器、包装物，以及来自动植物疫区的运输工具，均属实施检疫的范围。输入动物、动物产品的，必须事先提出申请，办理检疫审批手续。凡采用各种方法能达到除害要求的，经消毒灭菌、加工整理、改变用途等方法，再经检查合格者，准予输入。凡无法除害的或危害性极大的，采用退回、销毁和扑杀等方法处理。凡一时无法得出检疫结果或疑似染疫的，隔离检疫，继续观察。海关颁发的检疫证书是准予进口的证明。

（二）入境动物报检

所有入境动物及其产品均须办理检疫审批手续。海关对入境动物及其产品检疫审批，采取的是前审后批的方式。

1. 检疫审批

《出入境动植物检疫法》第十条规定："输入动物、动物产品、植物种子、种苗等其他繁殖材料的，必须事先提出申请，办理检疫审批手续。"由于在引进的同时，不可避免地伴随着传入动物疫情的风险，所以海关需要事先进行风险分析，根据不同的情况决定是否准许进口。

为此，进口商应在签署合同前到海关办理检疫审批手续，取得准许入境的《中华人民共和国进境动植物检没许可证》（简称《检疫许可证》）后再输入，并且应当在合同或者协议中写明中国法定的检疫要求，订明必须附有输出国家或者地区政府动植物检疫机构出具的检疫证书。

在实际工作中，个别输入单位或个人在未取得《检疫许可证》的情况下就签订贸易合同，将货物直接运抵口岸，违反了动植物检疫相关法律法规的规定。

《检疫许可证》的有效期分别为 3 个月或者一次有效。除对活动物签发的《检疫许可证》外，不得跨年度使用。《检疫许可证》由海关总署统一编号。

2. 检疫申报

输入动物遗传物质的，输出国家或地区的国外生产单位须经海关检疫注册登记。输入动物遗传物质的使用单位应当到所在地直属海关备案。

入境动物抵达口岸前，进口商须按规定向入境地海关报检。其中，输入种畜、禽及胚胎的，货主或其代理人应在入境前 30 日报检；输入其他动物的，则应在入境前 15 日报检。

办理入境动物及其他检疫物报检申报时，除填写入境货物检验检疫申请外，还须按检疫要求出具下列有关证单：①输出国家或地区政府动植物检疫机构出具的检疫证书（正本）；②进境动植物检疫许可证；③分批进口的，还须提供许可证复印件进行核销；④外贸合同、发票、装箱单、海运提单或空运单、产地证等；⑤输入活动物的应提供隔离场审批证明；⑥来自美国、日本、韩国以及欧盟的检疫物，应按规定提供有关包装情况的证书和声明；⑦ 如果是我国规定的禁止入境的动物及其他检疫物等，还须持特许审批单。

3. 检疫

入境动物必须在入境口岸进行隔离检疫。

入境动物、动物遗传物质抵达入境口岸时，海关检疫人员须登机、登轮、登车进行现场检疫。对现场检验检疫不合格的，出具相关单证，如检疫调离通知单，将入境动物、动物遗传物质调至口岸海关指定的场所作进一步的、更为全面的隔离检疫。大、中动物的隔离检疫期为 45 天，其他动物的隔离检疫期为 30 天。水生动物输往我国之前，必须在输出国家或者地区官方机构认可的场地进行不少于 14 天的隔离养殖。输往我国的水生动物在隔离检疫期间，不得与其他野生或者养殖的水生动物接触。

检疫规定：①检疫工作完毕后，对检疫合格的动物、动物遗传物质，向报关人员出具动物检疫证书和相关单证，准许入境；②检出《进境动物一、二类传染病、寄生虫病名录》中一类病的，全群动物或动物遗传物质，禁止入境，作退回或销毁处理；③检出《进境动物一、二类传染病、寄生虫病名录》中二类病的阳性动物，禁止入境，作退回或销毁处理，同群的其他动物放行，并进行隔离观察；④阳性的动物遗传物质禁止入境，作退回或销毁处理；⑤检疫中发现有检疫名录以外的传染病、寄生虫病，但国务院农业行政主管部门另有规定的，按规定作退回或销毁处理；⑥对入境动物及其产品，在运输途中需提供运输证明的，检验检疫部门出具纸质“入境货物调离通知单”。

（三）入境动物产品报检

1. 检疫审批

我国对入境动物产品实行检疫审批制度。

2. 检疫申报

输入动物产品在入境前或入境时，应向入境地海关报检，约定检疫时间。入境后需调离入境口岸办理转关手续的，应向入境地海关报检，到达指运地，应当向指运地海关申报并实施检疫。

肉产品及水产品只能从海关指定的口岸入境。

海关对向我国输入肉类产品的加工、仓储企业实施注册登记制度。加工、仓储进境动物肉类、水产品、原皮、原毛、原羽毛/羽绒、生骨、生蹄、生角、明胶、蚕茧等的企业，必须取得海关批准的动物产品定点加工、仓储企业资格。

3. 检疫

经海关口岸查验、感官检验和实验室检测合格的动物产品，检验检疫部门出具“入境货物检验检疫证明”，允许加工、销售和使用。经检疫不合格的，签发“兽医卫生证书”；须作检疫处理的，签发“检验检疫处理通知书”；检疫处理仍不合格的，在海关的监督下，作退回、销毁或者无害化处理。

第二节 出入境植物及其产品报检

一、出境植物及其产品报检

出境植物及其产品检疫是指对贸易性和非贸易性的出境植物及其产品和其他检疫物实施的检疫。海关对出境检疫物的生产、加工、存放过程实施检疫监督管理制度，对生产、加工、存放出境检疫物的场所实施注册登记管理，对经检疫合格的出境检疫物在出境口岸实行监管装运。

（一）报检范围

出境植物及其产品的报检范围包括以下几类：

（1）作为商品交易的出境植物及其产品和其他检疫物。

（2）作为展出、援助、交换、赠送等非贸易性的出境植物及其产品和其他检疫物。

（3）进口国家或地区有植物检疫要求的出境植物及其产品。

（4）以上出境植物及其产品和其他检疫物的装载容器、包装物及铺垫材料。

我国对出境植物及其产品的检疫实行分类管理制度。凡需出具植物检疫证书、熏蒸/消毒证书的出境检疫物，都必须批批自检。粮谷类出境检疫物，无论是否需出具植物检疫证书、熏蒸/消毒证书或换证凭单，必须批批自检。

（二）检验检疫

1. 报检

报关人员报检时除按规定填写出境货物检验检疫申请，并提供合同或销售确认书、信用证、发票、装箱单等贸易单据以及输入国（地区）有关检疫规定的文件或函电外，还应提供下列单证：

（1）纳入《进出口野生动植物种商品目录》管理范围的野生植物及制品的，须提供允许出境证明文件。

（2）输往欧盟各国、美国、加拿大等国家或地区的出境盆景，须提供出境盆景场 / 苗木种植场检疫注册证。

（3）水果来自注册登记的果园、包装厂的，须提供注册登记证书（复印件），水果来自本辖区以外其他注册果园的，须提供水果产地供货证明，出境水果应在包装厂所在地海关报检。

（4）供港澳的蔬菜，须提交“供港澳蔬菜加工原料供货证明”、出货清单以及出厂合格证明。

国家对出境种苗、花卉实行基地注册登记管理制度，对出境果园、包装厂实行注册登记管理制度。未获注册登记的企业一律不准从事相关的进出口业务经营。

2. 检疫

报关人员应陪同检疫人员实施检疫。检疫人员首先要了解货物存放的周围环境是否符合检疫管理的要求，要检查全部货物的存放情况及报检货物的生产加工日期及地点、存放时间、包装情况等，同时要核对报检单与货物的相符情况。检疫合格则签证放行，检疫不合格则根据检疫情况做出重新整理、换货或除害处理等决定。

3. 签证

根据政府间双边植物检验检疫协定、协议和备忘录或输入国（地区）要求，经检验检疫合格的，出具植物检疫证书或检验证书、卫生证书；经认可的检疫处理后合格的，出具熏 / 消害证书或植物检疫证书。

出境植物应在放行单有效期内出境；超过放行单有效期的，报关人员应重新报检。

出境口岸对出境植物按照 1% ~ 3% 的比例抽查、核对货证，经查验货证相符的放行，经查验货证不符的，不准出境。

二、入境植物及其产品报检

凡是入境的植物及其产品和其他检疫物，均属于实施检疫的范围。

（一）入境植物及其产品报检

1. 入境植物及其产品应符合的条件

（1）入境植物不得带有国家禁止入境的植物危险性病、虫、杂草。

（2）入境植物不得带有有关协定、贸易合同中规定的应检病、虫，这些多属于我国尚未发现或分布并不广泛的病虫。

（3）引进种子、种苗或其他繁殖材料，经营者须事先提出引种计划，到有关主管部门办理审批手续。

（4）必须附有输出国（地区）官方植物检疫部门出具的“植物检疫证书”和产地证。

（5）不得带有天然土壤。

2. 入境植物及其产品的检疫审批

国家对入境的植物及其产品实行检疫审批制度，海关采取的是前审后批制度。

（1）检疫审批。需要办理一般检疫审批的植物包括果蔬类、烟草类、粮谷类、豆类、饲料类、薯类、植物栽培介质。需要办理特许检疫审批的植物是指列入《进境植物检疫禁止进境物名录》中的植物，包括植物病原体（菌种、毒种等），以及植物疫情流行国家和地区的有关植物、植物产品和其他检疫物。

（2）检疫审批手续办理。检疫审批手续应当在贸易合同或者协议签订前办妥，并取得进境动植物检疫许可证。我国海关检疫部门对入境植物及其产品提出的检疫要求须在贸易合同或协议中写明。

“进境动植物检疫许可证”的有效期一般为 6 个月，对于特殊情况（如一次有效），有效期以许可证标明的期限为准。按照规定可以核销的入境植物及其产品，在许可数量范围内分批进口、多次报检使用“进境动植物检疫许可证”的，入境口岸海关会在许可证所附核销表中进行检疫物入境数（重）量核销登记。核销完毕后，“进境动植物检疫许可证”自动失效。

有下列情况之一的，经营者应当重新申请办理“进境动植物检疫许可证”：变更进境检疫物的品种或者数量超过许可数量 5% 以上的；变更输出国家或者地区的；变更进境口岸、指运地或者运输路线的。

3. 入境植物及其产品的报检与检疫

入境植物及其产品的经营者应在货物入境前或入境时报检；输入种子、种苗及其他繁殖材料的，经营者应在入境前 7 天报检。

报关人员在报检时应如实、完整地填写“入境货物检验检疫申请”，并附上输出国家或地区官方出具的植物检疫证书（正本）、卫生证书、产地证、发票、提单等。品质属法定检验或收货人申请品质检验的，应提供品质认证书。一般贸易的货物还应提供贸易合同、信用证、报检委托书等必要的资料。办理入境检疫审批手续的，应提供进境动植物检疫许可证或引进种子苗木检疫审批单（原件）。货物不带有木质包装的，应提供无木质包装声明（限于来自美、日、韩、欧盟各国等国家或地区的货物）。

入境植物及其产品检疫包括产地检疫、现场检疫、实验室检疫、隔离检疫。

（二）入境种子、苗木报检

1. 入境种子、苗木的检疫审批

引进种子、苗木和其他繁殖材料的单位（个人）或代理进口单位，应在对外签订贸易合同或协议前，申请办理国外引种检疫审批手续。

入境后需要进行隔离检疫的，经营者还要申请隔离场或临时隔离场。带有土壤或生长介质的，经营者还须办理土壤和生长介质的特许检疫审批手续。

2. 入境种子、苗木的报检与检疫

从事引进种苗花卉生产经营的企业应向所在地海关备案。在植物种子、苗木入境前 7 天，报关人员应持有关资料向海关报检，并预约检疫时间。

报检时报关人员应提供“入境货物检验检疫申请”，随附合同、发票、提单、检疫审批单及输出国家（地区）官方植物检疫证书、产地证等有关文件。需调往货物目的地检验检疫的，报关人员还须提供目的地海关出具的“准许调入函”。来自美国、日本、韩国以及欧盟的货物，报关人员应按规定提供有关包装情况的证书和声明。

经海关实施现场检疫或处理合格的，可以入境。入境后需要隔离检疫的，经营者还需要向海关申请隔离场或临时隔离场。

综合练习

一、单选题

1. 出境动物，应在动物计划离境前（　　）天向启运地海关预报检，隔离检疫前 7 天向启运地海关正式报检。

A. 60　　B. 90　　C. 30　　D. 45

2. 出境野生水生动物，应在出境前（　　）天向出境口岸的海关报检。

A. 3　　B. 9　　C. 7　　D. 5

3. 出境养殖水生动物（包括观赏鱼），应在出境前（　　）天向注册登记养殖场、中转场所在地海关报检。

A. 7　　B. 3　　C. 14　　D. 5

4. 出境动物检验检疫，须作熏蒸消毒处理的，应提前（　　）天报检。

A. 15　　B. 14　　C. 10　　D. 5

5. 我国对出境植物及其产品的检疫实行（　　）制度。

A. 分类管理　　B. 备案登记　　C. 许可证　　D. 行政审批

二、多选题

1. 出境动物检疫的主要程序包括（　　）。

A. 现场检验检疫、实验室检验检疫　　B. 合格的出证放行

C. 国内运输监管　　D. 离境检验检疫

2. 出境动物，报检时的随附单证有（　　）。

A. 实行检疫监管的输出动物，生产企业须出示输出动物检疫许可证

B. 输出国家规定为保护动物的，应有国家濒危物种进出口管理办公室出具的许可证

C. 输出非供屠宰的畜禽，应有农牧部门品种审批单

D. 输出实验动物，应有中国生物技术发展中心的审批单

3. 离境检验检疫包括（　　）。

A. 离境申报　　B. 离境查验　　C. 签证放行　　D. 税费缴纳

4. 下列哪些属于动物产品？（　　）

A. 油脂　　B. 精液　　C. 胚胎　　D. 奶制品

5. 出境动物产品检疫的主要程序有（　　）。

A. 报检　　B. 产地检疫

C. 启运地和出境口岸检疫　　D. 出证 / 放行

6. 出境动物产品报检时随附的单证包括（　　）。

A. 按规定填写的出境货物检验检疫申请，以及合同或销售确认书、信用证、发票、装箱单

B. 生产出境动物产品的相关企业（包括加工厂、屠宰厂、冷库、仓库）的卫生备案证明

C. 生产企业检验报告（出厂合格证明）、出货清单

D. 凭样成交的出境非食用性动物产品，应提供经买卖双方确认的样品

7. 出境植物及其产品的报检范围包括（　　）。

A. 作为商品交易的出境植物及其产品和其他检疫物

B. 作为展出、援助、交换、赠送等非贸易性的出境植物及其产品和其他检疫物

C. 进口国家或地区有植物检疫要求的出境植物及其产品

D. 以上出境植物及其产品和其他检疫物的装载容器、包装物及铺垫材料

8. 入境植物及其产品应符合的条件有（　　）。

A. 入境植物不得带有国家禁止入境的植物危险性病、虫、杂草

B. 入境植物不得带有有关协定、贸易合同中规定的应检病、虫，这些多属于我国尚未发现或分布并不广泛的病虫

C. 引进种子、种苗或其他繁殖材料，经营者须事先提出引种计划，到有关主管部门办理审批手续

D. 必须附有输出国（地区）官方植物检疫部门出具的“植物检疫证书”和产地证

9. 有下列情况之一的，经营者应当重新申请办理“进境动植物检疫许可证”（　　）。

A. 变更进境检疫物的品种

B. 变更输出国家或者地区的

C. 变更进境口岸、指运地或者运输路线的

D. 变更进境检疫物超过许可数量 5% 以上的

三、名词解释

出境动物　　动物产品　　入境动物

四、判断题

1. 出境动物实施启运地隔离检疫、抽样检验，离境口岸作临床检查、必要时复检的制度。（　　）

2. 输出观赏鱼类，须有养殖场供货证明、养殖场或中转包装场注册登记证和委托书。（　　）

3. 出境动物产品检疫，除属野生濒危动物产品外，其他动物产品，货主可直接到口岸海

关报检。 （ ）

4. 出口水产品的检验检疫有效期：冷却（保鲜）产品为7天；干冻、单冻产品为3个月；其他产品为6个月。 （ ）

5. 海关对入境动物及其产品检疫审批，采取的是前审后批的方式。 （ ）

6. 入境动物必须在出境口岸进行隔离检疫。 （ ）

7. 肉产品及水产品只能从海关指定的口岸入境。 （ ）

8. 入境植物及其产品不得带有天然土壤。 （ ）

五、简答题

1. 简述出入境动物及其产品的报检范围。

2. 简述出入境动物及其产品对报检时间有何规定。

3. 简述出境植物及其产品的报检范围。

4. 简述入境植物及其产品应符合哪些条件。

5. 简述入境植物及其产品的报检与检疫有何规定。

6. 简述入境种子、苗木的报检与检疫有何规定。

第十章

出入境运输工具和集装箱报检

学习目标

- 了解出入境运输工具的含义。
- 熟练掌握出入境船舶、航空器、列车、汽车的检验检疫和报检要求。
- 熟练掌握出入境集装箱的检验检疫和报检要求。

引导案例

北仑海关在入境集装箱表面截获有害生物

中国食品网2018年6月6日消息，北仑海关在对一批来自美国的进口铜废碎料实施查验过程中，发现集装箱箱体表面、叉槽孔、凹缝处等黏附、残留了很多大豆。经实验室检测鉴定，这些大豆为转基因产品，大豆中还混杂有狗尾草、莠狗尾草等5种杂草种籽，且大豆又被检出携带包括检疫性有害生物——菜豆荚斑驳病毒在内的病毒、真菌等10种有害生物。鉴于这些非法入境的转基因生物可能存在的繁殖、传播风险且携带有多种有害生物，北仑海关已按规定对该集装箱和大豆做了相应处理。

思考与讨论：

1. 为什么一定要对出入境集装箱进行检验检疫？
2. 国家对出入境船舶卫生检疫有哪些规定？

第一节　出入境运输工具报检

运输工具流动性大，来自不同的国家（地区），携带有害生物的风险较高，因而是传带疫情的重要载体。我国规定，对输入的动植物及其产品及其他检疫物，未经检验检疫机构检疫同意，不准卸离运输工具。海关对出入境运输工具的检疫监管分为两部分：一部分是对运输工具卫生状况及人员的健康状况进行的卫生检疫监管；另一部分是对装载动植物及其产品和其他检疫物以及来自动植物疫区的运输工具的检疫监管。

一、出入境运输工具报检

出入境运输工具是指用于载运人员、货物、物品进出境的各种船舶、航空器、铁路列车、公路车辆和驮畜。根据我国《海关法》《国境卫生法》及其实施细则,《动植物检疫法》及其实施条例的规定，海关依法对出入境交通运输工具实施检验检疫。

进出境运输工具到达或者驶离设立海关的地点时，进出境运输工具负责人应当采用电子数据和纸质申报单形式向海关报检。进境运输工具在进境以后向海关申报以前，出境运输工具在办结海关手续以后出境以前，应当按照交通运输主管机关规定的路线行进；交通运输主管机关没有规定的，由海关指定。进境运输工具在进境申报以后出境以前，应当按照海关认可的路线行进。

海关对出入境运输工具办理检疫的方式是即时办理，即审即办。

二、出入境运输工具检疫

（一）出入境船舶检疫

出入境船舶是指进出我国口岸的外国籍船舶和航行国际航线的中国籍船舶。

出入境的船舶应在各水运口岸隶属海关办理出入境的检疫。

1. 入境检疫

入境船舶必须在最先抵达口岸的指定地点接受检疫，办理入境手续。接受入境检疫的船舶，在航行中发现检疫传染病、疑似传染病，或者有人非因意外伤害而死亡并死因不明的，船方须立即向入境口岸海关报告。

（1）船方或其代理人在船舶预计抵达口岸 24 小时前（航程不足 24 小时的，在驶离上一口岸时）向入境口岸海关申报，填报入境检疫申报书。如船舶动态或者申报内容有变化，船方或者其代理人应当及时向海关更正。

（2）海关对申报内容进行审核，确定检疫方式，并及时通知船方或者其代理人。

（3）船方或者其代理人向海关提交相关材料。

（4）对于需实施靠泊检疫或锚地检疫的入境船舶，检疫人员登轮开展检疫工作。

（5）海关对经检疫判定没有染疫的入境船舶，签发“船舶入境卫生检疫证”；对两岸直航船舶，签发“船舶进港卫生检疫证书”；对来往港澳的小型船舶，在登记簿上做好登记。对经检疫判定染疫、染疫嫌疑或者来自传染病疫区应当实施卫生除害处理的或者有其他限制事项的入境船舶，在实施相应的卫生除害处理或者注明应当接受的卫生除害处理事项后，签发“船舶入境卫生检疫证”；对来自动植物疫区经检疫判定合格的船舶，应船舶负责人或者其代理人要求签发“运输工具检疫证书”；对须实施卫生除害处理的，应当向船方出具“检验检疫处理通知书”，并在处理合格后，应船方要求签发“运输工具检疫处理证书”。

2. 出境检疫

（1）船方或者其代理人在船舶离境前 4 小时内向海关申报，办理出境检疫手续。已办理手续但出现人员、货物的变化或者因其他特殊情况 24 小时内不能离境的，须重新办理手续。船船在口岸停留时间不足 24 小时的，经海关同意，船方或者其代理人在办理入境手续时，可以同时办理出境手续。

（2）海关对申报内容进行审核，确定是否登轮检疫，并及时通知船方或者其代理人。

（3）船方或者其代理人向海关提交相关材料（入境时已提交且无变动的可免于提供）。

（4）对于需实施登轮检疫的出境船舶，检疫人员登轮开展检疫工作。

（5）经审核船方提交的出境检疫资料或者经登轮检疫，符合有关规定的，海关签发“交通工具出境卫生检疫证书”，并在船舶出境口岸联系单上签注；对两岸直航船舶，签发“船舶出港卫生检疫证书”；对来往港澳的小型船舶，在登记簿上做好登记。对需卫生处理的，实施相应的卫生处理措施，消除公共卫生风险后，签发“交通工具出境卫生检疫证书”。

（二）出入境航空器检疫

出入境航空器应在各机场口岸海关办理检疫。

1. 申报

（1）入境航空器：入境航空器的负责人或代理人须在航空器入境前或入境时，向海关申报，如申报电讯检疫，则需在航空器预计到港前 30 分钟申报。在航空器到达前，如发现以下情况之一的，机长应及时通知地面航空站，并在最短的时间内向海关报告：①人员感染或疑似人员感染；②人员出现传染病症状 / 体征；③人员非因意外伤害而死亡，并死因不明的；④发现医学媒介或医学媒介生物活动迹象的；⑤发现可疑的核与辐射、生物、化学污染源或危害事实的。

（2）出境航空器：出境航空器的负责人或代理人须在航空器关闭舱门前 15 分钟向海关申报。

2. 实施检疫

海关审核航空公司提供的申报材料，评估检疫风险，确定检疫方式，并实施查验。

（1）登机检疫：①入境航空器在抵港后，机长或其授权的代理人对海关工作人员提出有关航空器卫生状况、机上人员健康状况、承载物品等情况的询问，应如实回答。未完成检疫查验除经海关许可外，任何人不得上下航空器，不得装卸行李、货物等。经海关检疫合格或检疫许可后，方准下客和卸载行李、货物等。②出境航空器的负责人或代理人向海关提供申报材料，接受海关检疫查验。

（2）电讯检疫：在收到海关给予电讯检疫批准回复后，入境航空器在抵港后，可以直接上下人员、装卸货物，出境航空器可直接起飞离港。

检疫完成后分不同情况签发“运输工具检疫证书”“交通工具出境卫生检疫证书”“航空器进港检疫证书”“航空器出港卫生检疫证书”等证书。

（三）出入境列车检疫

出入境的列车应在各隶属海关实施检疫。

1. 申报

（1）入境列车的检疫：入境列车的负责人或代理人须在列车入境前或入境时，向海关申报，如申请电讯检疫，列车运营者或其代理人应当在列车预计抵达入境口岸 30 分钟前申报。

在列车到达前，如发现以下情况之一的，列车长应及时通知入境口岸车站，并在最短的时间内向海关报告：①人员感染或疑似感染传染病；②人员出现传染病症状 / 体征；③人员非因意外伤害而死亡，并死因不明的；④发现医学媒介生物或医学媒介生物活动迹象的；⑤发现可疑的核与辐射、生物、化学污染源或危害事实的。

（2）出境列车的检疫：出境列车的负责人或代理人须在离开出境口岸 30 分钟前向海关申报。

2. 实施检疫

海关审核列车的负责人或代理人提供的申报材料，评估检疫风险，确定检疫方式，并实施检疫。

（1）登车检疫：①列车到站后，检疫人员首先登车，经判定无染疫情况下，其他人员方可上下列车。②列车长应当向检疫人员报告车上人员的健康状况及车体卫生状况，提交申报单、旅客 / 乘务人员名单、货物清单、其他检疫有关证书、文件。③检疫人员依法查阅相关证件资料，了解列车运行途中卫生情况，做好查验记录。列车长应当如实回答检疫人员提出的有关卫生状况和人员健康的询问，并在查验记录上签字确认。④对来自或途经检疫传染病及监测传染病流行地区的列车，或者车上载有病人和非意外伤害死亡且死因不明者，检疫人员应当进行流行病学调查、收集相关资料。对病人按规定进行医学处置，对列车指定地点停靠并进行相应的检疫处理。⑤检疫人员对入境、出境人员及列车实施传染病监测、卫生检查、核生化有害因子监测等检疫查验后，经判定无染疫，签发相应出入境卫生检疫证书。

（2）电讯检疫：在收到海关给予电讯检疫批准回复后，入境列车在抵站后，可以直接上下人员、装卸货物，出境列车可直接离境。

（3）随车检疫：根据公共卫生风险评估结果，对需实施随车检疫的列车，海关派员实施随车检疫，随车检疫人员在列车上开展检疫查验和卫生监督等工作。

入境列车经海关检疫判定没有染疫的，签发“运输工具检疫证书”；对经检疫判定染疫、有染疫嫌疑或者来自传染病疫区应当实施检疫处理的入境列车，应当向列车负责人或代理人出具“检验检疫处理通知书”，并在处理合格后，签发“运输工具检疫处理证书”；出境列车经海关审核列车负责人或代理人提交的出境检验检疫资料或者经登车检验检疫，符合有关规定的，签发“交通工具出境卫生检疫证书”。对需检疫处理的，实施相应的检疫处理措施，消除公共卫生风险后，签发“交通工具出境卫生检疫证书”。

（四）出入境汽车检疫

出入境汽车应在隶属海关进行备案并实施检疫。

1. 入境检疫

（1）对所有入境车辆实施核与辐射有害因子监测，对符合检疫处理特征的车辆进行检疫处理。

（2）常态下，实施“主动申报”制度，即所有入境车辆负责人或驾驶员应在入境时向海关申报，提交“出入境车辆检疫申报卡”。申报内容包括：①司乘人员及旅客有发烧、咳嗽等传染病症状，或最近一周内到过传染病疫区或接触过传染病病人的。②司乘人员携带微生物、人体组织、生物制品、血液及其制品、动植物及其产品、活体动物、废旧物品、放射性物质以及其他应申报物品的。③司乘人员未按要求持有有效的预防接种证书、国际旅行健康检查证明书或其他有关检疫证明的。

（3）疫情状态下，根据海关总署疫情公告、警示通报或相关文件，要求实施全申报制度的，车辆负责人或驾驶员在入境时，或抵达口岸前，通过电子、纸质等多种方式向海关申报。

（4）海关根据申报内容和检疫工作需要，评估风险，确定检疫方式，包括电讯检疫、车道检疫和指定地点（指定车道或指定车位）登车检疫。检疫指令在车辆入境时下达。

（5）对实施电讯检疫的，入境车辆可直接办理通关手续。

（6）对实施车道检疫的，海关在车道对司乘人员实施体温监测、医学巡查、携带物巡检、车辆卫生学状况巡视等。对发现异常的，实施指定地点登车检疫。

（7）对实施指定地点登车检疫的，海关在口岸指定地点登车检疫，实施司乘人员健康检查、携带物检疫、医学媒介生物监测、车辆卫生学状况检查、核生化监测等，根据检疫及处置结果，签发相应检疫证书或证明文件。

2. 车辆停留口岸期间的卫生监管

（1）对口岸停留的车辆，按比例抽查实施卫生监督，抽查重点为大型客运车辆、装载废旧物品/活体动物等检疫高风险货物的货运车辆。

（2）对口岸停留的车辆，发现以下情况的，车辆负责人或驾驶员应当立即向海关报告，申请临时检疫：①发现检疫传染病、疑似检疫传染病的。②有人非因意外伤害而死亡并死因不明的。③突发公共卫生事件的。

3. 出境检疫

常态下，实施“主动申报”制度，出境车辆存在应检疫内容的，车辆负责人或驾驶员应在出境时向海关申报，提交“出入境车辆检疫申报卡”。海关根据申报结果，实施指定车道或指定车位登车检疫。

常态下，海关在车道对出境车辆实施巡检，巡检发现异常的，实施指定地点登车检疫。疫情状态下，根据海关总署疫情公告、警示通报或相关文件要求，对出境车辆采取相应检疫措施。

第二节 集装箱报检

一、集装箱检疫概述

集装箱检验检疫主要是对集装箱箱体和集装箱载运的动植物产品实施的检疫。集装箱在出入境前、出入境时或过境时，承运人、货主或其代理人，必须向海关报检并预约检验检疫的时间，海关按照有关规定对报检集装箱实施检验检疫。

海关对出入境集装箱的检验检疫，采取的是即时办理，即审即办方式。

（一）集装箱检验检疫范围

（1）所有出入境的集装箱，都应向海关申报，实施卫生检疫。

（2）对装载出入境动植物及其产品和其他检疫物的出入境集装箱，实施动植物检疫。

（3）对装载出口易腐烂易变质食品、冷冻品的集装箱应实施清洁、卫生、冷藏、密固等适载检验。

（4）法律、行政法规、国际条约规定或贸易合同约定的其他应当检验检疫的，按有关规定、约定实施检验检疫。

（二）集装箱检验检疫的要求和重点

1. 集装箱检验检疫的要求

（1）集装箱箱体表面须贴有集装箱所用裸露木材已按照有关规定进行免疫处理的免疫牌（标识）。

（2）未携带啮齿动物及蚊、蝇、蟑螂等病媒昆虫。

（3）未被人类传染病和国家公布的一、二类动物传染病，以及寄生虫病病原体污染。

（4）未携带植物危险性病、虫、杂草以及其他有害生物。

（5）未携带土壤、动物尸体、动植物残留物。

2. 集装箱检验检疫的重点

集装箱检疫的重点包括：集装箱是否来自疫区，是否被人类传染病和动物传染病病原体污染，是否带有植物危险性病、虫、杂草以及其他有害生物，有无啮齿动物、蚊、蝇、蟑螂等病媒生物，是否被有毒有害物质污染，是否清洁，是否带有土壤、动植物残留物，有无废旧物品、特殊物品、尸体、棺柩等，并按规定实施卫生除害处理。

（三）集装箱检验检疫的方式

1. 强制性检验

强制性检验主要是对装运出口易腐烂变质食品、冷冻品的集装箱，在装运前实施清洁、卫生、冷藏效能，以及密固状况等适载性检验。

强制性检验的检验内容包括：①箱体、箱门完好，箱号清晰，安全铭牌齐全。②箱体无有毒有害危险品标识。③箱内清洁、卫生、无有毒有害残留物，且封密状况良好。④箱内温度能达到冷藏要求，符合《商检法》及其实施条例的规定。

2. 非强制性检验

非强制性检验的范围包括集装箱载损鉴定、集装箱货物的装箱鉴定、集装箱货物的拆箱鉴定、集装箱承租鉴定、集装箱退租鉴定、集装箱的单项鉴定。

（四）集装箱卫生除害处理

集装箱卫生除害处理主要有熏蒸、消毒、杀虫三种方法。出入境集装箱有下列情况之一的，应实施卫生除害处理：

（1）来自检疫传染病疫区的或监测传染病疫区的。

（2）被传染病污染的或可能传播检疫传染病的。

（3）携带有与人类健康有关的病媒昆虫或啮齿动物的。

（4）检疫发现有国家公布的一、二类动物传染病、寄生虫病名录，植物危险性病、虫、杂草名录中所列病虫和对农林牧渔业有严重危险性的其他病虫害的，发现超过规定标准的一般性病虫害的。

（5）装载废旧物品或腐败变质有碍公共卫生物品的。

（6）装载尸体、棺柩、骨灰等特殊物品的。

（7）输入国家或地区要求作卫生除害处理的。

（8）国家法律、行政法规或国际条约规定必须作卫生除害处理的。

二、集装箱报检办理流程

1. 申报

（1）登录全国检验检疫无纸化系统进行网上报检业务申报，申报成功后打印出／入境集装箱检验检疫申请单，到所在地隶属海关办理。隶属海关工作人员根据有关规定审核报检资料，符合规范要求的予以受理，不符合要求的一次性告知企业补正报检资料。

（2）提供相关资料：①出／入境集装箱检验检疫申请；②报检委托书；③合同；④发票；⑤装箱单；⑥报关预录入单。

2. 实施检疫

隶属海关根据有关工作规范、企业信用类别、产品风险等级，判别是否需要实施现场查验，对无须现场查验的，审核报检资料后出具“入境货物检验检疫证明”；对需要进行现场查验的，查验合格的出具“入境货物检验检疫证明”；经查验后需经过卫生除害处理、其他无害化处理后符合检验检疫要求的集装箱，按照规定签发“检验检疫处理通知书”“入境货物检验检疫证明”；经查验后必须作销毁或退运处理的，签发“检验检疫处理通知书”与“检验证书”，按照规定移交环保部门处理或直接监督销毁。

综合练习

一、单选题

1. 出入境的船舶应在各水运口岸的（　　）办理出入境的检疫。

A. 海关总署　　B. 直属海关　　C. 隶属海关　　D. 政府部门

2. 船方或者其代理人在船舶离境前（　　）小时内向海关申报，办理出境检疫手续。

A. 6　　B. 8　　C. 4　　D. 12

3. 船方或其代理人在船舶预计抵达口岸（　　）小时前（航程不足24小时的，在驶离上一口岸时）向入境口岸海关申报，填报入境检疫申报书。

A. 16　　B. 48　　C. 24　　D. 12

4. （　　）是指在收到海关给予电讯检疫批准回复后，入境航空器在抵港后，可以直接上下人员、装卸货物，出境航空器可直接起飞离港。

A. 出机检疫　　B. 登机检疫　　C. 电讯检疫　　D. 离机检疫

5. 出境列车的负责人或代理人须在离开出境口岸（　　）分钟前向海关申报。

A. 15　　B. 48　　C. 30　　D. 60

6. 出入境列车实施检疫不包括下列哪种方式？（　　）

A. 登车检疫　　B. 电讯检疫　　C. 抽查检疫　　D. 随车检疫

7.（　　）是指根据公共卫生风险评估结果，对需实施随车检疫的列车，海关派员实施随车检疫，随车检疫人员在列车上开展检疫查验和卫生监督等工作。

A. 登车检疫　　B. 电讯检疫　　C. 随车检疫　　D. 抽查检疫

8. 下列（　　）不属于集装箱卫生除害处理方法。

A. 熏蒸　　B. 消毒　　C. 杀毒　　D. 杀虫

二、多选题

1. 在航空器到达前，如发现以下情况之一的，机长应及时通知地面航空站，并在最短的时间内向海关报告（　　）。

A. 人员感染或疑似人员感染人员

B. 出现传染病症状 / 体征

C. 人员非因意外伤害而死亡，并死因不明的

D. 发现医学媒介或医学媒介生物活动迹象的

2. 海关审核航空公司提供的申报材料，检疫完成后分不同情况可以签发（　　）。

A. “运输工具检疫证书”　　B. “交通工具出境卫生检疫证书”

C. “航空器进港检疫证书”　　D. “航空器出港卫生检疫证书”

3. 在列车到达前，如发现以下情况之一的，列车长应及时通知入境口岸车站，并在最短的时间内向海关报告：（　　）。

A. 发现可疑的核与辐射、生物、化学污染源或危害事实的

B. 人员出现传染病症状 / 体征

C. 人员非因意外伤害而死亡，并死因不明的

D. 发现医学媒介生物或医学媒介生物活动迹象的

4. 关于出入境汽车入境检疫的说法，正确的有（　　）。

A. 对所有入境车辆实施核与辐射有害因子监测，对符合检疫处理特征的车辆进行检疫处理

B. 疫情状态下，根据要求实施全申报制度的，必须以多种方式向海关申报

C. 对实施电讯检疫的，入境车辆可直接办理通关手续

D. 对实施指定地点登车检疫的，海关在口岸指定地点登车检疫

5. 对口岸停留的车辆，发现以下情况的，车辆负责人或驾驶员应当立即向海关报告，申请临时检疫（　　）。

A. 发现检疫传染病、疑似检疫传染病的　　B. 有人非因意外伤害而死亡并死因不明的

C. 突发公共卫生事件的　　D. 发现有感冒发烧的

6. 集装箱检验检疫范围包括（　　）。

A. 所有出入境的集装箱，都应向海关申报，实施卫生检疫

B. 对装载出入境动植物及其产品和其他检疫物的出入境集装箱，实施动植物检疫

C. 对装载出口易腐烂易变质食品的集装箱应实施清洁、卫生、冷藏、密固等适载检验

D. 法律、行政法规、贸易合同约定的其他应当检验检疫的，按有关规定、约定实施检验检疫

7. 集装箱检验检疫的要求，包括（　　）。

A. 集装箱箱体表面须贴有集装箱所用裸露木材已按照有关规定进行免疫处理的免疫牌

B. 未携带啮齿动物及蚊、蝇、蟑螂等病媒昆虫

C. 未被人类传染病和国家公布的一、二类动物传染病、寄生虫病病原体污染

D. 未携带植物危险性病、虫、杂草以及其他有害生物

8. 集装箱强制性检验的检验内容包括（　　）。

A. 箱体、箱门完好，箱号清晰，安全铭牌齐全

B. 箱体无有毒有害危险品标识

C. 箱内清洁、卫生、无有毒有害残留物，且封密状况良好

D. 箱内温度能达到冷藏要求，符合《商检法》及其实施条例的规定

9. 出入境集装箱有下列情况之一的，应实施卫生除害处理（　　）。

A. 来自检疫传染病疫区的或监测传染病疫区的

B. 被传染病污染的或可能传播检疫传染病的

C. 携带有与人类健康有关的病媒昆虫或啮齿动物的

D. 装载尸体、棺柩、骨灰等特殊物品的

10. 集装箱报检应提供下列哪些相关资料？（　　）

A. 出 / 入境集装箱检验检疫申请　　B. 报检委托书

C. 合同、发票、装箱单　　D. 报关预录入单

三、名词解释

出入境运输工具　　出入境船舶　　“主动申报”制度　　强制性检验

四、判断题

1. 海关对出入境运输工具办理检疫的方式是即时办理，即审即办。（　　）

2. 入境船舶必须在最先抵达口岸的指定地点接受检疫，办理入境手续。（　　）

3. 出境航空器的负责人或代理人须在航空器关闭舱门前 30 分钟向海关申报。（　　）

4. 出入境的列车应在各直属海关实施检疫。（　　）

5. 列车到站后，检疫人员首先登车，经判定无染疫情况下，其他人员方可上下列车。（　　）

6. 常态下，实施“主动申报”制度，出境车辆存在应检疫内容的，车辆负责人或驾驶员应在出境时向海关申报，提交“出入境车辆检疫申报卡”。（　　）

7. 出入境的集装箱，有的不一定向海关申报，也不一定实施卫生检疫。（　　）

8. 装载废旧物品或腐败变质的物品应实施卫生除害处理。 （　　）

五、简答题

1. 简述出入境运输工具的含义。
2. 简述出入境船舶的检验检疫内容。
3. 简述集装箱检验检验的范围和重点。
4. 简述列车出入境卫生检疫的重点。
5. 如何完成出入境汽车报检？
6. 简述航空器出入境卫生检疫的重点。

六、实训题

1. 对确定来自疫区的出入境运输工具实施动植物检疫的依据是什么？对来自疫区的不论是否装载动植物的运输工具都要实施检疫吗？对检疫合格和卫生处理合格的运输工具应签发哪些证件？

2. 一架装载有宠物狗的飞机因特殊情况，需要在中国境内停留后飞往美国，飞机在停靠期间对其实施检疫需要注意哪些事项？

3. 对装载进出境植物及其产品、其他检疫物和来自植物疫区的入境（含过境或迫降）飞机应怎样进行检验检疫？

参考文献

[1] 熊正平，黄君麟 . 报关与报检实务 [M]. 3 版 . 北京：人民邮电出版社，2021.
[2] 匡增杰 . 进出口通关实务 [M]. 上海：上海交通大学出版社，2021.
[3] 韩斌 . 报关与报检实务 [M]. 2 版 . 北京：中国人民大学出版社，2019.
[4] 罗兴武 . 报关实务 [M]. 4 版 . 北京：机械工业出版社，2019.
[5] 姜维 . 报检报关业务：认知与实操 [M]. 北京：北京大学出版社，2013.
[6] 汪鼎喜，肖菲，陈颖君 . 报关实务 [M]. 武汉：武汉理工大学出版社，2019.
[7] 中国报关协会 . 关务基础知识：2020 年版 [M]. 北京：中国海关出版社，2020.
[8] 中国报关协会 . 关务基本技能：2020 年版 [M]. 北京：中国海关出版社，2020.
[9] 海关总署报关员资格考试教材编写委员会 . 报关员资格全国统一考试 2013 年版教材 [M]. 北京：中国海关出版社，2013.
[10] 戴丽萍，何善华，潘巍巍 . 国际货运代理实务 [M]. 北京：中国铁道出版社有限公司，2021.
[11] 顾永才，王斌义 . 报检与报关实务 [M]. 4 版 . 北京：首都经济贸易大学出版社，2018.
[12] 农晓丹 . 报检与报关实务 [M]. 2 版 . 北京：北京大学出版社，2018.
[13] 徐炜，徐晨 . 新报关单填制攻略 [M]. 北京：中国海关出版社，2018
[14] 报关职业教材编写组 . 2017 报关职业教材 [M]. 北京：中国海关出版社，2017.